高等学校金融科技系列教材

量 化 投 资

田　穗　穆　严　郑海味
肖航纬　褚伟彬　　主编

西安电子科技大学出版社

内 容 简 介

本书主要介绍了与量化投资相关的基本概念、量化投资领域的策略以及量化交易，并对金融量化研究中应用越来越多的机器学习进行了介绍。

全书共分为十章，内容包括绪论、因子检验与分类、多因子选股、轮动策略、期货套利、期权套利、统计套利、机器学习、算法交易、高频交易等。

本书给出了大量案例分析，并在附录中收录了常用因子库、基于 Python 语言的经典策略代码，以方便读者查阅。

本书主要面对金融学专业及其他经管类专业的学生，旨在为对量化投资感兴趣的初学者开启金融科技之窗。

图书在版编目(CIP)数据

量化投资/田穗，等主编. —西安：西安电子科技大学出版社，2022.8
(2023.8 重印)
ISBN 978 - 7 - 5606 - 6497 - 2

Ⅰ. ①量… Ⅱ. ①田… Ⅲ. ①投资—量化分析 Ⅳ. ①F830.59

中国版本图书馆 CIP 数据核字(2022)第 090268 号

策　　划　陈　婷
责任编辑　陈　婷
出版发行　西安电子科技大学出版社(西安市太白南路 2 号)
电　　话　(029)88202421　88201467　　　邮　编　710071
网　　址　www.xduph.com　　　　　　　电子邮箱　xdupfxb001@163.com
经　　销　新华书店
印刷单位　陕西天意印务有限责任公司
版　　次　2022 年 8 月第 1 版　2023 年 8 月第 2 次印刷
开　　本　787 毫米×1092 毫米　1/16　印张　15.5
字　　数　362 千字
印　　数　1001～3000 册
定　　价　42.00 元
ISBN 978 - 7 - 5606 - 6497 - 2 / F

XDUP 6799001 - 2

序

以互联网、大数据、云计算为代表的新技术不断催生金融行业的变革与创新，在信息技术与金融的有机融合下，衍生出一系列新的金融业务、产品及流程，金融科技的概念应运而生。由此，基于传统金融理念和思维方式培养的人才，与行业发展现实对人才素养的要求之间的差距逐渐凸显，高校金融人才的培养模式和质量表现出滞后性。2021 年发布的《中华人民共和国国民经济和社会发展第十四个五年规划和 2035 年远景目标纲要》对金融科技发展明确规划，指出要"稳妥发展金融科技，加快金融机构数字化转型"。因此，在新文科理念下培养复合型金融科技人才，既是金融行业创新发展的迫切需求，也是经济高质量发展的战略要求。

高质量的金融科技人才培养，必然需要高质量的教材建设提供保障。纵观国内外，虽有部分高校已经开始试点建设金融科技专业，也有企业创办内部培训学校进行关于实践问题的员工培训，但都苦于没有一套与其培养目标相适应的富有针对性、时代性的教材。杭州电子科技大学与西安电子科技大学出版社经过多次研讨，最终确定出版一套包含金融科技核心主干课程的理论与实践指导系列教材。经过作者团队近两年的打磨，系列教材终于成稿，每本教材都力求体现以下两个特点：

第一，产教融合特色鲜明，内容紧跟行业发展的最新需求。本系列教材从策划到实施，紧密对接产业链、创新链，始终基于校企协同合作。2019 年伊始，学校积极与行业企业对接，先后成立了杭电—恒生产业学院、杭电—同花顺金融创新实验室、杭电—中信证券产教融合协同育人基地，并与杭州银行、南京证券等 7 家企业共建教学实习基地，校企共同探讨金融科技的人才培养方案、教材构成体系，校企共享师资，希望通过产教融合探索解决人才教育供给与产业需求之间的结构性矛盾。本系列教材的主题确定、内容结构编排、编写团队组织，都凝聚了校企双方的共同努力与智慧，体现了教育和产业的统筹融合、良性互动。

第二，兼具复合性与系统性，对交叉学科领域的内容进行了重构。在金融科技人才培养的探索初期，不少教师、培训师基于职业道德和自我要求，不得不在培养目标的牵引下，自行从原有的金融理论、计算机编程、区块链技术、数学建模等各类教材中选择不同章节进行授课，一门课程往往需要几本教材分散组合，而这种个性化的组合难免生硬且有损系统性、科学性。本系列教材从金融科技人才培养目标导向出发，以立足金融科技核心课程的基础知识为根本，每本教材的内容在充分吸收交叉学科的内容模块后进行重构，体现了知识性与实践性的结合，复合性与系统性的兼容，能够适应新文科金融科技人才培养需求。

本系列教材共十本，包括金融科技概论、金融数据挖掘、金融数据分析、区块链技术与金融、量化投资等，内容基本覆盖金融科技新型人才培养的核心知识课程。教材内容深入浅出，既适合高等院校相关专业的教师和学生作为教材使用，也适合行业企业开展入门培训、提升培训时采用。

本系列教材由杭州电子科技大学郑海味负责总体策划、组织，由校企合作团队分别担任主编，都红雯、范影乐对系列教材的策划提供了很多建设性意见，西安电子科技大学出版社的陈婷编辑全程参与了系列主题商定并提供了许多帮助。衷心感谢杭州电子科技大学和西安电子科技大学出版社的支持！

当然，金融科技的发展尚处于成长阶段，囿于学识，本系列教材难免存在欠妥之处，恳请专家指正！

郑海味

2022 年 5 月

前　　言

执教金融课程 20 多年，笔者切切实实地感受到金融发展日新月异。当今最流行的词就是"数字经济"，而金融就是数字与经济相结合的典范。金融的数据具有以下特征：一是量大，没有一个行业像金融业一样，能产生这么庞大的数据量，仅股票市场日成交数据就在 3GB 以上；二是高速，市场价格变动快，及时性要求高，有的市场已经提供纳秒级数据；三是多样，价格影响因素多样，需要的数据维度越来越多；四是低效，市场充斥着各种噪声，干扰投资判断，需要进行降噪处理。因此，采用先进的技术方法，对金融大数据进行分析，并构建符合金融逻辑的投资模型已经成为证券投资研究的趋势。

量化投资将金融理论、数量化统计分析技术与投资者的定性分析和判断有机地结合在一起，将投资思想通过具体指标、参数的设计体现在模型中，并据此对市场进行不带任何主观情绪的跟踪分析，借助于计算机强大的数据处理能力来进行资产配置、股票选择、时机选择以及仓位控制等，以保证在控制风险的前提下实现收益最大化。

量化投资与传统投资的区别，就像西医与中医的区别。西医对身体的各项指标进行化验，通过一系列检查数据综合判断病情，通过定量分析诊断病情；而中医则采用望、闻、问、切的手段，主要根据医生的经验给病情定性。由于大量采用计算机信息技术，因此量化投资可以及时捕捉交易机会，实现全市场监控，通过程序化交易来避免人性的弱点。量化投资是投资从艺术走向科学的必由之路。

量化投资的历史可以追溯到 20 世纪 50 年代，最近十年得到了飞速发展，量化投资基金的数量增加值也远远超过了传统投资基金。2004 年 8 月，我国第一只公募量化基金"光大保德信量化核心证券投资基金"成立。2005 年，"上投摩根阿尔法股票型证券投资基金"也随之问世。但是，量化基金上市之初并未引起基金投资者的关注，直到 2010 年股指期货推出以后，量化投资开始逐渐涌现，并在 2015 年和 2016 年快速发展。截至 2020 年 12 月 31 日，市场共有 474 只公募量化基金，公募基金规模达到 2 500 亿元，6 665 只私募量化基金，私募量化基金管理规模达到 7 600 亿元。由此可见，我国量化投资已经进入高速发展阶段。

与我国量化投资快速发展相对应的是量化投资人才的稀缺，我们急需培养与量化投资发展相适应的新型金融人才。国内现在已出版的量化投资相关教材较少，各类教材还处在探索阶段，尚未形成比较完善的课程内容体系和框架。本书从初学者的角度阐述量化投资的基本理论，着重介绍常见的量化投资经典策略，选编的案例来自金融企业实际策略，在策略构建上注重结合当今量化投资的最新理论。

需要特别说明的是，本书介绍的量化投资策略的划分是相对的，不是严格区分的。例如，风格轮动策略主要是强调如何判断市场风格，但是在方法上有可能采用了机器学习的方法；又如，期货套利策略主要介绍期货市场常用的量化交易策略，但其方法上可能采用了很多统计套利的方法。

本书的撰写工作由杭州电子科技大学田穗、郑海味等共同完成，穆严、肖航纬、褚伟彬等负责收集整理资料，编写案例。田穗负责全书的统稿工作。

作者在教学及教材编写过程中大量参阅了国内外同行关于量化投资的研究成果，并且得到中信证券、恒生电子、同花顺等企业的大力支持，在此谨向所有提供帮助的人员表示真挚的谢意！

参加本书编写的作者都做出了最大的努力，但囿于学识与水平，难免有疏漏和不尽如人意之处，恳请各位读者批评指正。

作者

2022 年 5 月

目　　录

第一章 绪 论

量化投资就是应用计算机技术并采用一定的数学模型去践行投资理念，实现投资策略的过程。量化投资的特点在于纪律性、系统性、及时性、准确性和分散化。量化投资的历史可以追溯到 20 世纪 50 年代，最近十年得到了飞速发展，量化投资基金的数量增加值也远远超过了传统投资基金。量化投资的主要内容包括量化选股、量化择时、算法交易、统计套利、高频交易等，主要方法包括人工智能、数据挖掘、随机过程等。

本章主要阐释了与量化投资相关的一些基本概念，包括量化投资的概念、量化投资与传统投资的比较、量化投资的发展历程、量化投资的主要策略及方法等，并结合内容给出了相关事件、人物、平台的介绍。

第一节 量化投资的概念

一、量化投资简介

何为量化投资？简单来讲，量化投资就是依靠数量化的手段去实现投资逻辑和策略。换言之，量化投资需要采用一定的数理模型对投资策略以及投资逻辑进行量化，进而通过计算机技术等现代科技手段实现投资过程。

每一个优秀的投资者都有其投资逻辑，并且依照其投资逻辑进行投资活动，同时在投资过程中不断修正其原有的投资逻辑，而量化投资的重要核心也是投资逻辑。"量化"是投资者进行投资所应用的一种手段和方式。一个成功的量化投资策略，首先需要有一个明确的投资思想和逻辑，根据这种投资思想和逻辑，通过数量化的手段，把投资所遵从的理念以及逻辑关系等量化为各种变量以及变量之间的规则，进而构建相关的量化模型。在此之后，通过计算机技术等手段，将模型应用于市场，在过往的市场数据中进行测试，并不断修正和完善，直到能够将其应用于当前真实市场中执行相应操作。

不同的人有不同的投资风格和规律，量化投资是集百家之大成，比如沃伦·巴菲特的投资理念是价值投资，彼得·林奇的投资理念是成长投资，乔治·索罗斯的投资理念是全球宏观策略，詹姆斯·西蒙斯的投资理念是技术投资。每种投资方法都有其内在的规律。虽然一个人不能同时成为沃伦·巴菲特和乔治·索罗斯，但是作为一个量化模型或者一个量化策略，选股上可以同时使用不同人的方法。从大的角度来讲，只要把历史投资规律通过数据有效地整理并实施，那就是量化投资。

二、量化投资的理解误区

1. 量化投资与基本面分析

基本面分析是许多投资者进行投资决策的重要方法。这种方法主要是通过分析影响和决定证券价格的种种因素，从而得出证券的合理价值，进而确定投资策略。基本面分析主要是一种定性分析，其包括对宏观经济环境基本面的分析、对产业层面的分析、对公司的基本面的分析等。因此，许多读者会认为基本面分析与量化投资策略关系不大。其实恰恰相反，基本面分析也是量化投资策略构建的一个重要组成部分。一个公司的基本面情况对于投资决策具有重要意义，并且许多基本面分析用到的要素都可以进行量化，通过量化手段可以设立多个指标，确定相关模型。其实，量化投资策略正是融合了基本面分析与技术分析等多种手段，进而构建模型进行投资决策的。

2. 主动与被动投资

很多人认为，量化投资是依照预先设计好的模型被动执行投资运作，因此与指数化投资一样属于被动投资。实际上完全相反，量化投资是一种主动投资。量化投资和指数化投资的理论基础完全不同。指数化投资等被动投资的理论基础是市场是完全有效的，任何企图战胜市场的努力都是徒劳的，既然这样，不如被动地复制指数，以取得与市场一样的收益水平。而量化投资的理论基础是市场是无效或是弱有效的，因此投资人可以通过对于市场、行业基本面及个别公司的分析，主动构建一个可以取得战胜市场的超额收益的组合。因此，量化投资属于主动投资策略。

3. 量化投资与程序化交易

程序化交易是指通过既定程序或特定软件，自动生成或执行交易指令的交易行为。随着金融衍生品的不断丰富，程序化交易成了机构投资者的一个重要交易实现手段，解决了机构需求批量下单、全市场不间断交易、减少冲击成本等问题。这种技术手段用软件下单代替了人工委托。但如果程序维护更新不及时或出现人为错误，程序化交易的后果是极为严重的。许多时候，量化投资与程序化交易是相同的，但是量化投资的核心是将投资理念和逻辑数量化，并不一定要求自动化买卖下单。在一个市场还不健全的时候（此时程序化交易会受到监管部门的限制），通过量化交易策略模型可获得待选股票，确定买卖点之后的交易行为完全可以通过手动实现。当然，在市场完善的情况下，通过程序化交易能够大幅提升量化投资效率，有利于量化投资策略的研发。

【例 1-1】　光大乌龙指事件。

2013 年 8 月 16 日 11 时 05 分，光大证券在进行 ETF(交易型开放式指数基金)申购时，因策略交易系统程序错误，造成以 234 亿元的巨量资金申购 180ETF 成分股，实际成交 72.7 亿元，引发了市场的剧烈波动，造成了恶劣的社会影响。事发后，证监会迅速启动调查，发现光大证券在当日 13 时至 14 时 22 分，在未向社会公告相关情况的情形下，卖出股指期货空头合约 IF1309、IF1312 共计 6 240 张，合约价值 43.8 亿元；卖出 180ETF 共计 2.63 亿份，价值 1.35 亿元；卖出 50ETF 共计 6.89 亿份，价值 12.8 亿元。证监会认定"光大证券在进行 ETF套利交易时，因程序错误，其使用的策略交易系统以 234 亿元的巨量资金申购 180ETF 成分股，实际成交 72.7 亿元"为内幕信息，光大证券是内幕信息知情人，在上述内幕信息公开前进行股指期货和 ETF 交易构成了内幕交易，违法所得金额巨大，情节极其严重。

2017 年 10 月 27 日，证监会例行发布会发布消息，最高人民法院驳回了光大证券内幕交易案当事人之一杨某提出的再审申请。因"光大乌龙指"引发的杨某诉证监会一案正式落槌。证监会给予最严厉的处罚，没收光大证券违法所得，并处以违法所得 5 倍的罚款，罚没款共计 5.2 亿元；对包括杨某在内的四名责任人员分别给予警告，处以 60 万元罚款，并采取终身证券、期货市场禁入措施。证监会对此表示，此案是一例涉及 ETF 及股指期货的新型内幕交易案件，此前无先例，因具有跨市场、跨品种的特点，故案件处理引起了广泛关注。

第二节 量化投资与传统投资的比较

一、量化投资的特点

1. 纪律性

量化投资严格执行模型所给出的投资建议，而不是随着投资者情绪的变化而随意更改。纪律性的好处很多，可以克服人性的弱点，如贪婪、恐惧、侥幸心理，也可以克服认知偏差，行为金融理论在这方面有许多论述。纪律性的另一个好处是可以跟踪和修正。量化投资作为一种定性思想的理性应用，客观地在组合中体现了这样的思想：一个好的投资方法应该是一个透明的盒子，而不是黑盒子。每一个投资决策都是有理有据的，无论是股票的选择、行业的选择，还是大类资产的配置等，都是有数据支持、模型支持及实证检验的。

2. 系统性

量化投资的系统性特征主要包括多层次的量化、多角度的观察及海量数据的处理等。多层次模型主要包括大类资产配置模型、行业选择模型、精选个股模型等。多角度观察模型主要进行宏观周期、市场结构、估值、成长、盈利质量、分析师盈利预测、市场情绪等多个角度的分析。量化投资的系统性还体现为海量数据的处理。人脑处理信息的能力是有限的，当一个资本市场只有 100 只股票时，对定性投资基金经理是有优势的，他可以深入分析这 100 家公司，这就表现出定性投资基金经理深度研究的优势。但在一个很大的资本市场，比如有成千上万只股票的时候，量化投资强大的信息处理能力更具优势，能捕捉更多的投资机会，拓展更大的投资机会。

3. 及时性

由于有计算机的帮忙，量化投资对信息的反应速度都在秒级甚至毫秒级别，在信息发生的最开始可能就已经交易了。在交易执行上，量化投资会严格遵守量化模型进行操作，对策略的贯彻更为彻底。量化投资可以及时快速地跟踪市场变化，不断发现能够提供超额收益的新的统计模型，寻找新的交易机会。

4. 准确性

量化投资能准确客观评价交易机会，克服主观情绪偏差，妥善运用套利的思想。量化投资擅长寻找估值洼地，通过全面、系统性的扫描，捕捉错误定价、错误估值带来的机会。定性投资经理大部分时间用于琢磨哪个企业是伟大的企业，哪只股票是可以翻倍的股票；而量化投资经理大部分精力花在分析哪里是估值洼地，哪一个品种被低估了，考虑买入低估的，卖出高估的。

5. 分散化

在控制风险的条件下，量化投资可以充当准确实现分散化投资目标的工具。量化投资是靠概率取胜的，这表现为两个方面：一是量化投资不断地从历史中挖掘有望在未来重复的历史规律并且加以利用，这些历史规律都是有较大概率获胜的策略；二是依靠筛选出股票组合来取胜，而不是一只或几只股票取胜，从投资组合理念来看，也是捕获大概率获胜的股票，而不是押宝到单只股票上。

二、量化投资的不足

1. 入门门槛较高

量化投资要求投资者具有扎实的金融知识和熟练的计算机编程技术，因此许多公司和量化团队都乐于招收数学、物理学或者金融工程专业的博士和硕士研究生。但这对于普通投资者来说要求较高，大部分普通投资者并不具备这些理论功底和熟练的技术，因此，相比于量化投资，普通投资者更加青睐于入门门槛稍低的技术分析和基本面分析，故而投资者仍旧以主观投资为主。并且，量化投资需要补充的知识和技术较多，会让投资者花费巨大的学习成本，对于业余投资者来说很难实现，因此量化投资在我国一直比较神秘，普通投资者较少涉及。

近年来，随着国外量化交易平台的出现，量化投资的入门门槛大大降低了，国内目前也出现了 BigQuant、JoinQuant、SuperMind 等量化交易平台，这些平台为投资者提供了量化策略的研发、回测以及模拟交易的一体化过程。但是，这些平台仍旧需要使用者具备一定的编程能力和建模能力，并且许多平台能够实现的功能依旧有限，因此这些平台更适合普通投资者和量化投资爱好者研发策略使用，专业的投资团队一般不使用上述第三方平台，其数据处理、建模、回测平台构建等全部过程都由团队内部完成。这样，不仅能够实现更多的功能，而且也能降低策略泄露的风险。因此，对于有志于未来以量化投资作为自己发展方向的人应努力学习编程与建模的知识和技术，提高动手能力。

【例 1-2】 国内常见的量化平台。

BigQuant 成立于 2017 年，以 AI 赋能投资，为投资者提供企业级 AI 平台、量化投资大数据、AI 投研工具、Quant 成长体系和社区，是首个将人工智能技术应用于投资领域的平台级产品。其创始人梁举曾经任职于微软亚洲研究院。如图 1-1 所示，用户在注册登录后，点击"因子研究"，可以搜索该平台已有的因子检测数据，同时可以加入"我的因子"与"因子库管理"之中，但部分功能仅限会员使用。此外，用户登录后，还可以点击"策略研究"，打开如图 1-2 所示的界面。该平台采用可视化技术，将各个流程都标注出来，方便初学者了解量化投资策略搭建的具体步骤。

图 1-1　BigQuant 量化平台中的因子研究

图 1-2　BigQuant 量化平台中的策略研究

JoinQuant 量化交易平台是由北京小龙虾科技有限公司为量化爱好者量身打造的云平台，可以为用户提供精准的回测功能、高速实盘交易接口、由易入难的策略库，便于快速实现、使用自己的量化交易策略。用户登录之后，点击策略研究中的"因子看板"，即可进行因子研究，如图 1-3 和图 1-4 所示，用户可以选择各种类别的因子，以及股票池与回测周期，下面也有平台已检验的因子情况。此外，在策略研究中的策略列表中用户还可自行编译自己的策略，同时平台也给出了几个策略案例，初学者可通过平台给出的策略，进一步了解量化投资策略的构建与实现。

图 1-3　JoinQuant 量化平台中的因子看板

图 1-4 JoinQuant 量化平台中的因子选股

SuperMind 是同花顺旗下的量化投资平台，该平台可为用户免费提供高质量、全面的量化交易数据和快速便捷的量化回测体验，并且由于同花顺公司本身就是做互联网信息服务的，且受众广泛，因此其在数据获取、处理上更具优势。如图 1-5 所示，用户在注册登录后，点击"我的策略"，在其中的因子库中有平台已经检验的因子。初学者可以先从平台已有的研究中进行学习了解，在具备一定编程知识之后，可以点击"因子策略"，自行设置各种参数，如图 1-6、图 1-7 所示。

图 1-5 SuperMind 量化平台中的策略研究

由于国外量化平台在国内使用会受到较多限制，故本书未展开介绍。目前国内三大量化投资平台 BigQuant、JoinQuant、SuperMind 的发展都较为成熟，对于初学者来说，在平台首页都有帮助文档，在"因子研究""策略研究"中都给出了部分样例，初学者可结合自身需求，选择合适的平台进行量化投资研究。

2. 具有易复制性

量化交易策略具有数量化特征，所以，其与许多科技创新相似，都普遍存在研发困难、复制简单的特点，仅仅泄露一些策略理念就会被破解，从而增加了量化交易策略额外的风

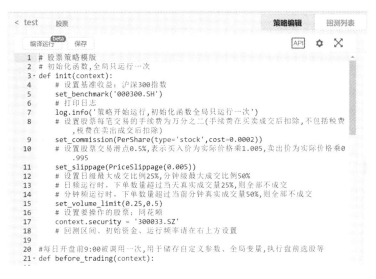

图1-6　SuperMind量化平台中的因子策略

图1-7　SuperMind量化平台中的回测设置

险，这也是人们在学习量化投资时很难收集到非常有价值的信息的原因。面对这种情况，量化研究团队将被迫花费一定的成本确保所开发策略的保密性，使其不被复制。正是基于这一点，许多专业人士并不喜欢在第三方的研发平台上进行策略研究。随着这几年第三方平台的增多，平台也设定了许多方法来加强用户策略的保密性。

3. 忽略重要的定性因素

量化投资的一个重要特点就是要把投资逻辑进行数量化，然而，在投资者进行投资决策的过程中，时常会面临一些难以量化的因素，并且有一些因素会对投资决策产生重要的影响，这种难以量化的定性的因素通常会在构建量化投资策略模型时舍弃，这就会导致策略丧失了某些重要的盈利因素。目前，随着相关理论和技术的发展，越来越多曾经难以量化的因素都被学者和业界加以解决，如近年来出现的对于投资者情绪的刻画等。而主观投资在这一方面的表现要优于量化投资，从另一个角度也可以说明量化投资就目前来讲是无法替代主观投资的，二者各有利弊。

人物介绍：詹姆斯·西蒙斯

詹姆斯·西蒙斯（James Simons），1958年毕业于麻省理工学院数学系，1961年获得加州大学伯克利分校数学博士学位，美国著名数学家、投资家和慈善家。作为最伟大的对冲基金经理之一,他是量化投资的传奇人物。

1976 年,西蒙斯摘得数学界的皇冠——美国数学学会颁布的维布伦几何奖,其个人数学事业的成就达到顶峰。之后,西蒙斯转入金融界,于 1978 年开设了私人投资基金 Limroy,1982 年在美国纽约成立了文艺复兴科技公司(Renaissance Technologies LLC)。文艺复兴科技公司是世界顶尖的利用量化交易的对冲基金管理公司。该公司利用强大的计算机和数学能力来开发与执行投资策略。其推出的大奖章基金(The Medallion Fund)以出色的业绩闻名投资界。

人物介绍:克里夫·阿斯内斯

克里夫·阿斯内斯(Clifford Asness),1966 年出生于美国纽约,毕业于宾夕法尼亚大学,获得沃顿商学院和应用科学院的两个学士学位;1988 年进入芝加哥大学商学院攻读数量金融学博士学位,师从著名金融学家尤金·法玛教授。

在其博士论文中,阿斯内斯在"三因子模型"的基础上加入动量因子,以四因子模型的形成完成了一系列实证分析。

博士毕业后,阿斯内斯加入高盛,帮助高盛旗下的全球阿尔法基金获得了出色的业绩。1997 年,阿斯内斯从高盛离职,联合高盛同事及芝加哥大学同学创建了 AQR 资本管理公司,该公司目前是全球顶尖的对冲基金之一。

三、传统投资策略与量化投资策略的比较

传统投资策略与量化投资策略的不同主要体现在三个方面:

(1)在股票选择方面,传统投资策略是研究市场趋势,选择行业,再从行业中精选公司,调研公司的基本面情况,根据公司基本面选择优质公司,而量化投资策略是利用数量化模型批量选择符合标准的股票。

(2)在投资回报收益方面,传统投资策略是基于市场趋势、强势行业、优质公司去选择,依靠个人经验超越市场,而量化投资策略是依靠数量评估的基本因子来制订策略并进行选择的。

(3)在风险可控性方面,传统投资策略依靠组合中分散的投资,客观上能规避一定的系统性风险,但在投资过程中由于缺乏系统监控,将存在较高风险,而量化投资策略则通过优化投资组合来降低风险。

第三节　量化投资的发展历程

一、量化投资理论的发展

1. 20 世纪 50—60 年代

哈里·马科维茨于 1952 年建立的均值-方差模型,第一次把数理工具引入金融研究。在哈里·马科维茨工作的基础上,威廉·夏普(1964)、约翰·林特纳(1965)、简·莫森(1966)研究了资产价格的均衡结构,导出了资本资产定价模型(Capital Asset Pricing Model,CAPM)。该模型已成为度量证券风险的基本量化模型,并成为度量金融投资领域投资绩效的理论基础。

20 世纪 60 年代投资实务研究的另一具有重要影响的理论是保罗·萨缪尔森（1965）与尤金·法码（1965）的有效市场假说(Efficient Market Hypothesis，EMH)，这一假说主要包括理性投资者、有效市场和随机游走三方面。该假设成立就意味着，在功能齐全、信息畅通的资本市场中，任何用历史价格及其他信息来预测证券价格的行为都是徒劳。

2. 20 世纪 70—80 年代

20 世纪 70 年代，随着金融创新的不断进行，衍生产品的定价成为理论研究的重点。1973 年，费希尔·布莱克和迈伦·斯科尔斯建立了期权定价模型，实现了金融理论的又一大突破。该模型迅速被运用于金融实践，使金融创新工具的品种和数量迅速增多，金融市场创新得到了空前规模的发展。此后，斯蒂芬·罗斯（1976）建立了套利定价理论(Arbitrage Pricing Theory，APT)。在投资实务中，多因素定价(选股)模型可以看作 APT 理论最典型的代表。

3. 20 世纪 80—90 年代

20 世纪 80 年代，现代金融创新进入鼎盛时期。在此期间诞生了 20 世纪 80 年代国际金融市场的四大发明，即票据发行便利、互换交易、期权交易和远期利率协议。金融理论的一个新概念——"金融工程"也诞生了。金融工程作为一个新的学科从金融学独立了出来。

20 世纪 80—90 年代，对期权定价理论的进一步研究刺激了对倒向随机微分方程求解的发展，从而对期权定价理论的研究开启了新的动力。同时，对倒向随机微分方程的理论和数值计算的研究又会促使期权定价理论数学模型的新研究。

20 世纪 90 年代金融学家更加注重金融风险的管理。可以说，风险管理是 20 世纪 90 年代以来对金融机构管理的中心论题。在风险管理的诸多模型中，最著名的风险管理数学模型是 VaR(Value at Risk)模型，其中以 J. P. 摩根的风险矩阵（Risk Matrices）为主要代表。目前，这种方法已被全球各主要银行、公司及金融监管机构所接受，并成为最重要的金融风险管理方法之一。

同时，在这一时期还形成了另一具有重要影响力的学术流派——行为金融学。有效市场理论于 20 世纪 70 年代在学术界达到发展顶峰，是那个时期占统治地位的学术观点。但是，进入 20 世纪 80 年代以后，关于股票市场的一系列经验研究发现了其与有效市场理论不相符合的异常现象，如日历效应、股权溢价之谜、期权微笑、封闭式基金折溢价之谜、小盘股效应等。面对这一系列金融市场的异常现象，一些研究学者开始从传统金融理论的最基本假设入手，放松了关于投资者是完全理性的这一严格假设，吸收了心理学的研究成果，研究股票市场投资者行为、价格形成机制与价格表现特征，取得了一系列有影响的研究成果，形成了具有重要影响力的学术流派——行为金融学。

4. 20 世纪 90 年代末至今

20 世纪末，非线性科学的研究方法和理论在金融理论及其实践上的运用，极大地丰富了金融科学量化手段和方法论的研究。无疑，这将开辟金融科学量化非线性的新范式的研究领域。

非线性科学的研究方法和理论，不仅在金融理论研究方面开辟了崭新的非线性范式的研究领域，而且在金融实践和金融经验上也取得了累累硕果。其中最为著名的是桑塔费于

1991 年创立的预测公司，它是使用非线性技术最有名的投资公司之一。其名声远扬主要应归功于其创始人 Doyne Farmer 博士和 Norman Packard 博士。他们在系统地阐述李雅普诺夫指数对于混沌分类的重要性方面和重构相空间的延迟方面都有着重要贡献，而且使用一些不同的方法（如遗传算法、决策树、神经网络和其他非线性回归方法等）建立模型。令人遗憾的是，根据专有合同，他们的技术属于瑞士银行集团。因此，他们投资过程的细节和业绩记录都是专有财产。

　　总之，非线性科学的研究方法和理论为人们进一步探索金融科学数量化的发展提供了最有力的研究武器。目前研究表明，发展一种将人们所能看到的非线性结构并入金融理论与金融经验的研究和应用的过程才刚刚起步，这里有许多工作需要人们去开创、丰富和发展，但随着计算机技术的不断发展，人工智能的兴起以及新兴金融衍生品的产生，这些进步带来的产物将会成为量化投资爱好者及学者的有利工具。

二、我国量化投资的发展

　　量化投资在我国出现较晚，距今只有十多年的历史。2004 年 8 月，我国第一只公募量化基金"光大保德信量化核心证券投资基金"成立。2005 年，"上投摩根阿尔法股票型证券投资基金"也随之问世。但是，量化基金上市之初并未引起基金投资者的关注，直到 2010 年股指期货推出以后，量化投资开始逐渐涌现，并在 2015 年和 2016 年快速发展。

1. 公募量化基金的发展

　　Wind 金融终端数据显示，截至 2020 年 12 月 31 日，市场共有 474 只公募量化基金，基金规模达到 2 500 亿元，其中指数增强基金 1 136.4 亿元，量化选股基金 593.2 亿元，量化对冲基金 570.3 亿元，类指数增强基金 199.9 亿元。如图 1 - 8 所示，2010 年我国推出股指期货后，量化投资基金开始逐渐增加，2015 年开始，随着我国股票市场出现大幅上涨行情，国内投资者投资热情高涨的同时也促进了基金的发行，2015 年一年便发行了公募量化基金 36 只。之后三年公募量化基金稳步发展，于 2018 年达到峰值，全年新增 118 只，之后增长出现下降，在 2019 与 2020 年新增分别为 92 只与 52 只。常年的正增长，也说明了量化投资在我国逐渐被认可。

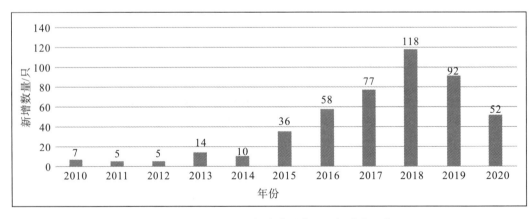

图 1 - 8　2010—2020 年公募量化基金新增成立数

　　从公募量化基金的占比来看，截至 2020 年底，根据 Wind 资讯的数据，如图 1 - 9 所示，指数增强基金占比 45％，量化选股基金占比 24％，量化对冲基金占比 23％，类指数增强基金占比 8％。

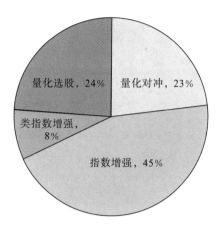

图 1-9 截至 2020 年底各类公募量化基金的占比

2. 私募量化基金的发展

Wind 金融终端数据显示，截至 2020 年 12 月 31 日，市场共有 6 665 只私募量化基金，私募量化基金管理规模达到 7 600 亿元。如图 1-10 所示，从 2010 年开始，不断有私募基金公司推出量化投资类型的基金，2011—2013 年间，共推出了 105 只基金。2014 年开始，我国私募量化基金开始快速发展，2014 年新推出的基金数量超过了 2013 年的 3 倍。2015 年和 2016 年发展更加迅速，2015 年新推出的私募量化基金数为 655 只，2016 年则达到了 1 095 只。可以说，2015 年和 2016 年是私募量化基金发展的爆发增长期，其主要原因是受到这两年股票市场的影响，我国股市出现了大幅波动，而量化投资基金具有更加完善的风险控制体系，其投资具有高度分散性和纪律性，因此在此期间量化投资基金能够带来更多的超额收益，也促进了私募量化基金的发展。此后私募量化基金稳步发展，在 2020 年由于疫情的影响，股市再次出现大幅波动，但在宽松的市场政策的支持下，投资情绪得到逐步修复，私募量化基金新增数量也达到了峰值。

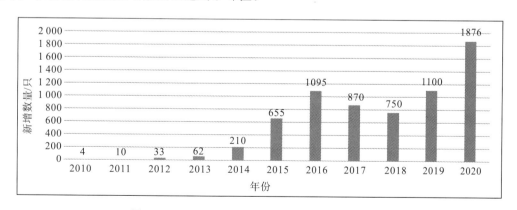

图 1-10 2010—2020 年私募量化基金新增成立数

从策略类型分布看，如图 1-11 所示，私募量化基金类型主要包括指数增强策略、市场中性策略、股票多空策略、量化选股策略、宏观对冲策略、量化多策略等。其中，指数增强策略、市场中性策略、股票多空策略等股票类策略的占比较高。

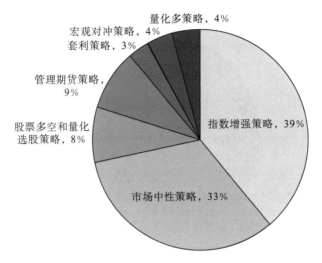

图 1-11　截至 2020-12-31 私募量化基金的类型

回望历史来看，国内私募量化市场的发展主要经历了以下三个阶段：

（1）2010 年—2015 年中，私募量化起步期。2008 年，在美国次贷危机的影响下，海外量化基金人才大量回国，为市场提供了大量专业化人才。到了 2011 年，股指期货和融资融券推出，海外归国人才以及部分持牌机构量化人才辞职创业，私募量化基金起步。其间，股指期货正基差、叠加小盘股因子持续的正收益给私募量化基金提供了肥沃的土壤。大量私募量化基金在多头端沿用了简单线性组合的多因子选股框架。

（2）2015 年中—2018 年，私募量化蛰伏期。在这一期间，股指期货受限，策略迭代升级。2015 年年中期指受限后，量化对冲类策略受到了比较大的冲击。管理人开始在其他方向上拓展，也进一步带动了量化产品的丰富。更重要的是，新一批来自海外的对冲基金的人才从自营交易转向资产管理，将机器学习、高频交易等应用于大容量的策略开发。私募量化基金在股票多头端的选股信号，从低频的多因子选股策略，走向中高频信号驱动的选股和交易策略框架；在策略组合上也加入了机器学习等算法。不同管理人的策略迭代升级，也为后续的规模分化埋下了伏笔。

（3）2019 年—2020 年，私募量化大发展，管理人显著分化。在这一时期，量化基金整体规模从 2 000 亿增长至 7 500 亿左右，证券私募占比从 10% 增长至 18% 左右。规模增长的背后是行业结构的分化。策略竞争力较强的管理人受到大量资金的追捧，头部集中的现象更加突出，而部分小型私募量化基金开始退出市场。

第四节　量化投资的主要策略及方法

一、量化投资的主要策略

一个典型的投资流程如图 1-12 所示。从图 1-12 中可以看出，量化投资技术几乎覆盖了投资的全过程，包括量化选股、量化择时、期货套利、统计套利、资产配置等。

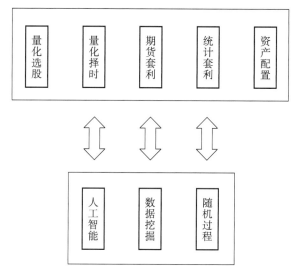

图 1-12 量化投资学科的体系结构

1. 量化选股

量化选股就是采用数量化的方法判断某个公司是否值得买入的行为。根据某个方法，如果该公司满足了该方法的条件，则放入股票池；如果不满足，则从股票池中剔除。量化选股的方法有很多种，总的来说，可以分为公司估值法、趋势法和资金法三大类。

公司估值法是上市公司基本面分析的重要利器，在"基本面决定价值，价值决定价格"的基本逻辑下，通过比较公司估值得出的公司理论股票价格与市场价格的差异，判断股票的市场价格是否被高估或者低估，从而寻找出价值被低估或价值被高估的股票，指导投资者具体投资行为，如买入、卖出或继续持有。

趋势法就是根据市场表现，强势、弱势、盘整等不同的形态，做出对应的投资行为的方法。投资者可以追随趋势，也可以进行反转操作等。

资金法的本质思想是追随市场主力资金的方向：如果资金流入，应该伴随着价格上涨；如果资金流出，则股票应该伴随着价格下跌。投资者也可以通过持仓筹码的分布来判断在未来一段时间股价的上涨和下跌情况。资金法本质上是一种跟风策略，追随主流热点，从而期望在短时间内获得超额收益。

2. 量化择时

股市的可预测性问题与有效市场假说密切相关。如果有效市场理论或有效市场假说成立，股票价格充分反映了所有相关的信息，价格变化服从随机游走，股票价格的预测则毫无意义。从中国股票市场的特征来看，大多数研究报告的结论支持中国的股票市场尚未达到弱有效，也就是说，中国股票市场的股票价格时间序列并非序列无关，而是序列相关的，即历史数据对股票的价格形成起作用，因此，可以通过对历史信息的分析预测价格。

随着计算机技术和混沌、分形理论的发展，人们开始将股票的市场行为纳入非线性动力学研究范畴。众多的研究发现我国股市的指数收益中，存在经典线性相关之外的非线性相关，从而拒绝了随机游走的假设，指出股价的波动不是完全随机的，它貌似随机、杂乱，但在其复杂表面的背后，却隐藏着确定性的机制，因此存在可预测成分。当然，认为股价可预测，并不等于说可以 100% 的准确预见，而是指可以使用经济预测的方法，建立起能在一定误差要求之下的预测股价变动的预测模型。一批学者先后证实了证券市场的确存在着一些可利用的规律，其成功率之高和稳定性之久，远远超出了随机行走理论可以解释的范围。因此，持证券市场缺乏效率这一观点的人越来越多，证券市场预测的研究也再次成为人们关注的热点。

3. 期货套利

期货套利是指利用期货市场存在的不合理价格，同时参与期货与现货市场交易，或者同时进行不同期限，不同(但相近)类别期货合约交易，以赚取差价的行为。期货套利主要分为期现套利和跨期套利两种。

我国已经推出众多期货交易品种，为券商、基金等机构投资者提供了金融创新的工具，使用这些工具，机构投资者可以按照金融工程的理论框架去探索新的盈利模式。期货套利交易就是一种值得研究的新型盈利模式，开展期货套利交易对于恢复扭曲的市场价格关系、抑制过度投机和增强市场流动性都有着重要的作用。期货套利的研究主要包括现货构建、套利定价、保证金管理、冲击成本、成分股调整等内容。

4. 统计套利

有别于无风险套利，统计套利是利用证券价格的历史统计规律进行套利，是一种风险套利，其风险在于这种历史统计规律在未来一段时间内是否继续存在。

统计套利在方法上可以分为两类，一类是利用股票的收益率序列建模，目标是在组合的贝塔值等于零的前提下实现 Alpha 收益，我们称之为市场中性策略；另一类是利用股票的价格序列的协整关系建模，我们称之为协整策略。前者是基于日收益率对均衡关系的偏离，后者是基于累计收益率对均衡关系的偏离。基于日收益率建模的中性策略，是一种超短线策略，只要日偏离在短期内不修复，则策略就会失效。并且，如果日偏离是缓慢修复的，这种策略很难搜索到合适的平仓时机。很多分析也表明，市场中性策略经常会发出错误的交易信号。而协整策略直接利用了原始变量——股价进行建模，当累计收益率偏离到一定程度时建仓，在偏离修复到一定程度或反向时平仓。

5. 资产配置

资产配置是指资产类别选择，即投资组合中各类资产的适当配置及对这些混合资产进行实时管理。量化投资管理将传统投资组合理论与量化分析技术结合，极大地丰富了资产配置的内涵，形成了现代资产配置理论的基本框架。它突破了传统积极型投资和指数型投资的局限，将投资方法建立在对各种资产类股票公开数据的统计分析上，通过比较不同资产类的统计特征，建立数学模型，进而确定组合资产的配置目标和分配比例。

今天，全世界有超过万亿美元的资产全部或部分以量化分析为基础进行资产配置。资产配置一般包括两大类别、三大层次，两大类别分别为战略资产配置和战术资产配置，三大层次分别为全球资产配置、大类资产配置及行业风格配置。

二、量化投资的主要方法

1. 人工智能

人工智能(Artificial Intelligence，AI)是研究使用计算机来模拟人的某些思维过程和智能行为(如学习、推理、思考、规划等)的学科,主要包括计算机实现智能的原理、制造类似于人脑智能的计算机,使计算机能实现更高层次的应用。人工智能将涉及计算机科学、心理学、哲学和语言学等学科,可以说几乎是自然科学和社会科学的所有学科,其范围已远远超出了计算机科学的范畴,人工智能与思维科学的关系是实践和理论的关系,人工智能是处于思维科学的技术应用层次,是它的一个应用分支。

从思维观点看,人工智能不仅限于逻辑思维,还要考虑形象思维、灵感思维才能促进人工智能的突破性发展,数学常被认为是多种学科的基础科学,因此人工智能学科也必须借用数学工具。数学不仅在标准逻辑、模糊数学等范围发挥作用,进入人工智能学科后也能促进其得到更快的发展。

金融投资是一项复杂的、综合了各种知识与技术的学科,对智能的要求非常高。所以人工智能的很多技术可以用于量化投资分析中,包括专家系统、机器学习、神经网络、遗传算法等。

2. 数据挖掘

数据挖掘(Data Mining)是从大量的、不完全的、有噪声的、模糊的、随机的数据中提取隐含在其中的、人们事先不知道的,但又是潜在有用的信息和知识的过程。与数据挖掘相近的同义词有数据融合、数据分析和决策支持等。在量化投资中,数据挖掘的主要技术包括关联分析、分类、预测、聚类等。

关联分析是研究两个或两个以上变量的取值之间存在的某种规律性。例如,研究股票的某些因子发生变化后,对未来一段时间股价之间的关联关系。关联分为简单关联、时序关联和因果关联。关联分析的目的是找出数据库中隐藏的关联网。一般用支持度和可信度两个阈值来度量关联规则的相关性,还不断引入兴趣度、相关性等参数,使得所挖掘的规则更符合需求。

分类就是找出一个类别的概念描述,它代表了这类数据的整体信息,即该类的内涵描述,并用这种描述来构造模型,一般用规则或决策树模式表示。分类是利用训练数据集通过一定的算法而求得分类规则。分类可被用于规则描述和预测。

预测是利用历史数据找出变化规律,建立模型,并由此模型对未来数据的种类及特征进行预测。预测关心的是精度和不确定性,通常用预测方差来度量。

聚类就是利用数据的相似性判断出数据的聚合程度,使得同一个类别中的数据尽可能相似,不同类别的数据尽可能相异。

3. 随机过程

随机过程(Stochastic Process)是一连串随机事件动态关系的定量描述。随机过程论与其他数学分支如位势论、微分方程、力学及复变函数论等有密切的联系,是在自然科学、工程科学及社会科学各领域中研究随机现象的重要工具。随机过程论目前已得到广泛的应用,在诸如天气预报、统计物理、天体物理、运筹决策、经济数学、安全科学、人口理论、可靠性及计算机科学等很多领域都要经常用到随机过程的理论来建立数学模型。

研究随机过程的方法多种多样,主要可以分为两大类:一类是概率方法,其中用到轨道性质、随机微分方程等;另一类是分析的方法,其中用到测度论、微分方程、半群理论、函数堆和希尔伯特空间等。实际研究中常常两种方法并用。另外,组合方法和代数方法在某些特殊随机过程的研究中也有一定作用。研究的主要内容有：多指标随机过程、无穷质点与马尔科夫过程、概率与位势及各种特殊过程的专题讨论等。其中，马尔科夫过程很适于金融时序数列的预测，是在量化投资中的典型应用。

课 后 习 题

1. 了解全球大型量化投资基金发展历程、困境以及投资理念。

2. 了解国内现有量化投资平台的功能。

3. 了解 Python 编程语言基本语法。

4. 你认为光大乌龙指事件后续处理算一种内幕交易行为吗？如果你是光大负责人，你会怎么处理？

第二章　因子检验与分类

多因子模型是量化投资领域重要的策略模型，是许多投资机构的主要应用模型。在我国公募以及私募基金市场中，许多量化投资基金都是基于多因子模型设立的，在实践中有着非常广泛的应用。其基本原理是采用一系列因子作为选股标准，满足这些因子的股票则被买入，不满足的则被卖出，多因子模型相对来说比较稳定，因为在不同的市场条件下，总有一些因子会发挥作用，而选股因子也成为多因子模型中最为重要的一个因素。

本章首先对因子进行了简介，并通过市场常用的分类方式将因子进行了分类，其次在因子检验中介绍了三种常用的方法，并对说明的因子进行了实际的分组回测检验，最后在因子分类中按照业界较为普遍的分类方法对八种因子进行了详细的介绍。

第一节　因　子　概　述

多因子模型是一类重要的选股模型，它的优点是能够综合很多信息，最后得出一个选股结果。对于多因子模型来说，因子池的建立当属重中之重。从广义上来讲，任何与股票数据相关的指标都可以被称为因子，因此随着计算机理论技术的发展，研究人员开始通过各种方式去寻找因子。一般而言，大型资产管理机构都会有自己的因子池，因子池中的因子数量甚至会达到几十万个，在如此庞大的因子池中如何对因子进行分类从而更高效地管理，以及在众多因子中筛选出有效因子并剔除无效因子，成为关键。

对于因子检验而言，构建了一个因子池后，我们并不能保证每个因子都是有效的，因此需要对每个因子进行测试，保留有效因子，剔除无效因子。那些好的因子，我们通常称其为定价因子。作为定价因子，要么在过去有着较好的表现，要么对于股票的收益率有着较强的解释力度。单因子测试主要有三种方法，分别为回归法、信息系数(IC)法和分层回溯法。

因子的分类方式有很多种，不同的分类方式对应着不同的投资逻辑，譬如从估值划分的估值因子，从规模划分的规模因子，从成长性划分的成长因子，从杠杆划分的杠杆因子，从流动性划分的流动性因子等。一般而言，业界较为普遍地将因子分为成长类因子、盈利类因子、财务流动性因子、营运类因子、估值类因子、压力支撑类因子、量价趋势类因子及复合因子。

第二节　因　子　检　验

一、数据的预处理

在单因子测试之前，需要对使用的数据进行一定的调整。数据的预处理主要包括以下两个方面。

1. 极端数据的处理

在进行单因子测试和模型的构建过程中，如果样本数据中存在少数观测值距离大多数观察值很远，则会对策略研究产生严重的干扰，这些数据也被称为极端值。因此在进行构建多因子模型的具体步骤之前，要对数据的极端值进行处理。

1）中位数去极值法

中位数去极值的处理方法如下：

当 $X_i > X_m + n X_{MAD}$ 时，$\widetilde{X}_i = X_m + n X_{MAD}$；

当 $X_i < X_m - n X_{MAD}$ 时，$\widetilde{X}_i = X_m - n X_{MAD}$；

当 X_i 不属于上述两种情况时，$\widetilde{X}_i = X_i$。

其中：X_i 表示序列 X_i 的第 i 个观察值；X_m 表示序列 X_i 的中位数；X_{MAD} 为序列 $|X_i - X_m|$ 的中位数；$\widetilde{X}_i$ 为经过中位数去极值法修正后的 X_i。对于 n 值的选取，不同研究人员的选择有所不同，一般而言，通常将 n 设定为 5。

2）三倍标准差去极值法

三倍标准差去极值法又被称为 3σ 去极值法，其去极值的处理方法如下：

当 $X_i > \mu + 3\sigma$ 时，$\widetilde{X}_i = \mu + 3\sigma$；

当 $X_i < \mu - 3\sigma$ 时，$\widetilde{X}_i = \mu - 3\sigma$；

当 X_i 不属于上述两种情况时，$\widetilde{X}_i = X_i$。

其中：μ 为序列 X_i 的均值；σ 为序列 X_i 的标准差。

3）Winsorize 方法

Winsorize 方法也是在金融领域较为常见的方法。其主要的方式就是根据分位数，将分位数之外的值用相应分位数值来代替。例如，对于 5% 的极端值，应用该方法处理就是：对那些大于 95% 分位数的值，将其替换为 95% 分位数的值；对那些小于 5% 分位数的值，将其替换为 5% 分位数的值。

2. 数据的标准化处理

在单因子测试前，因子数据的标准化处理也是很关键的，因为每种资产的因子数据的量纲存在不同。此外，在经典线性回归模型中需要满足正态性的假设，这也是需要将数据进行标准化的原因。常用的数据的标准化处理方法主要有以下两种：

1）Z-Score 标准化

Z-Score 标准化方法是最常用的数据的标准化处理方式，具体的计算公式如下：

$$\widetilde{X}_i^{norm} = \frac{\widetilde{X}_i - \mu}{\sigma} \tag{2-1}$$

式中：μ 为序列 $\widetilde{X}_i$ 的均值；σ 为序列 $\widetilde{X}_i$ 的标准差；$\widetilde{X}_i^{norm}$ 为经过标准化处理的序列。

2）Box-Cox 变换

Box-Cox 变换是由英国统计学家 Box 和 Cox 在 1964 年共同提出的，通过 Box-Cox 变换，可以使线性回归模型满足正态性的同时又不丢失信息。其一般形式如下：

$$y(\lambda) = \begin{cases} \dfrac{y^\lambda - 1}{\lambda}, & \lambda \neq 0 \\ \ln y, & \lambda = 0 \end{cases} \tag{2-2}$$

式中：当 λ 为 1 时，模型为线性模型；当 λ 为 0 时，模型为对数线性或者半对数线性模型；当 λ 为 -1 时，模型为双曲函数模型。因此，根据 λ 的取值不同，可以产生多种不同的函数形式。对于 λ 的估计可以用极大似然估计法和贝叶斯法，具体操作方法可以根据数据处理软件的设定和教程要求进行具体学习。

二、单因子测试的方法

1. 回归法

回归法是检测单个因子的一种常用方法，可以用于检验因子对收益率的解释能力。回归法用 t 期的因子值对股票的 $t+1$ 期收益率做截面回归，检验 t 期的因子值对 $t+1$ 期的收益率的解释力度，那么最基本的回归模型如下：

$$r_i = \alpha + \gamma X_i^{\text{norm}} + \varepsilon_i \tag{2-3}$$

式中：r_i 是资产 i 在 $t+1$ 期的收益率，这是需要特别注意的一点；α 为常数项；γ 为因子的收益率；X_i^{norm} 为 t 期经过极端值处理和标准化后的因子值；ε_i 为随机误差项。在检测期内，每一期都进行上述式的回归，从而得到关于 γ 的时间序列 γ_t，并且我们需要在每一期都通过 t 检验的方式检验因子收益率的显著性。t 检验统计量为

$$t = \frac{\overline{X} - \mu}{\dfrac{\sigma_x}{\sqrt{n}}} \tag{2-4}$$

式中：$\overline{X}$ 表示样本平均值；μ 表示总体平均值；σ_x 表示样本的标准差。t 值用来判断因子收益率 γ 是否显著不等于 0。值得一提的是，我们进行 t 检验得到的 t 统计量也是一个时间序列，此时我们对于因子有效性的判定方法主要有以下几种：

（1）对 t 检验值取绝对值，然后计算其平均值。如果 t 检验值的绝对值的均值大于 2，则说明结果较为理想。

（2）对 t 检验值取绝对值，观察绝对值序列大于 2 的个数。在绝对值序列中，大于 2 的值的占比越大，说明因子的效果越好。

（3）观察 t 检验值的序列是否有很大一部分为负值或者为正值。如果是，说明因子较为稳定。

（4）计算因子在样本期间的累计收益率。如果收益率呈现出一种确定性的趋势（如持续向上或者持续向下），则可以说明该因子的效果较好。

2. IC 法

IC 法也是单因子检测的一种常见方法，主要通过 IC 值来进行判定。IC 值就是因子在第 t 期的因子值与 $t+1$ 期的资产收益率之间的相关系数，使用的是截面数据，即

$$\text{IC} = \text{corr}(r_i, X_i^{\text{norm}}) \tag{2-5}$$

式中：r_i 是资产 i 在 $t+1$ 期的收益率；X_i^{norm} 为 t 期经过极端值处理和标准化后的因子值。IC 法用来检验因子对于收益预测能力的强弱。对于 IC 值的判定主要有以下几种方法：

（1）IC 值的绝对值的均值越高，说明因子对于收益的预测能力越强。

（2）当 IC 值为正时，说明因子与收益呈现正相关的关系。

（3）当 IC 值为负时，说明因子与收益呈现负相关的关系。

（4）观察 IC 值的时间序列，对 IC 值进行 t 检验，通过显著性来判断因子预测能力的持久性。

（5）观察 IC 值的时间序列，计算 IC 值大于 0 或者小于 0 的占比，可以判断因子预测能力的一致性。

（6）观察 IC 值的时间序列，计算其标准差，可以判断因子预测能力的稳定性。

3. 分层回溯法

分层回溯法是用来检验因子选股能力的一种常用方法，也是业界最为通用的方法。其主要思想就是：在 t 期，按照因子值将所有的资产（股票）进行排序，可以分为五档（也可分为三档或者十档，视具体情况而定，本书举例使用五档），根据五档建立五个投资组合，计算五个组合在 $t+1$ 期的收益率；之后在 $t+1$ 期再次按照因子值将所有的资产（股票）进行排序，分为五档，构建五个投资组合，计算五个投资组合在 $t+2$ 期的收益率；以此类推。一般可以按月调仓，可以根据各个投资组合收益率的差异对因子效果进行判断。

（1）观察五个档位的收益率或者超额收益（组合收益－基准收益）情况，如果五个投资组合的收益率递减或者递增的规律较强，那么说明该因子的效果较好。

（2）观察五个档位投资组合的相对基准收益胜率（组合收益高于基准的期数/总期数），如果五个投资组合的胜率递减或者递增的规律较强，那么说明该因子的效果较好。

（3）观察五个档位投资组合的年化波动率情况，如果五个投资组合的年化波动率递减或者递增的规律较强，那么说明该因子的效果较好。

（4）观察五个档位投资组合的夏普比率（超额收益/组合收益的标准差）情况，如果五个投资组合的年化波动率递减或者递增的规律较强，那么说明该因子的效果较好。

（5）观察五个档位投资组合的最大回撤（回测期组合收益最大值－回测期组合收益最小值）情况，如果五个投资组合的最大回撤递减或者递增的规律较强，那么说明该因子的效果较好。

第三节　因 子 分 类

一、成长类因子

1. 营业收入（同比增长率）

营业收入（同比增长率）可以直观地反映企业本期取得的数据与上年同期数据对比取得的增长或下降幅度的值，是经营情况好坏与否的一个直观反映。其计算公式如下：

$$营业收入＝主营业务收入＋其他业务收入$$

$$营业收入（同比增长率）＝\frac{当期营业收入－上期营业收入}{上期营业收入}×100\% \qquad (2-6)$$

在量化平台中，对营业收入（同比增长率）因子在 2013 年 1 月—2021 年 9 月进行分层回测，在我国 A 股全市场范围内根据因子值大小共分为五个投资组合，在每个季度初根据因子值更新投资组合，选取基准收益为上证综指收益，如表 2－1 所示。由表 2－1 可以看出，该因子的年化收益率并不随着序列号的增加而减少，其中分组 2 的年化收益率出现负值，同时最大回撤数值很大，说明该因子的风险高，总体而言该因子在这段时间内的分类效果差。

表 2 - 1 营业收入(同比增长率)因子绩效统计

分组	年化收益率	年化波动率	夏普比率	最大回撤	年化超额收益率	超额收益年化波动率	信息比率	相对基准胜率
1	25.77%	36.70%	0.80	−43.23%	23.54%	24.07%	0.98	54.00%
2	−22.44%	44.04%	0.22	−97.80%	—	36.37%	—	48.00%
3	19.77%	29.26%	0.77	−48.36%	16.47%	13.94%	1.18	48.00%
4	12.35%	29.56%	0.55	−51.32%	6.61%	15.26%	0.43	52.00%
5	7.54%	32.49%	0.39	−63.30%	−1.27%	19.12%	−0.07	42.00%
benchmark	8.24%	23.75%	0.45	−42.75%	—	—	—	—

2. 净利润(同比增长率)

净利润是指利润总额减所得税后的余额，是当年实现的可供出资人(股东)分配的净收益，也称为税后利润。它是一个企业经营的最终成果，净利润多，企业的经营效益就好；净利润少，企业的经营效益就差。它是衡量一个企业经营效益的重要指标。净利润同比增长率是指企业当期净利润比上期净利润的增长幅度，该指标值越大，代表企业的盈利能力越强。其计算公式如下：

$$净利润＝利润总额－所得税$$

$$净利润增长率＝\frac{当期净利润－上期净利润}{上期净利润}×100\% \tag{2-7}$$

在量化平台中，对净利润(同比增长率)因子在 2013 年 1 月—2021 年 9 月进行分层回测，在我国 A 股全市场范围内根据因子值大小共分为五个投资组合，在季度初根据因子值更新投资组合，选取基准收益为上证综指收益，如表 2-2 所示。由表 2-2 可以看出，从分组 2 开始，随着组别号的增加，其年化收益率呈现递减趋势，这是符合逻辑的，但是组合 1 的年化收益是负值，说明其效果仍不理想。

表 2 - 2 净利润(同比增长率)因子绩效统计

分组	年化收益率	年化波动率	夏普比率	最大回撤	年化超额收益率	超额收益年化波动率	信息比率	相对基准胜率
1	−14.05%	46.02%	0.26	−94.58%	—	37.05%	—	54.00%
2	25.70%	32.77%	0.86	−41.50%	23.46%	21.17%	111	53.00%
3	21.48%	28.42%	0.83	−42.08%	18.54%	11.44%	1.62	52.00%
4	11.20%	29.88%	0.51	−55.27%	4.88%	14.45%	0.34	49.00%
5	6.18%	32.03%	0.35	−61.94%	−3.95%	19.42%	−0.20	45.00%
benchmark	8.24%	23.75%	0.45	−42.75%	—	—	—	—

3. 基本每股收益(同比增长率)

基本每股收益是指企业应当按照归属于普通股股东的当期净利润，除以发行在外普通股的加权平均数，从而计算出的每股收益。如果企业有合并财务报表，则企业应当以合并财务报表为基础计算和列报每股收益。基本每股收益(同比增长率)是指企业当期基本每股收益比上期基本每股收益的增长幅度,指标值越大代表企业盈利能力越强。其计算公式如下:

$$基本每股收益 = \frac{归属于普通股股东的当期净利润}{当期发行在外普通股的加权平均数}$$

$$基本每股收益(同比增长率) = \frac{当期基本每股收益 - 上期基本每股收益}{上期基本每股收益} \times 100\%$$

$$(2-8)$$

在量化平台中,对基本每股收益(同比增长率)因子在 2013 年 1 月—2021 年 9 月进行分层回测,在我国 A 股全市场范围内根据因子值大小共分为五个投资组合,在每个季度初根据因子值更新投资组合,选取基准收益为上证综指收益,如表 2-3 所示。由表 2-3 可以看出,基本每股收益(同比增长率)因子的信息比率值为正,说明当期因子值与下一期收益率呈现正相关关系;同时随着分组号的增加,年化收益率呈现递减趋势,这是符合逻辑的,总体来看分组效果较好。

表 2-3　基本每股收益(同比增长率)因子绩效统计

分组	年化收益率	年化波动率	夏普比率	最大回撤	年化超额收益率	超额收益年化波动率	信息比率	相对基准胜率
1	20.02%	32.98%	0.72	−41.16%	16.78%	23.32%	0.72	57.00%
2	17.24%	30.37%	0.68	−64.17%	13.30%	21.08%	0.63	53.00%
3	14.20%	32.29%	0.58	−60.06%	9.25%	23.04%	0.40	53.00%
4	14.37%	34.94%	0.56	−64.22%	9.49%	25.80%	0.37	51.00%
5	8.42%	35.33%	0.41	−63.57%	0.32%	26.16%	0.01	47.00%
benchmark	8.24%	23.75%	0.45	−42.75%	—	—	—	—

4. 每股经营活动现金流量净额(同比增长率)

每股经营活动现金流量净额是指经营活动现金净流量与总股本之比,用来反映企业支付股利和资本支出的能力。一般而言,该比率越大,证明企业支付股利和资本支出的能力越强。每股经营活动现金流量净额(同比增长率)是指企业当期每股经营活动产生的现金流量净额比上期每股经营活动产生的现金流量净额的增长幅度,该指标值越大代表企业的现金流越好。其计算公式如下:

$$经营性现金流量 = 息前税前利润 + 折旧 - 当前税款$$

$$每股经营活动现金流量净额 = \frac{经营活动现金流量净额}{总股本}$$

$$(2-9)$$

$$每股经营活动现金流量净额(同比增长率) = \frac{当期数值 - 上期数值}{上期每股经营现金流量} \times 100\%$$

在量化平台中,对每股经营现金流量(同比增长率)因子在 2013 年 1 月—2021 年 9 月进行分层回测,在我国 A 股全市场范围内根据因子值大小共分为五个投资组合,在每个季度初根据因子值更新投资组合,选取基准收益为上证综指收益,如表 2-4 所示。由表 2-4

可以看出，虽然分组 1～5 投资组合的年化收益率均为正，但随着分组号的增加，却没有呈现递减规律，说明该因子的分组效果一般。

表 2 - 4 每股经营活动现金流量净额(同比增长率)因子绩效统计

分组	年化收益率	年化波动率	夏普比率	最大回撤	年化超额收益率	超额收益年化波动率	信息比率	相对基准胜率
1	16.54%	34.06%	0.62	−56.35%	12.39%	24.80%	0.50	53.00%
2	15.46%	31.42%	0.62	−54.04%	10.96%	22.52%	0.49	52.00%
3	22.43%	34.20%	0.77	−52.49%	19.67%	24.18%	0.81	56.00%
4	8.17%	31.85%	0.41	−58.97%	−0.11%	23.58%	0.00	47.00%
5	11.80%	33.82%	0.50	−64.01%	5.80%	23.72%	0.24	52.00%
benchmark	8.24%	23.75%	0.45	−42.75%	—	—	—	—

在其他条件不变的情况下，我们将股票池从 A 股全市场切换到中证 500 指数成分股，再进行回测统计，如表 2-5 所示。由表 2-5 可以发现，因子的分层效果远好于从 A 股全市场中进行筛选。该例子是想说明，同一因子在不同的市场条件下可能呈现不同的效果，要懂得灵活运用，将因子的逻辑和市场的风格结合起来合理运用。

表 2 - 5 中证 500 指数成分股中分层绩效统计

分组	年化收益率	年化波动率	夏普比率	最大回撤	年化超额收益率	超额收益年化波动率	信息比率	相对基准胜率
1	19.60%	33.01%	0.71	−41.66%	16.26%	23.43%	0.69	57.00%
2	17.12%	30.36%	0.68	−55.13%	13.14%	21.33%	0.62	52.00%
3	14.97%	32.30%	0.60	−58.18%	10.30%	22.66%	0.45	54.00%
4	14.41%	34.53%	0.56	−64.74%	9.53%	25.46%	0.37	49.00%
5	8.00%	35.37%	0.40	−63.82%	−0.42%	26.14%	−0.02	50.00%
benchmark	8.24%	23.75%	0.45	−42.75%	—	—	—	—

二、盈利类因子

1. 销售净利率

销售净利率是指企业实现净利润与销售收入的对比关系，用以衡量企业在一定时期获取销售收入的能力。该指标反映能够取得多少营业利润。其计算公式如下：

$$销售净利率 = \frac{净利润}{销售收入} \times 100\% \tag{2-10}$$

在量化平台中，对销售净利率因子在 2013 年 1 月—2021 年 9 月进行分层回测，在我国 A 股全市场范围内根据因子值大小共分为五个投资组合，在每个季度初根据因子值更新投资组合，选取基准收益为上证综指收益，如表 2-6 所示。由表 2-6 可以看出，其年化收益率随着分组号的递增没有呈现出递减规律，说明该因子的分组效果一般。

表 2-6 销售净利率因子绩效统计

分组	年化收益率	年化波动率	夏普比率	最大回撤	年化超额收益率	超额收益年化波动率	信息比率	相对基准胜率
1	17.88%	28.19%	0.73	−46.14%	14.11%	12.91%	1.09	50.00%
2	19.45%	30.44%	0.74	−51.46%	16.07%	19.79%	0.81	54.00%
3	10.64%	33.15%	0.48	−52.40%	4.02%	23.08%	0.17	54.00%
4	17.64%	32.51%	0.67	−52.46%	13.81%	21.17%	0.65	53.00%
5	7.93%	34.32%	0.40	−64.95%	−0.56%	24.34%	−0.02	50.00%
benchmark	8.24%	23.75%	0.45	−42.75%	—	—	—	—

2. 销售成本率

销售成本率与毛利率相对应,用以反映企业每单位销售收入所需的成本支出。销售成本率的异常偏高,预示着企业销售方法不正确或企业处于不利的市场竞争地位。其计算公式如下:

$$销售成本率 = \frac{销售成本}{销售收入净额} \times 100\% \tag{2-11}$$

在量化平台中,对销售成本率因子在 2013 年 1 月—2021 年 9 月进行分层回测,在我国 A 股全市场范围内根据因子值大小共分为五个投资组合,在每个季度初根据因子值更新投资组合,选取基准收益为上证综指收益,如表 2-7 所示。由表 2-7 可以看出,随着分组号的增加,组合的年化收益率基本呈现递增趋势,但是收益率较为接近,说明分层效果不明显。

表 2-7 销售成本率因子绩效统计

分组	年化收益率	年化波动率	夏普比率	最大回撤	年化超额收益率	超额收益年化波动率	信息比率	相对基准胜率
1	14.34%	31.11%	0.59	−56.93%	9.31%	18.67%	0.50	50.24%
2	16.07%	31.25%	0.64	−60.39%	11.67%	18.06%	0.65	51.90%
3	17.22%	32.11%	0.65	−54.38%	13.17%	16.57%	0.79	50.71%
4	18.27%	30.07%	0.71	−52.47%	14.52%	15.54%	0.93	51.42%
5	17.77%	28.74%	0.72	−49.38%	13.88%	14.88%	0.93	49.29%
benchmark	8.40%	23.64%	0.46	−44.78%	—	—	—	—

3. 总资产报酬率

总资产报酬率(Return on Assets,ROA)是指企业一定时期内获得的报酬总额与资产平均总额的比率。它表示企业包括净资产和负债在内的全部资产的总体获利能力,用以评价企业运用全部资产的总体获利能力,是评价企业资产运营效益的重要指标。其计算公式如下:

$$总资产报酬率 = \frac{息税前利润}{资产平均总额} \times 100\% \tag{2-12}$$

在量化平台中,对总资产报酬率因子在 2013 年 1 月—2021 年 9 月进行分层回测,在我国 A 股全市场范围内根据因子值大小共分为五个投资组合，在每个季度初根据因子值更新投资组合，选取基准收益为上证综指收益，如表 2-8 所示。由表 2-8 可以看出，随着分组号的增加，组合的年化收益率呈现递减趋势，同时信息比率为正，说明当期因子值与下一期收益率呈正相关关系，这是符合逻辑的，整体来看该因子的分层效果较好。

表 2-8　总资产报酬率因子绩效统计

分组	年化收益率	年化波动率	夏普比率	最大回撤	年化超额收益率	超额收益年化波动率	信息比率	相对基准胜率
1	18.29%	28.21%	0.74	−42.19%	14.63%	19.41%	0.75	52.00%
2	17.47%	30.94%	0.68	−54.59%	13.58%	21.26%	0.64	54.00%
3	17.00%	34.30%	0.64	−55.25%	12.99%	25.38%	0.51	50.00%
4	12.26%	36.65%	0.50	−65.13%	6.49%	27.32%	0.24	51.00%
5	8.73%	35.82%	0.42	−66.32%	0.88%	26.20%	0.03	50.00%
benchmark	8.24%	23.75%	0.45	−42.75%	—	—	—	—

4. 净资产收益率

净资产收益率(Return on Equity，ROE)又称股东权益报酬率、净值报酬率、权益报酬率、权益利润率、净资产利润率，是净利润与平均股东权益的百分比，是公司税后利润除以净资产得到的百分比率。该指标反映股东权益的收益水平，用以衡量公司运用自有资本的效率。该指标值越高，说明投资带来的收益越高。该指标体现了自有资本获得净收益的能力。其计算公式如下：

$$净资产收益率 = \frac{净利润}{净资产} \times 100\% \tag{2-13}$$

在量化平台中，对净资产收益率因子在 2013 年 1 月—2021 年 9 月进行分层回测，在我国 A 股全市场范围内根据因子值大小共分为五个投资组合，在每个季度初根据因子值更新投资组合，选取基准收益为上证综指收益，如表 2-9 所示。由表 2-9 可以看出，随着分组号的增加，组合的年化收益率与最大回撤呈现递减趋势，符合逻辑，整体来看分层效果较好。

表 2-9　净资产收益率因子绩效统计

分组	年化收益率	年化波动率	夏普比率	最大回撤	年化超额收益率	超额收益年化波动率	信息比率	相对基准胜率
1	21.50%	31.56%	0.78	−42.47%	18.51%	16.48%	1.12	50.95%
2	19.57%	29.18%	0.76	−48.86%	16.15%	11.25%	1.44	48.82%
3	16.19%	30.70%	0.64	−53.11%	11.82%	13.25%	0.89	49.05%
4	15.67%	30.99%	0.63	−61.04%	11.13%	15.07%	0.74	51.18%
5	8.32%	31.83%	0.41	−61.54%	−0.13%	18.37%	−0.01	49.29%
benchmark	8.40%	23.64%	0.46	−44.78%	—	—	—	—

5. 财务费用率

财务费用率是指财务费用与主营业务收入的百分比。该指标用于分析企业的财务负担，调整筹资渠道，改善资金结构，提高盈利水平。其计算公式如下：

$$财务费用率 = \frac{财务费用}{营业收入} \times 100\% \qquad (2-14)$$

在量化平台中，对财务费用率因子在 2013 年 1 月—2021 年 9 月进行分层回测，在我国 A 股全市场范围内根据因子值大小共分为五个投资组合，在每个季度初根据因子值更新投资组合，选取基准收益为上证综指收益，如表 2-10 所示。由表 2-10 可以看出，随着分组号的增加，组合年化收益率并未呈现明显规律，说明该因子的分层效果差。

表 2-10 财务费用率因子绩效统计

分组	年化收益率	年化波动率	夏普比率	最大回撤	年化超额收益率	超额收益年化波动率	信息比率	相对基准胜率
1	8.70%	32.13%	0.42	−60.76%	0.82%	20.19%	0.04	46.00%
2	15.56%	31.23%	0.62	−42.10%	11.10%	13.97%	0.79	51.00%
3	25.85%	37.65%	0.79	−55.15%	23.63%	25.80%	0.92	52.00%
4	15.75%	28.39%	0.66	−47.45%	11.35%	12.49%	0.91	49.00%
5	−17.03%	43.50%	0.22	−95.57%	—	36.36%	—	54.00%
benchmark	8.24%	23.75%	0.45	−42.75%	—	—	—	—

6. 管理费用率

管理费用率是指管理费用与主营业务收入的百分比，是影响企业盈利能力的重要因素，反映了企业的经营管理水平。如果管理费用率高，说明企业的利润被组织、管理性的费用消耗得太多，必须加强管理费用的控制才能提高盈利水平。其计算公式如下：

$$管理费用率 = \frac{管理费用}{营业收入} \times 100\% \qquad (2-15)$$

在量化平台中，对管理费用率因子在 2013 年 1 月—2021 年 9 月进行分层回测，在我国 A 股全市场范围内根据因子值大小共分为五个投资组合，在每个季度初根据因子值更新投资组合，选取基准收益为上证综指收益，如表 2-11 所示。由表 2-11 可以看出，分组 1~4 中，随着分组号的增加，组合的年化收益率呈现递增趋势，这是符合逻辑的；但在分组 5 中年化收益率却出现大幅下降，说明该因子的分层效果还是不够的。

表 2-11 管理费用率因子绩效统计

分组	年化收益率	年化波动率	夏普比率	最大回撤	年化超额收益率	超额收益年化波动率	信息比率	相对基准胜率
1	11.42%	30.85%	0.51	−64.33%	5.04%	18.62%	0.27	49.76%
2	16.78%	29.44%	0.68	−53.42%	12.59%	13.38%	0.94	50.00%
3	18.70%	30.88%	0.71	−55.67%	15.06%	16.61%	0.91	52.61%
4	22.68%	32.16%	0.80	−52.98%	19.91%	18.95%	1.05	49.29%
5	14.58%	29.57%	0.61	−47.68%	9.64%	14.80%	0.65	50.00%
benchmark	8.40%	23.64%	0.46	−44.78%	—	—	—	—

三、财务流动性因子

1. 流动比率

流动比率是流动资产对流动负债的比率,用来衡量企业流动资产在短期债务到期以前,可以变为现金用于偿还负债的能力。一般来说,比率越高,说明企业资产的变现能力越强,短期偿债能力亦越强;反之则弱。其计算公式如下:

$$流动比率 = \frac{流动资产}{流动负债} \tag{2-16}$$

在量化平台中,对流动比率因子在 2013 年 1 月—2021 年 9 月进行分层回测,在我国 A 股全市场范围内根据因子值大小共分为五个投资组合,在每个季度初根据因子值更新投资组合,选取基准收益为上证综指收益,如表 2-12 所示。由表 2-12 可以看出,随着分组号的增加,组合的年化收益率并未出现递增递减规律,说明该因子的分层效果差。

表 2-12 流动比率因子绩效统计

分组	年化收益率	年化波动率	夏普比率	最大回撤	年化超额收益率	超额收益年化波动率	信息比率	相对基准胜率
1	15.48%	32.64%	0.61	−60.02%	11.04%	23.97%	0.46	52.00%
2	12.92%	32.05%	0.54	−57.69%	7.50%	22.18%	0.34	51.00%
3	13.99%	31.42%	0.58	−61.34%	9.01%	21.97%	0.41	54.00%
4	16.05%	33.80%	0.62	−60.00%	11.80%	24.24%	0.49	52.00%
5	16.08%	35.69%	0.60	−46.93%	11.83%	26.61%	0.44	53.00%
benchmark	8.18%	23.74%	0.45	−42.75%	—	—	—	—

2. 产权比率

产权比率是负债总额与所有者权益总额的比率,是为评估资金结构合理性的一种指标。它是企业财务结构稳健与否的重要标志。该指标表明由债权人提供的和由投资者提供的资金来源的相对关系,反映企业基本财务结构是否稳定。产权比率越低表明企业自有资本占总资产的比重越大,长期偿债能力越强。其计算公式如下:

$$产权比率 = \frac{负债合计}{归属母公司股东的权益} \tag{2-17}$$

在量化平台中,对产权比率因子在 2013 年 1 月—2021 年 9 月进行分层回测,在我国 A 股全市场范围内根据因子值大小共分为五个投资组合,在每个季度初根据因子值更新投资组合,选取基准收益为上证综指收益,如表 2-13 所示。由表 2-13 可以看出,随着分组号的增加,组合年化收益率呈现递增趋势,且夏普比率也逐渐增加,虽然最大回撤仍偏大,但整体来看,该因子分层效果较好。

表 2 - 13　产权比率因子绩效统计

分组	年化收益率	年化波动率	夏普比率	最大回撤	年化超额收益率	超额收益年化波动率	信息比率	相对基准胜率
1	14.43%	31.90%	0.59	−52.36%	9.52%	19.36%	0.49	50.12%
2	14.80%	31.44%	0.60	−59.88%	10.03%	19.78%	0.51	50.83%
3	15.01%	32.87%	0.59	−65.16%	10.31%	22.38%	0.46	50.12%
4	16.44%	30.44%	0.65	−58.74%	12.22%	17.81%	0.69	51.06%
5	21.66%	36.52%	0.71	−59.84%	18.75%	25.80%	0.73	50.83%
benchmark	8.32%	23.61%	0.46	−44.78%	—	—	—	—

3. 有形净值债务率

有形净值债务率是企业负债总额与有形净值的百分比。有形净值是股东权益减去无形资产净值，即股东具有所有权的有形资产的净值。有形净值债务率指标实质上是产权比率指标的延伸，是更为谨慎、保守地反映在企业清算时债权人投入的资本受到股东权益的保障程度，从长期偿债能力来讲，比率越低越好。其计算公式如下：

$$有形净值债务率 = \frac{负债总额}{股东权益 - 无形资产净值} \times 100\% \qquad (2-18)$$

在量化平台中，对有形净值债务率因子在 2013 年 1 月—2021 年 9 月进行分层回测，在我国 A 股全市场范围内根据因子值大小共分为五个投资组合，在每个季度初根据因子值更新投资组合，选取基准收益为上证综指收益，如表 2-14 所示。由表 2-14 可以看出，该因子分组的组合收益率并无规律，虽计算公式类似于产权比率，但在分层效果上相差较大。

表 2 - 14　有形净值债务率因子绩效统计

分组	年化收益率	年化波动率	夏普比率	最大回撤	年化超额收益率	超额收益年化波动率	信息比率	相对基准胜率
1	14.47%	36.94%	0.55	−53.13%	9.67%	25.93%	0.37	51.00%
2	15.10%	33.93%	0.59	−57.47%	10.53%	24.51%	0.43	49.00%
3	12.80%	32.66%	0.54	−59.77%	7.33%	23.64%	0.31	51.00%
4	15.08%	30.49%	0.62	−59.05%	10.50%	21.76%	0.48	53.00%
5	16.78%	32.51%	0.65	−57.47%	12.74%	24.77%	0.51	52.00%
benchmark	8.18%	23.74%	0.45	−42.75%	—	—	—	—

4. 营运资本

营运资本是企业流动资产总额减流动负债总额后的净额，即企业在经营中可供运用、周转的流动资金净额。由于营运资本是流动资产减去流动负债后的净额，因此，流动资产和流动负债的变化，都会引起营运资本的增减变化。如流动负债不变，流动资产的增加就意味着营运资本的增加；流动资产的减少就意味着营运资本的减少。如流动资产不变，流动负债增加，就意味着营运资本的减少；流动负债减少就意味着营运资本的增加。其数额越大，代表该公司或企业对于支付义务的准备越充足，短期偿债能力越好，反之则短期偿债能力越差。其计算公式如下：

$$营运资本＝流动资产－流动负债 \qquad (2-19)$$

在量化平台中，对营运资本因子在 2013 年 1 月—2021 年 9 月进行分层回测，在我国 A 股全市场范围内根据因子值大小共分为五个投资组合，在每个季度初根据因子值更新投资组合，选取基准收益为上证综指收益，如表 2-15 所示。由表 2-15 可以看出，随着分组号的增加，组合年化收益率和夏普比率呈现递减趋势，符合逻辑，整体看来该因子分层效果较好。

表 2-15 营运资本因子绩效统计

分组	年化收益率	年化波动率	夏普比率	最大回撤	年化超额收益率	超额收益年化波动率	信息比率	相对基准胜率
1	18.09%	31.90%	0.68	−47.90%	14.35%	16.77%	0.86	46.81%
2	16.94%	29.92%	0.67	−48.10%	12.87%	10.99%	1.17	50.35%
3	15.01%	30.71%	0.61	−51.52%	10.31%	14.19%	0.73	50.35%
4	15.55%	32.44%	0.61	−51.95%	11.04%	18.01%	0.61	52.01%
5	14.58%	29.50%	0.61	−48.65%	9.72%	15.46%	0.63	49.65%
benchmark	8.32%	23.61%	0.46	−44.78%	—	—	—	—

5. 保守速动比率

保守速动比率又称超速动比率，是现金、短期证券投资和应收账款净额三项之和，再除以流动负债的比值。它是由于行业之间的差别，在计算速动比率时除扣除存货以外，还可以从流动资产中去掉其他一些可能与当期现金流量无关的项目（如待摊费用等）而采用的一个财务指标。保守速动比率用来反映和衡量企业变现能力的强弱，评价企业短期偿债能力的大小。其数值越大，说明企业短期变现能力和偿债能力越强。其计算公式如下：

$$保守速动比率＝\frac{现金＋短期证券投资＋应收账款净额}{流动负债} \qquad (2-20)$$

在量化平台中，对保守速动比率因子在 2013 年 1 月—2021 年 9 月进行分层回测，在我国 A 股全市场范围内根据因子值大小共分为五个投资组合，在每个季度初根据因子值更新投资组合，选取基准收益为上证综指收益，如表 2-16 所示。由表 2-16 可以看出，随着分组号的增加，组合年化收益率并未呈现递减规律，说明该因子在该条件下分层效果差。

表 2-16 保守速动比率因子绩效统计

分组	年化收益率	年化波动率	夏普比率	最大回撤	年化超额收益率	超额收益年化波动率	信息比率	相对基准胜率
1	13.73%	30.31%	0.58	−55.06%	9.11%	20.75%	0.44	53.00%
2	16.91%	29.47%	0.68	−51.13%	13.25%	15.61%	0.85	52.00%
3	9.34%	33.71%	0.45	−57.19%	2.72%	24.18%	0.11	58.00%
4	16.09%	31.79%	0.64	−55.97%	12.21%	20.31%	0.60	52.00%
5	16.89%	32.18%	0.65	−49.40%	13.23%	20.51%	0.65	50.00%
benchmark	7.69%	23.70%	0.43	−42.75%	—	—	—	—

四、营运类因子

1. 流动资产周转率

流动资产周转率指企业一定时期内主营业务收入净额同平均流动资产总额的比率，是评价企业资产利用率的一个重要指标。通过对该指标的对比分析，可以促进企业加强内部管理，充分利用流动资产，如调动暂时闲置的货币资金用于短期的投资创造收益等；还可以促进企业采取措施扩大销售，提高流动资产的综合使用率。一般情况下，该指标越高，表明企业流动资产周转速度越快，利用越好。在较快的周转速度下，流动资产会相对节约，相当于流动资产投入的增加，在一定程度上增强了企业的盈利能力。而周转速度慢，则需要补充流动资金参加周转，会形成资金浪费，降低企业盈利能力。其计算公式如下：

$$流动资产周转率 = \frac{主营业务收入净额}{平均流动资产总额} \qquad (2-21)$$

在量化平台中，对流动资产周转率因子在 2013 年 1 月—2021 年 9 月进行分层回测，在我国 A 股全市场范围内根据因子值大小共分为五个投资组合，在每个季度初根据因子值更新投资组合，选取基准收益为上证综指收益，如表 2-17 所示。由表 2-17 可以看出，随着分组号的增加，组合年化收益率以及夏普比率呈现递减趋势，符合因子逻辑，说明在该条件下因子分层效果较好。

表 2-17　流动资产周转率因子绩效统计

分组	年化收益率	年化波动率	夏普比率	最大回撤	年化超额收益率	超额收益年化波动率	信息比率	相对基准胜率
1	19.28%	32.80%	0.71	−40.60%	16.11%	24.38%	0.66	51.00%
2	17.33%	32.56%	0.66	−53.49%	13.70%	23.85%	0.57	53.00%
3	14.82%	32.60%	0.59	−57.53%	10.45%	24.06%	0.43	54.00%
4	12.29%	33.61%	0.52	−66.46%	6.98%	24.02%	0.29	53.00%
5	8.97%	34.24%	0.42	−64.59%	1.93%	23.73%	0.08	46.00%
benchmark	7.82%	23.71%	0.44	−42.75%	—	—	—	—

2. 固定资产周转率

固定资产周转率，也称固定资产利用率，是企业销售收入与平均固定资产净值的比率。它是反映企业固定资产周转情况，从而衡量固定资产利用效率的一项指标。该比率越高，表明固定资产利用效率越高，利用固定资产的效果越好。其计算公式如下：

$$固定资产周转率 = \frac{销售收入}{平均固定资产净值} \qquad (2-22)$$

在量化平台中，对固定资产周转率因子在 2013 年 1 月—2021 年 9 月进行分层回测，在我国 A 股全市场范围内根据因子值大小共分为五个投资组合，在每个季度初根据因子值更新投资组合，选取基准收益为上证综指收益，如表 2-18 所示。由表 2-18 可以看出，随着分组号的增加，组合年化收益率并无较强规律，且分组 2 年化收益率为负且波动率巨大，说明当前条件下该因子分层效果差。

表 2-18　固定资产周转率因子绩效统计

分组	年化收益率	年化波动率	夏普比率	最大回撤	年化超额收益率	超额收益年化波动率	信息比率	相对基准胜率
1	20.17%	36.09%	0.67	−42.65%	17.19%	23.10%	0.74	43.00%
2	−20.87%	45.05%	0.22	−97.20%	—	36.88%	—	51.00%
3	18.69%	28.86%	0.75	−45.87%	15.63%	13.23%	1.18	52.00%
4	14.34%	31.09%	0.60	−54.13%	9.82%	19.22%	0.51	51.00%
5	12.90%	30.51%	0.56	−55.60%	7.83%	17.64%	0.44	51.00%
benchmark	7.82%	23.71%	0.44	−42.75%	—	—	—	—

3. 应付账款周转率

应付账款周转率反映本企业免费使用供货企业资金的能力。合理的应付账款周转率来自与同行业对比和公司历史正常水平。如果公司应付账款周转率低于行业平均水平，说明公司较同行可以更多占用供应商的货款，显示其重要的市场地位，但同时也要承担较多的还款压力，反之亦然；如果公司应付账款周转率较以前出现快速提高，说明公司占用供应商货款降低，可能反映上游供应商谈判实力增强，要求快速回款的情况，也有可能预示原材料供应紧俏甚至吃紧，反之亦然。其计算公式如下：

$$应付账款周转率 = \frac{主营业务成本净额}{平均应付账款余额} \qquad (2-23)$$

在量化平台中，对应付账款周转率因子在 2013 年 1 月—2021 年 9 月进行分层回测，在我国 A 股全市场范围内根据因子值大小共分为五个投资组合，在每个季度初根据因子值更新投资组合，选取基准收益为上证综指收益，如表 2-19 所示。由表 2-19 可以看出，随着分组号的增加，组合年化收益率并无较强规律，且分组 4 年化收益率为负且波动率巨大，说明当前条件下该因子分层效果差。

表 2-19　应付账款周转率因子绩效统计

分组	年化收益率	年化波动率	夏普比率	最大回撤	年化超额收益率	超额收益年化波动率	信息比率	相对基准胜率
1	12.96%	30.45%	0.56	−44.84%	6.76%	19.57%	0.35	46.67%
2	14.27%	32.45%	0.57	−42.21%	8.63%	16.90%	0.51	47.78%
3	18.90%	28.55%	0.76	−45.24%	14.73%	16.32%	0.90	57.78%
4	−21.65%	47.09%	0.16	−95.37%	—	39.92%	—	53.33%
5	19.65%	38.20%	0.65	−57.31%	15.68%	28.45%	0.55	46.67%
benchmark	8.63%	24.92%	0.46	−42.75%	—	—	—	—

4. 应收账款周转率

应收账款是企业流动资产除存货外的另一重要项目。应收账款周转率是企业在一定时期内赊销收入净额与应收账款平均余额之比。它是衡量企业应收账款周转速度及管理效率的指标。公司的应收账款在流动资产中具有举足轻重的地位，公司的应收账款如能及时收回，公司的资金使用效率便能大幅提高。应收账款周转率就是反映公司应收账款周转速度的比率。它说明一定期间内公司应收账款转为现金的平均次数。其计算公式如下：

$$应收账款周转率 = \frac{赊销收入净额}{应收账款平均余额} \tag{2-24}$$

在量化平台中，对应收账款周转率因子在 2013 年 1 月—2021 年 9 月进行分层回测，在我国 A 股全市场范围内根据因子值大小共分为五个投资组合，在每个季度初根据因子值更新投资组合，选取基准收益为上证综指收益，如表 2-20 所示。由表 2-20 可以看出，随着分组号的增加，组合年化收益率与夏普比率呈现递减趋势，符合因子逻辑，虽然组别 1～3 年化收益率较为接近，但整体而言当前条件下该因子分层效果较好。

表 2-20　应收账款周转率因子绩效统计

分组	年化收益率	年化波动率	夏普比率	最大回撤	年化超额收益率	超额收益年化波动率	信息比率	相对基准胜率
1	17.99%	28.05%	0.74	−42.19%	14.61%	19.48%	0.75	51.49%
2	17.22%	30.72%	0.68	−54.60%	13.65%	21.28%	0.64	53.47%
3	16.96%	34.11%	0.64	−55.24%	13.33%	25.37%	0.53	50.50%
4	12.34%	36.50%	0.50	−65.13%	7.17%	27.38%	0.26	50.50%
5	8.67%	35.62%	0.42	−66.32%	1.58%	26.12%	0.06	51.49%
benchmark	7.73%	23.59%	0.43	−42.75%	—	—	—	—

5. 总资产周转率

总资产周转率是考察企业资产运营效率的一项重要指标，体现了企业经营期间全部资产从投入到产出的流转速度，反映了企业全部资产的管理质量和利用效率。通过该指标的对比分析，可以反映企业总资产的运营效率和变化，发现企业与同类企业在资产利用上的差距，促进企业挖掘潜力、积极创收、提高产品市场占有率、提高资产利用效率。一般情况下，该数值越高，表明企业总资产周转速度越快，销售能力越强，资产利用效率越高。其计算公式如下：

$$总资产周转率 = \frac{销售收入}{总资产} \tag{2-25}$$

在量化平台中，对总资产周转率因子在 2013 年 1 月—2021 年 9 月进行分层回测，在我国 A 股全市场范围内根据因子值大小共分为五个投资组合，在每个季度初根据因子值更新投资组合，选取基准收益为上证综指收益，如表 2-21 所示。由表 2-21 可以看出，随着分组号的增加，组合年化收益率并无递增递减规律，说明当前条件下该因子分层效果差。

表 2-21　总资产周转率因子绩效统计

分组	年化收益率	年化波动率	夏普比率	最大回撤	年化超额收益率	超额收益年化波动率	信息比率	相对基准胜率
1	17.52%	27.10%	0.74	−42.67%	14.03%	13.69%	1.02	46.53%
2	−17.81%	45.16%	0.26	−96.83%	—	37.09%	—	52.48%
3	15.26%	29.76%	0.64	−46.85%	11.13%	15.92%	0.70	51.49%
4	10.91%	30.19%	0.50	−55.44%	5.09%	16.69%	0.31	46.53%
5	17.62%	39.29%	0.59	−53.03%	14.15%	26.96%	0.52	42.57%
benchmark	7.73%	23.59%	0.43	−42.75%	—	—	—	—

6. 存货周转率

存货周转率是衡量和评价企业购入存货、投入生产、销售收回等各环节管理状况的综合性指标。存货周转率指标的好坏反映企业存货管理水平的高低，它影响到企业的短期偿债能力，是整个企业管理的一项重要内容。一般来讲，存货周转速度越快，存货的占用水平越低，流动性越强，存货转换为现金或应收账款的速度越快。因此，提高存货周转率可以提高企业的变现能力。其计算公式如下：

$$存货周转率 = \frac{营业成本}{平均存货余额} \tag{2-26}$$

在量化平台中，对存货周转率因子在 2013 年 1 月—2021 年 9 月进行分层回测，在我国 A 股全市场范围内根据因子值大小共分为五个投资组合，在每个季度初根据因子值更新投资组合，选取基准收益为上证综指收益，如表 2-22 所示。由表 2-22 可以看出，随着分组号的增加，组合年化收益率、夏普比率、最大回撤均呈现递减规律，符合因子逻辑，说明当前条件下该因子分层效果较好。

表 2-22　存货周转率因子绩效统计

分组	年化收益率	年化波动率	夏普比率	最大回撤	年化超额收益率	超额收益年化波动率	信息比率	相对基准胜率
1	19.23%	32.71%	0.71	−40.60%	16.13%	24.40%	0.66	50.50%
2	17.47%	32.49%	0.66	−53.49%	13.96%	23.89%	0.58	52.48%
3	14.89%	32.47%	0.60	−57.53%	10.65%	23.99%	0.44	53.47%
4	12.60%	33.49%	0.53	−66.46%	7.54%	23.98%	0.31	53.47%
5	9.18%	34.08%	0.43	−64.59%	2.41%	23.65%	0.10	46.53%
benchmark	7.73%	23.59%	0.43	−42.75%	—	—	—	—

五、估值类因子

1. 市净率

市净率指的是每股股价与每股净资产的比率。每股净资产是股票的账面价值，它是用成本计量的；每股股价是这些资产的现时市场价值，是证券市场交易的结果。一般来说市净率较低的股票，投资价值较高，相反，则投资价值较低。其计算公式如下：

$$市净率 = \frac{每股股价}{每股净资产} \tag{2-27}$$

在量化平台中，对市净率因子在 2013 年 1 月—2021 年 9 月进行分层回测，在我国 A 股全市场范围内根据因子值大小共分为五个投资组合，在每个季度初根据因子值更新投资组合，选取基准收益为上证综指收益，如表 2-23 所示。由表 2-23 可以看出，随着分组号的增加，组合年化收益率、夏普比率呈现递增规律，符合因子逻辑，说明当前条件下该因子分层效果较好。

表 2-23　市净率因子绩效统计

分组	年化收益率	年化波动率	夏普比率	最大回撤	年化超额收益率	超额收益年化波动率	信息比率	相对基准胜率
1	6.40%	29.98%	0.37	−70.31%	−2.40%	20.81%	−0.12	51.49%
2	14.10%	32.92%	0.58	−58.36%	9.61%	25.24%	0.38	52.48%
3	14.54%	32.79%	0.58	−61.39%	10.19%	24.07%	0.42	52.48%
4	15.41%	34.75%	0.59	−53.36%	11.34%	25.77%	0.44	52.48%
5	20.85%	36.72%	0.70	−38.27%	18.08%	26.69%	0.68	48.51%
benchmark	7.72%	23.59%	0.43	−42.75%	——	——	——	——

2. 市盈率

市盈率也称本益比、股价收益比率,反映了在每股盈利不变的情况下,当派息率为100%,并且所得股息没有进行再投资的条件下,经过多少年投资可以通过股息全部收回。一般情况下,一只股票市盈率越低,市价相对于股票的盈利能力越低,表明投资回收期越短,投资风险就越小,股票的投资价值就越大;反之则结论相反。其计算公式如下:

$$市盈率 = \frac{股票价格}{每股收益} \tag{2-28}$$

在量化平台中,对市盈率因子在 2013 年 1 月—2021 年 9 月进行分层回测,在我国 A股全市场范围内根据因子值大小共分为五个投资组合,在每个季度初根据因子值更新投资组合,选取基准收益为上证综指收益,如表 2-24 所示。由表 2-24 可以看出,随着分组号的增加,组合年化收益率变化并无明显规律,说明当前条件下该因子分层效果差。

表 2-24　市盈率因子绩效统计

分组	年化收益率	年化波动率	夏普比率	最大回撤	年化超额收益率	超额收益年化波动率	信息比率	相对基准胜率
1	10.14%	32.49%	0.47	−66.37%	3.93%	21.96%	0.18	53.47%
2	14.53%	32.36%	0.59	−57.08%	10.19%	22.09%	0.46	53.47%
3	17.68%	30.17%	0.70	−53.59%	14.23%	19.57%	0.73	49.50%
4	17.76%	30.73%	0.69	−46.87%	14.33%	18.72%	0.77	54.46%
5	9.55%	35.01%	0.45	−56.45%	3.02%	25.03%	0.12	52.48%
benchmark	7.72%	23.59%	0.43	−42.75%	——	——	——	——

3. 市销率

市销率是总市值与主营业务收入或者股价与每股销售额的比率。一般而言市销率越低,说明该公司股票目前的投资价值越大。其计算公式如下:

$$市销率 = \frac{总市值}{主营业务收入} \tag{2-29}$$

在量化平台中,对市销率因子在 2013 年 1 月—2021 年 9 月进行分层回测,在我国 A股全市场范围内根据因子值大小共分为五个投资组合,在每个季度初根据因子值更新投资组合,选取基准收益为上证综指收益,如表 2-25 所示。由表 2-25 可以看出,随着分组号的增加,组合年化收益率以及夏普比率呈现递增趋势,符合因子逻辑,说明当前条件下该因子分层效果较好。

表 2-25　市销率因子绩效统计

分组	年化收益率	年化波动率	夏普比率	最大回撤	年化超额收益率	超额收益年化波动率	信息比率	相对基准胜率
1	8.43%	31.37%	0.42	−69.73%	1.21%	21.61%	0.06	49.50%
2	10.51%	31.32%	0.48	−66.01%	4.50%	22.67%	0.20	50.50%
3	14.41%	33.91%	0.57	−56.55%	10.03%	24.34%	0.41	55.45%
4	16.22%	33.49%	0.62	−52.36%	12.40%	24.76%	0.50	53.47%
5	22.33%	35.48%	0.75	−38.76%	19.83%	26.87%	0.74	53.47%
benchmark	7.72%	23.59%	0.43	−42.75%	—	—	—	—

4. 市现率

市现率是股票价格与每股现金流量的比率。市现率可用于评价股票的价格水平和风险水平。市现率越小，表明上市公司的每股现金增加额越多，经营压力越小。对于参与资本运作的投资机构，市现率还意味着其运作资本的提高效率。其计算公式如下：

$$市现率 = \frac{股票价格}{每股现金流量} \tag{2-30}$$

在量化平台中，对市现率因子在 2013 年 1 月—2021 年 9 月进行分层回测，在我国 A 股全市场范围内根据因子值大小共分为五个投资组合，在每个季度初根据因子值更新投资组合，选取基准收益为上证综指收益，如表 2-26 所示。由表 2-26 可以看出，随着分组号的增加，组合年化收益率变化并无明显规律，说明当前条件下该因子分层效果差。

表 2-26　市现率因子绩效统计

分组	年化收益率	年化波动率	夏普比率	最大回撤	年化超额收益率	超额收益年化波动率	信息比率	相对基准胜率
1	16.66%	30.47%	0.67	−55.95%	12.86%	18.47%	0.70	56.00%
2	18.44%	31.41%	0.70	−55.62%	15.10%	20.20%	0.75	49.00%
3	7.33%	36.61%	0.40	−61.60%	−0.84%	25.94%	−0.03	51.00%
4	16.89%	31.96%	0.65	−55.07%	13.15%	21.86%	0.60	55.00%
5	12.89%	29.67%	0.57	−57.22%	7.84%	19.46%	0.40	52.00%
benchmark	7.81%	23.70%	0.44	−42.75%	—	—	—	—

5. 流通市值

流通市值指在某特定时间内当时可交易的流通股股数乘以当时股价得出的流通股票总价值。在中国，上市公司的股份结构中分国有股、法人股、个人股等。目前只有个人股可以上市流通交易。这部分流通的股份总数乘以股票市场价格，就是流通市值。其计算公式如下：

$$流通市值 = 可流通股份股数 \times 股票市场价格 \tag{2-31}$$

在量化平台中，对流通市值因子在 2013 年 1 月—2021 年 9 月进行分层回测，在我国

A 股全市场范围内根据因子值大小共分为五个投资组合,在每个季度初根据因子值更新投资组合,选取基准收益为上证综指收益,如表 2-27 所示。由表 2-27 可以看出,随着分组号的增加,组合年化收益率并无递增递减趋势,说明当前条件下该因子分层效果差。

表 2-27 流通市值因子绩效统计

分组	年化收益率	年化波动率	夏普比率	最大回撤	年化超额收益率	超额收益年化波动率	信息比率	相对基准胜率
1	8.07%	28.28%	0.42	−65.02%	0.59%	16.72%	0.04	47.52%
2	13.10%	32.19%	0.55	−62.82%	8.24%	21.94%	0.38	53.47%
3	10.35%	34.91%	0.46	−64.52%	4.26%	25.41%	0.17	49.50%
4	15.37%	34.73%	0.59	−54.76%	11.29%	26.72%	0.42	55.45%
5	24.74%	36.34%	0.79	−47.47%	22.60%	29.53%	0.77	54.46%
benchmark	7.72%	23.59%	0.43	−42.75%	—	—	—	—

六、压力支撑类因子

1. 上轨线(布林线)

布林线由约翰·布林先生创造,分为上轨线、中轨线、下轨线三种,利用统计原理,求出股价的标准差及其信赖区间,从而确定股价的波动范围及未来走势,利用波带显示股价的安全高低价位,因而也被称为布林带。其上下限范围不固定,随股价的滚动而变化。布林线上轨计算公式如下:

$$布林线上轨 = N 日价格移动平均线 + P × N 日价格移动平均线标准差 \quad (2-32)$$

在量化平台中,对布林线上轨因子在 2013 年 1 月—2021 年 9 月进行分层回测,在我国 A 股全市场范围内根据因子值大小共分为五个投资组合,其中,根据量化平台常用参数,设 N 为 20,P 为 2,每周根据因子值更新投资组合,选取基准收益为上证综指收益,如表 2-28 所示。由表 2-28 可以看出,随着分组号的增加,组合年化收益率并无递增递减趋势,说明当前条件下该因子分层效果差。

表 2-28 布林线上轨因子绩效统计

分组	年化收益率	年化波动率	夏普比率	最大回撤	年化超额收益率	超额收益年化波动率	信息比率	相对基准胜率
1	10.45%	30.70%	0.48	−51.19%	4.15%	17.49%	0.24	49.53%
2	11.23%	31.09%	0.50	−54.16%	5.33%	12.73%	0.42	48.35%
3	20.23%	32.47%	0.73	−47.31%	17.24%	15.50%	1.11	50.71%
4	17.46%	30.97%	0.68	−51.65%	13.83%	15.10%	0.92	49.76%
5	18.79%	29.85%	0.73	−48.19%	15.48%	16.19%	0.96	50.94%
benchmark	7.93%	23.61%	0.44	−44.78%	—	—	—	—

2. 中轨线(布林线)

与上轨线不用,中轨线不用计算加减标准差。其计算公式如下:

$$布林线中轨＝N 日价格移动平均线 \qquad (2-33)$$

在量化平台中，对布林线中轨因子在 2013 年 1 月—2021 年 9 月进行分层回测，在我国 A 股全市场范围内根据因子值大小共分为五个投资组合，其中，根据量化平台常用参数，设 N 为 20，P 为 2，每周根据因子值更新投资组合，选取基准收益为上证综指收益，如表 2-29 所示。由表 2-29 可以看出，随着分组号的增加，组合年化收益率呈现递增趋势，虽然组别 1、组别 2 与组别 3、组别 4 之间变动不大，但整体来看当前条件下分层效果较好。

表 2-29 布林线中轨因子绩效统计

分组	年化收益率	年化波动率	夏普比率	最大回撤	年化超额收益率	超额收益年化波动率	信息比率	相对基准胜率
1	10.52%	30.75%	0.48	−52.05%	4.26%	17.49%	0.24	49.53%
2	10.61%	30.96%	0.48	−55.97%	4.39%	12.50%	0.35	49.06%
3	18.86%	32.09%	0.70	−48.14%	15.57%	14.89%	1.05	50.00%
4	18.88%	31.25%	0.71	−50.03%	15.59%	15.72%	0.99	50.24%
5	19.31%	29.98%	0.74	−47.49%	16.12%	16.21%	0.99	50.47%
benchmark	7.93%	23.61%	0.44	−44.78%	—	—	—	—

3. 下轨线(布林线)

布林线下轨指标与上轨线类似，只是在计算上有所不同。其计算公式如下：

$$布林线下轨＝N 日价格移动平均线－P×N 日价格移动平均线标准差 \qquad (2-34)$$

在量化平台中，对布林线下轨因子在 2013 年 1 月—2021 年 9 月进行分层回测，在我国 A 股全市场范围内根据因子值大小共分为五个投资组合，其中，根据量化平台常用参数，设 N 为 20，P 为 2，每周根据因子值更新投资组合，选取基准收益为上证综指收益，如表 2-30 所示。由表 2-30 可以看出，随着分组号的增加，组合年化收益率并无递增递减趋势，与上轨线因子一样，当前条件下分层效果差。

表 2-30 布林线下轨因子绩效统计

分组	年化收益率	年化波动率	夏普比率	最大回撤	年化超额收益率	超额收益年化波动率	信息比率	相对基准胜率
1	11.21%	30.81%	0.50	−49.79%	5.30%	17.54%	0.30	50.00%
2	11.94%	30.89%	0.52	−53.51%	6.38%	12.74%	0.50	49.06%
3	18.84%	32.64%	0.69	−50.01%	15.54%	15.58%	1.00	50.24%
4	17.70%	31.06%	0.68	−49.85%	14.13%	15.12%	0.93	49.53%
5	18.33%	29.79%	0.71	−50.70%	14.92%	16.26%	0.92	50.47%
benchmark	7.93%	23.61%	0.44	−44.78%	—	—	—	—

4. 麦克支撑压力(初级)

麦克支撑压力指标是一种随股价波动幅度大小而变动的压力支撑指标，设有初级、中级、强力三种不同级别的支撑和压力。其中麦克初级压力、支撑因子计算公式如下：

$$初始价(TYP)=\frac{当日最高价＋当日最低价＋当日收盘价}{3}$$

$$N 日最低价(LL)＝N 日内最低价的当日最低价$$

$$N 日最高价(HH)＝N 日内最高价的当日最高价$$

$$初级压力因子＝TYP×2－LL$$

$$初级支撑因子＝TYP×2－HH \tag{2-35}$$

在量化平台中，对麦克初级压力、支撑因子在 2013 年 1 月—2021 年 9 月进行分层回测，在我国 A 股全市场范围内根据因子值大小共分为五个投资组合，其中，根据量化平台常用参数，设 N 为 12，每周根据因子值更新投资组合，选取基准收益为上证综指收益，如表 2-31、表 2-32 所示。由表 2-31 可以看出，随着分组号的增加，组合年化收益率并无递增递减趋势，且回撤巨大，说明当前条件下麦克初级压力因子分层效果差。由表 2-32 可以看出，随着分组号的增加，虽然组合 1～4 年化收益率及夏普比率呈现递增趋势，但组合 5 却不满足，整体来看当前条件下麦克初级支撑因子分层效果较差。

表 2-31　麦克初级压力因子绩效统计

分组	年化收益率	年化波动率	夏普比率	最大回撤	年化超额收益率	超额收益年化波动率	信息比率	相对基准胜率
1	2.18%	29.02%	0.22	－74.52%	－13.36%	15.30%	－0.87	46.46%
2	17.07%	29.81%	0.68	－53.31%	13.33%	15.82%	0.84	51.89%
3	23.60%	30.13%	0.86	－49.13%	21.21%	16.74%	1.27	51.89%
4	18.18%	31.86%	0.69	－45.19%	14.72%	18.15%	0.81	51.18%
5	20.75%	34.42%	0.72	－48.75%	17.86%	21.36%	0.84	50.71%
benchmark	7.93%	23.61%	0.44	－44.78%	—	—	—	—

表 2-32　麦克初级支撑因子绩效统计

分组	年化收益率	年化波动率	夏普比率	最大回撤	年化超额收益率	超额收益年化波动率	信息比率	相对基准胜率
1	4.62%	30.76%	0.31	－67.70%	－6.60%	16.11%	－0.41	49.06%
2	13.80%	29.76%	0.59	－53.14%	9.02%	13.71%	0.66	50.00%
3	21.88%	30.60%	0.80	－44.20%	19.20%	14.69%	1.31	52.83%
4	23.42%	31.35%	0.83	－43.82%	21.00%	14.89%	1.41	51.89%
5	14.99%	32.75%	0.59	－45.33%	10.63%	18.00%	0.59	46.93%
benchmark	7.93%	23.61%	0.44	－44.78%	—	—	—	—

5. 麦克支撑压力(中级)

麦克支撑压力指标(中级)与初级指标类似。其计算公式如下：

$$初始价(TYP)=\frac{当日最高价＋当日最低价＋当日收盘价}{3}$$

$$N 日最低价(LL)＝N 日内最低价的当日最低价$$

$$N 日最高价(HH)＝N 日内最高价的当日最高价$$

$$中级压力因子 = TYP + HH - LL$$
$$中级支撑因子 = TYP + LL - HH \qquad (2-36)$$

在量化平台中，对麦克中级压力、支撑因子在 2013 年 1 月—2021 年 9 月进行分层回测，在我国 A 股全市场范围内根据因子值大小共分为五个投资组合，其中，根据量化平台常用参数，设 N 为 12，每周根据因子值更新投资组合，选取基准收益为上证综指收益，如表 2-33、表 2-34 所示。由表 2-33 可以看出，随着分组号的增加，组合年化收益率并无递增递减趋势，说明当前条件下麦克中级压力因子分层效果差。由表 2-34 可以看出，随着分组号的增加，组合 1~3 年化收益率呈现上升趋势，但组合 4 年化收益率相较组合 3 递减，整体来看该条件下麦克中级支撑因子分层效果一般。

表 2-33　麦克中级压力因子绩效统计

分组	年化收益率	年化波动率	夏普比率	最大回撤	年化超额收益率	超额收益年化波动率	信息比率	相对基准胜率
1	13.57%	32.52%	0.55	−66.92%	8.70%	20.79%	0.42	50.24%
2	12.08%	31.77%	0.52	−64.82%	6.59%	18.88%	0.35	51.18%
3	18.06%	37.01%	0.63	−59.94%	14.58%	25.92%	0.56	51.89%
4	17.80%	32.50%	0.67	−56.73%	14.26%	20.60%	0.69	51.65%
5	18.21%	29.93%	0.71	−50.08%	14.76%	20.21%	0.73	50.94%
benchmark	7.93%	23.61%	0.44	−44.78%	—	—	—	—

表 2-34　麦克中级支撑因子绩效统计

分组	年化收益率	年化波动率	夏普比率	最大回撤	年化超额收益率	超额收益年化波动率	信息比率	相对基准胜率
1	10.19%	30.72%	0.48	−50.43%	3.74%	17.48%	0.21	50.00%
2	12.12%	30.96%	0.53	−53.32%	6.65%	12.60%	0.53	48.58%
3	18.95%	32.61%	0.70	−50.35%	15.68%	15.50%	1.01	51.18%
4	18.15%	30.93%	0.70	−49.56%	14.69%	15.11%	0.97	50.24%
5	18.70%	29.85%	0.72	−48.92%	15.38%	16.29%	0.94	50.71%
benchmark	7.93%	23.61%	0.44	−44.78%	—	—	—	—

6. 麦克支撑压力(强力)

麦克支撑压力指标(强力)与初级指标类似。其计算公式如下：

$$初始价(TYP) = \frac{当日最高价 + 当日最低价 + 当日收盘价}{3}$$

$$N 日最低价(LL) = N 日内最低价的当日最低价$$

$$N 日最高价(HH) = N 日内最高价的当日最高价$$

$$强力压力因子 = HH \times 2 - LL$$

$$强力支撑因子 = LL \times 2 - HH \qquad (2-37)$$

在量化平台中，对麦克强力压力、支撑因子在 2013 年 1 月—2021 年 9 月进行分层回测，在我国 A 股全市场范围内根据因子值大小共分为五个投资组合，其中，根据量化平台常用参数，设 N 为 12，每周根据因子值更新投资组合，选取基准收益为上证综指收益，如表 2-35、表 2-36 所示。由表 2-35、表 2-36 可以看出，随着分组号的增加，组合年化收益率并无递增递减趋势，说明当前条件下麦克强力压力因子与支撑因子分层效果均较差。

表 2-35　麦克强力压力因子绩效统计

分组	年化收益率	年化波动率	夏普比率	最大回撤	年化超额收益率	超额收益年化波动率	信息比率	相对基准胜率
1	8.34%	27.14%	0.43	−67.24%	0.72%	14.02%	0.05	50.00%
2	19.66%	31.82%	0.72	−50.71%	16.55%	18.47%	0.90	51.18%
3	18.59%	30.73%	0.71	−52.63%	15.24%	16.84%	0.91	51.18%
4	19.25%	32.05%	0.71	−54.71%	16.05%	17.96%	0.89	51.42%
5	14.90%	33.95%	0.58	−53.27%	10.51%	20.98%	0.50	48.82%
benchmark	7.93%	23.61%	0.44	−44.78%	—	—	—	—

表 2-36　麦克强力支撑因子绩效统计

分组	年化收益率	年化波动率	夏普比率	最大回撤	年化超额收益率	超额收益年化波动率	信息比率	相对基准胜率
1	4.06%	27.41%	0.28	−73.63%	−7.95%	16.93%	−0.47	48.11%
2	18.46%	35.63%	0.65	−58.05%	15.08%	24.98%	0.60	50.24%
3	21.02%	32.48%	0.75	−52.71%	18.19%	20.10%	0.90	51.65%
4	20.03%	32.64%	0.73	−59.04%	17.00%	20.40%	0.83	50.47%
5	16.57%	35.83%	0.61	−53.05%	12.69%	24.49%	0.52	50.71%
benchmark	7.93%	23.61%	0.44	−44.78%	—	—	—	—

七、量价趋势类因子

1. 分钟级量比

分钟级量比指标，依据的是当日每分钟多空成交量的比较，能够客观真实地反映盘口成交异动及其力度。其计算公式如下：

$$分钟级多空量比 = \frac{股价上升时分钟成交量}{股价下跌时分钟成交量} \qquad (2-38)$$

在量化平台中，对分钟级多空量比因子在 2013 年 1 月—2021 年 9 月进行分层回测，在我国 A 股全市场范围内根据因子值大小共分为五个投资组合，每日对分钟级多空量比指标进行累加，合成日级别因子，根据因子值更新投资组合，选取基准收益为上证综指收益，如表 2-37 所示。由表 2-37 可以看出，随着分组号的增加，组合年化收益率、夏普比率以及最大回撤呈现递减趋势，整体来看当前条件下该因子分层效果较好。

表 2 - 37　　分钟级量比因子绩效统计

分组	年化收益率	年化波动率	夏普比率	最大回撤	年化超额收益率	超额收益年化波动率	信息比率	相对基准胜率
1	16.81%	28.26%	0.70	−42.19%	13.11%	19.79%	0.66	51.49%
2	16.26%	30.83%	0.65	−54.61%	12.40%	21.44%	0.58	53.47%
3	16.16%	34.18%	0.62	−55.24%	12.28%	25.46%	0.48	49.50%
4	11.56%	36.58%	0.48	−65.14%	6.01%	27.48%	0.22	50.50%
5	8.05%	35.65%	0.40	−66.32%	0.48%	26.18%	0.02	50.50%
benchmark	7.77%	23.59%	0.44	−42.75%	—	—	—	—

2. 北向资金净流入量

随着 A 股市场的金融开放，境外投资者也是市场重要的参与者之一，北向资金净流入量也成为重要参考依据与投资方向。其计算公式如下：

$$北向资金净流入量 = 前 N 日北向资金净流入值 \qquad (2-39)$$

在量化平台中，对北向资金净入流量因子在 2013 年 1 月—2021 年 9 月进行分层回测，在我国 A 股全市场范围内根据因子值大小共分为五个投资组合，设 N 为 5，每周根据因子值更新投资组合，选取基准收益为上证综指收益，如表 2 - 38 所示。由表 2 - 38 可以看出，随着分组号的增加，组合年化收益率并无递增递减趋势，说明当前条件下该因子分层效果较差。

表 2 - 38　　北向资金净流入量因子绩效统计

分组	年化收益率	年化波动率	夏普比率	最大回撤	年化超额收益率	超额收益年化波动率	信息比率	相对基准胜率
1	17.58%	29.67%	0.70	−56.09%	13.93%	15.60%	0.89	51.52%
2	14.83%	30.81%	0.61	−56.21%	10.35%	17.90%	0.58	51.29%
3	19.62%	35.64%	0.67	−58.54%	16.47%	24.71%	0.67	52.46%
4	19.40%	33.51%	0.70	−58.38%	16.20%	22.88%	0.71	49.65%
5	5.77%	31.96%	0.34	−66.80%	−4.37%	21.75%	−0.20	49.41%
benchmark	8.03%	23.53%	0.45	−44.78%	—	—	—	—

3. 指数平滑异同移动平均线(MACD)

指数平滑异同移动平均线是由查拉尔·阿佩尔所创造的一种研判股票买卖时机、跟踪股价运行趋势的技术分析工具，是根据均线的构造原理，对股票价格的收盘价进行平滑处理，求出算数平均值以后再进行计算，是一种趋向类指标。其计算公式如下：

$$移动平均值(EMA) = \frac{2 \times 当日收盘价 + (N-1) \times 前一日 EMA}{N+1}$$

$$离差值(DIF) = 短期 EMA - 长期 EMA$$

$$离差平均值(DEA) = \frac{2 \times 当日离差值 + (M-1) \times 前一日 DEA}{M+1}$$

$$MACD = 2 \times (DIF - DEA) \qquad (2-40)$$

在量化平台中，对指数平滑异同移动平均线因子在 2013 年 1 月—2021 年 9 月进行分层回测，在我国 A 股全市场范围内根据因子值大小共分为五个投资组合，其中，根据量化平台常用参数，设短期 EMA 中 N 取 12，长期 EMA 中 N 取 26，M 取 9，每两周根据因子值更新投资组合，选取基准收益为上证综指收益，如表 2-39 所示。由表 2-39 可以看出，随着分组号的增加，分组 1～3 组合年化收益率、夏普比率呈现递增趋势，但组合 4、组合 5 却开始递减，整体来看，当前条件下该因子分层效果较差。

表 2-39　指数平滑异同移动平均线因子绩效统计

分组	年化收益率	年化波动率	夏普比率	最大回撤	年化超额收益率	超额收益年化波动率	信息比率	相对基准胜率
1	4.92%	30.72%	0.31	−68.07%	−6.02%	16.27%	−0.37	49.41%
2	13.02%	29.38%	0.57	−50.18%	7.92%	13.47%	0.59	50.12%
3	21.92%	30.43%	0.81	−44.11%	19.25%	14.80%	1.30	52.00%
4	19.83%	32.03%	0.73	−46.07%	16.75%	15.25%	1.10	49.88%
5	16.40%	32.77%	0.63	−42.59%	12.46%	18.15%	0.69	48.47%
benchmark	7.95%	23.58%	0.44	−44.78%	—	—	—	—

4. 动量平均指标

动量平均指标就是一种专门研究股价波动的技术分析指标，它以分析股价波动的速度为目的，研究股价在波动过程中各种加速、减速、惯性作用以及股价由静到动或由动转静的现象。其计算公式如下：

$$动量指标＝当日收盘价－前 N 日收盘价$$
$$动量平均指标＝前 M 日动量指标均值 \tag{2-41}$$

在量化平台中，对动量平均指标因子在 2013 年 1 月—2021 年 9 月进行分层回测，在我国 A 股全市场范围内根据因子值大小共分为五个投资组合，其中，根据量化平台常用参数，N 取 12，M 取 6，每周根据因子值更新投资组合，选取基准收益为上证综指收益，如表 2-40 所示。由表 2-40 可以看出，随着分组号的增加，分组 1～4 组合年化收益率、夏普比率呈现递增趋势，但组合 5 却不满足，整体来看，当前条件下该因子分层效果一般。

表 2-40　动量平均因子绩效统计

分组	年化收益率	年化波动率	夏普比率	最大回撤	年化超额收益率	超额收益年化波动率	信息比率	相对基准胜率
1	−3.00%	26.93%	0.02	−76.90%	—	16.03%	—	46.82%
2	12.60%	34.12%	0.51	−66.66%	7.31%	23.66%	0.31	51.76%
3	24.04%	34.43%	0.80	−53.71%	21.72%	23.43%	0.93	50.82%
4	25.44%	34.27%	0.84	−50.70%	23.32%	21.99%	1.06	52.00%
5	19.43%	33.29%	0.70	−49.34%	16.26%	20.47%	0.79	52.47%
benchmark	7.95%	23.58%	0.44	−44.78%	—	—	—	—

5. 能量潮(OBV)

能量潮是葛兰维于 20 世纪 60 年代提出的,并被广泛使用。股市技术分析的四大要素:价、量、时、空。OBV 指标就是从"量"这个要素作为突破口,来发现热门股票、分析股价运动趋势的一种技术指标。它是将股市的人气——成交量与股价的关系数字化、直观化,以股市的成交量变化来衡量股市的推动力,从而研判股价的走势。关于成交量方面的研究,OBV 能量潮指标是一种相当重要的分析指标之一。其计算公式如下:

$$多空比率净额 = \frac{(今日收盘价-今日最低价)-(今日最高价-今日收盘价)}{今日最高价-最低价} \times 今日成交量$$

$$OBV = N\ 日多空比率净额累加 \tag{2-42}$$

在量化平台中,对能量潮因子在 2013 年 1 月—2021 年 9 月进行分层回测,在我国 A股全市场范围内根据因子值大小共分为五个投资组合,其中,根据量化平台常用参数,N 取 20,每两周根据因子值更新投资组合,选取基准收益为上证综指收益,如表 2-41 所示。由表 2-41 可以看出,随着分组号的增加,组合年化收益率并无递增递减趋势,说明当前条件下该因子分层效果差。

表 2-41　能量潮因子绩效统计

分组	年化收益率	年化波动率	夏普比率	最大回撤	年化超额收益率	超额收益年化波动率	信息比率	相对基准胜率
1	13.53%	29.24%	0.58	-55.24%	8.62%	13.09%	0.66	48.24%
2	13.05%	30.44%	0.56	-58.26%	7.95%	16.02%	0.50	52.00%
3	11.85%	31.06%	0.52	-60.33%	6.23%	17.12%	0.36	50.59%
4	19.93%	32.73%	0.72	-52.75%	16.87%	19.87%	0.85	51.06%
5	20.32%	30.12%	0.77	-48.46%	17.35%	18.13%	0.96	49.18%
benchmark	7.95%	23.58%	0.44	-44.78%	—	—	—	—

6. 威廉多空力度线(WAD)

威廉多空力度线(WAD)的操作原则与 OBV 指标相同,但比 OBV 指标更有意义,能提前指出股价破位。其计算公式如下:

$$TRL = 昨日收盘价与今日最低价中价格最低者$$

$$TRH = 昨日收盘价与今日最高价中价格最高者$$

如果今日的收盘价>昨日的收盘价,则今日的 A/D =今日的收盘价-今日的 TRL

如果今日的收盘价<昨日的收盘价,则今日的 A/D =今日的收盘价-今日的 TRH

$$如果今日的收盘价=昨日的收盘价,则今日的 A/D=0$$

$$WAD = 今日的 A/D + 昨日的 WAD$$

$$MAWAD = WAD 的 N 日简单移动平均 \tag{2-43}$$

在量化平台中,对威廉多空力度线因子在 2013 年 1 月—2021 年 9 月进行分层回测,在我国 A 股全市场范围内根据因子值大小共分为五个投资组合,其中,根据量化平台常用参数,N 取 10,每周根据因子值更新投资组合,选取基准收益为上证综指收益,如表 2-42 所示。由表 2-42 可以看出,随着分组号的增加,组合 2~5 年化收益率、夏普比率呈现递增趋势,但组合 1~2 却出现递减,整体来看,当前条件下该因子分层效果一般。

表 2 - 42 威廉多空力度线因子绩效统计

分组	年化收益率	年化波动率	夏普比率	最大回撤	年化超额收益率	超额收益年化波动率	信息比率	相对基准胜率
1	12.57%	30.18%	0.55	−61.05%	7.27%	16.60%	0.44	49.41%
2	12.27%	31.57%	0.53	−61.06%	6.85%	19.03%	0.36	49.65%
3	15.19%	30.27%	0.62	−58.01%	10.88%	19.22%	0.57	51.29%
4	17.99%	35.92%	0.63	−60.86%	14.49%	25.32%	0.57	50.35%
5	19.41%	33.66%	0.69	−55.21%	16.24%	22.65%	0.72	50.35%
benchmark	7.95%	23.58%	0.44	−44.78%	—	—	—	—

八、复合因子

随着量化投资的迅速发展，多因子模型作为量化投资领域重要的策略模型得到了充分挖掘，这使得单一因子已经难以产生超额收益。此外，在我国证券市场中，市场风格变化较快，同样使得单一因子有效性大大减弱，说明了构建复合因子的必要性。

1. SPREAD 指标

盘口信息是判断个股短期走势的重要依据，短期的市场价格是取决于当前买盘需求量和卖盘供给量构建的均衡价格。因此，我们判断盘口买卖挂单的相对强弱对于股票价格的短期走势具有统计意义上显著的预判作用。当需求远大于供给时，均衡价格将上移；相反地，当供给远大于需求时，均衡价格将下降。

我们分别定义指标 BID、ASK 度量买、卖盘口所提供的流动性强弱，考虑价格可能出现跳档，我们在此用挂单金额而非挂单数量。其计算公式如下：

$$\text{BID} = \sum_{i=1}^{10} \text{BID}Px_i * \text{BIDVOL}_i * w_i$$

$$\text{ASK} = \sum_{i=1}^{10} \text{ASK}Px_i * \text{ASKVOL}_i * w_i \tag{2-44}$$

其中，$\text{BID}Px_i$、BIDVOL_i 分别为买盘第 i 档挂单的价格和数量，$\text{ASK}Px_i$、ASKVOL_i 分别为卖盘第 i 档挂单的价格和数量；w_i 为不同档位权重，考虑价格的优先次序，令 $w_i = 1 - \dfrac{i-1}{10}$，赋予靠前的档位以更高的权重。

最终定义 SPREAD 指标以度量每个 Tick 时间点盘口买卖挂单的强弱差异。其计算公式如下：

$$\text{SPREAD} = \frac{\text{BID} - \text{ASK}}{\text{BID} + \text{ASK}} \tag{2-45}$$

指标值越大意味着当前买盘挂单强度越大，股价短期上涨的概率越大；指标值越小则意味着当前卖盘压力越大，价格短期下行的概率越大。

在量化平台中，对 SPREAD 因子在 2013 年 1 月—2021 年 9 月进行分层回测，在我国 A 股全市场范围内根据因子值大小共分为五个投资组合，根据每只股票 Tick 数据计算出的 SPREAD 因子相加合成日度 SPREAD 因子，每日根据因子值更新投资组合，选取基准收益为上证综指收益，如表 2 - 43 所示。由表 2 - 43 可以看出，随着分组号的增加，组合年化收益率并无递增递减趋势,说明当前条件下该因子分层效果差。

表 2 – 43 SPREAD 因子绩效统计

分组	年化收益率	年化波动率	夏普比率	最大回撤	年化超额收益率	超额收益年化波动率	信息比率	相对基准胜率
1	9.58%	30.22%	0.46	−61.90%	2.75%	14.16%	0.19	47.29%
2	16.08%	30.04%	0.65	−52.39%	12.05%	12.99%	0.93	49.88%
3	15.05%	31.74%	0.60	−48.70%	10.69%	15.90%	0.67	50.82%
4	19.18%	30.44%	0.73	−49.93%	15.96%	14.50%	1.10	48.47%
5	16.49%	30.50%	0.65	−35.26%	12.59%	15.54%	0.81	48.47%
benchmark	7.95%	23.58%	0.44	−44.78%	—	—	—	—

2. 大单多空比率

大单多空比率是分析股市大户多空双方力量对比、把握买卖股票时间的一种技术分析工具。其计算公式如下:

$$大单多方力量 = 每日单笔买入超过 1\ 000\ 手的笔数$$

$$大单空方力量 = 每日单笔卖出超过 1\ 000\ 手的笔数$$

$$大单多空比率 = \frac{大单多方力量}{大单空方力量} \qquad (2-46)$$

在量化平台中,对大单多空比率因子在 2013 年 1 月—2021 年 9 月进行分层回测,在我国 A 股全市场范围内根据因子值大小共分为五个投资组合,每日根据因子值更新投资组合,选取基准收益为上证综指收益,如表 2-44 所示。由表 2-44 可以看出,随着分组号的增加,组合年化收益率、夏普比率等未呈现递增递减趋势,说明当前条件下该因子分层效果差。

表 2 – 44 大单多空比率因子绩效统计

分组	年化收益率	年化波动率	夏普比率	最大回撤	年化超额收益率	超额收益年化波动率	信息比率	相对基准胜率
1	7.70%	31.06%	0.40	−61.17%	−0.45%	16.94%	−0.03	49.65%
2	14.60%	30.45%	0.60	−53.81%	10.10%	13.49%	0.75	50.35%
3	22.02%	30.28%	0.81	−49.28%	19.36%	12.90%	1.50	50.59%
4	15.08%	31.00%	0.61	−47.45%	10.73%	15.15%	0.71	51.29%
5	16.95%	31.23%	0.66	−39.28%	13.18%	16.53%	0.80	48.24%
benchmark	7.95%	23.58%	0.44	−44.78%	—	—	—	—

3. 新闻舆情

根据网上新闻数据库中的数据来源,运用基于 NLP 语义分析和机器学习算法生成个股新闻舆情得分,分数越大表示新闻情感越负面。其具体生成过程如下:

数据库中单条新闻收录后,首先,识别新闻中关联的上市公司,并通过新闻类型与上下文内容给出新闻与个股的相关程度,分为 0/1/2 三个等级,其中 2 表示强相关,1 表示弱相关,0 表示不相关。其次,使用 NLP 模型进行语义分析,并将分析结果输入机器学习模型,输出正向情感(−1)/负向情感(1)/中性情感(0)三个分类的概率,最终加权得到该条新闻对关联个股的情感得分。情感得分为[−1,1]之间取值的标准化分数。

在量化平台中,对新闻舆情因子在 2013 年 1 月—2021 年 9 月进行分层回测,在我国

A股全市场范围内根据因子值大小共分为五个投资组合，每两周根据因子值更新投资组合，选取基准收益为上证综指收益，如表2-45所示。由表2-45可以看出，随着分组号的增加，组合年化收益率、夏普比率呈现递增趋势，说明当前条件下该因子分层效果较好。

表 2-45 新闻舆情因子绩效统计

分组	年化收益率	年化波动率	夏普比率	最大回撤	年化超额收益率	超额收益年化波动率	信息比率	相对基准胜率
1	2.74%	29.57%	0.24	−74.61%	−11.72%	18.22%	−0.64	48.47%
2	15.25%	31.62%	0.61	−59.76%	10.96%	19.44%	0.56	50.59%
3	16.77%	30.56%	0.66	−56.05%	12.95%	19.31%	0.67	49.88%
4	17.85%	32.92%	0.67	−55.95%	14.31%	20.90%	0.68	49.88%
5	24.79%	39.09%	0.75	−48.12%	22.57%	28.53%	0.79	51.53%
benchmark	7.95%	23.58%	0.44	−44.78%	—	—	—	—

4. 分钟价量趋势

分钟价量趋势是指很巧妙地把能量变化与价格趋势有机地联系到了一起，从而构成了量价趋势指标。其计算公式如下：

$$价量值 = \frac{下一分钟成交均价 - 上一分钟成交均价}{上一分钟成交均价 \times 分钟成交量}$$

$$分钟价量趋势 = 当日分钟价量值累加 \qquad (2-47)$$

在量化平台中，对分钟价量趋势因子在2013年1月—2021年9月进行分层回测，在我国A股全市场范围内根据因子值大小共分为五个投资组合，每天根据因子值更新投资组合，选取基准收益为上证综指收益，如表2-46所示。由表2-46可以看出，随着分组号的增加，组合年化收益率并无递增递减趋势，说明当前条件下该因子分层效果差。

表 2-46 分钟价量趋势因子绩效统计

分组	年化收益率	年化波动率	夏普比率	最大回撤	年化超额收益率	超额收益年化波动率	信息比率	相对基准胜率
1	12.52%	29.89%	0.54	−49.82%	7.20%	12.75%	0.56	45.88%
2	14.93%	31.15%	0.60	−58.64%	10.53%	13.87%	0.76	49.65%
3	13.06%	31.04%	0.55	−51.25%	7.97%	13.93%	0.57	51.06%
4	15.51%	33.11%	0.61	−50.72%	11.31%	19.18%	0.59	53.88%
5	20.14%	27.89%	0.80	−48.72%	17.13%	13.34%	1.28	50.59%
benchmark	7.95%	23.58%	0.44	−44.78%	—	—	—	—

课 后 习 题

1. 了解国内量化平台中的因子分类与单因子检验。

2. 选择一个财务因子和一个技术因子在量化平台中进行单因子检验。

3. 因子分类的方式有很多种，思考你的分类方式并说出理由。

4. 了解复合因子和高频因子的概念。

第三章　多因子选股

　　量化选股就是利用数量化的方法选择股票组合，期望该股票组合能够获得超越基准收益率的投资行为。现代金融学理论的不断创新带动了量化投资实践的发展，投资组合理论、资本资产定价模型、三因子模型以及套利定价模型等的发展促使了量化投资模型的演进，多因子选股模型就是依据现代金融学理论所发展出来的。多因子模型是量化投资中最为常用的一种模型，完整的多因子选股模型是量化投资研究人员所应具备的基础知识。

　　本章首先对多因子选股理论进行了介绍，之后对多因子选股的两种方法——打分法与回归法进行了介绍并对具体步骤进行了说明，最后结合具体的案例对两个方法进行了具体回测并对结果进行了分析。

第一节　多因子选股理论基础

　　量化投资和学术界的研究联系得非常紧密，量化投资本身就是由学术界的发展所带动而来的，其诞生和发展都离不开学术界的理论支持。目前许多国内外量化投资研究员的主要工作就是研究目前的学术领域的研究成果，并将其放到实践环境中进行验证。多因子选股模型主要是依据现代金融学理论发展起来的，本节将介绍多因子选股模型的理论基础。

一、投资组合理论

1. 风险的度量

　　风险的度量就是以某种方式估计实际收益率与期望收益率之间可能的偏离程度。方差（或者标准差）就是估计资产收益率与期望收益率之间可能偏离程度的度量方法。也就是说，收益率的方差（或者标准差）是一种衡量资产的各种可能收益率相对于期望收益率分散化程度的指标。哈利·马科维茨关于资产组合选择提出的重要一点就是把收益率的方差（或者标准差）作为资产风险的度量标准。

　　方差的计算公式如下：

$$\sigma^2 = \sum_{i=1}^{n} p_i [r_i - E(r)]^2 \tag{3-1}$$

　　标准差的计算公式如下：

$$\sigma = \sqrt[2]{\sum_{i=1}^{n} p_i [r_i - E(r)]^2} \tag{3-2}$$

　　当风险的度量由单个资产变为资产组合后，风险的度量方式并不是简单地将单个资产的风险根据投资的权重进行加权平均。因为资产组合里面的不同资产之间存在一定的相关性，所以会导致风险相互抵消。因此，度量资产组合的风险需要引入协方差和相关系数两个概念。

1）协方差

资产 i 和资产 j 之间的协方差可以用 σ_{ij} 来表示。其计算公式如下：

$$\sigma_{ij} = E\{[r_i - E(r_i)][r_j - E(r_j)]\} \tag{3-3}$$

在金融领域，协方差表示两种资产的收益率的共同变化方向。当协方差为正时，两种资产的收益率同方向变动，则称这两种资产的收益率之间呈正相关关系；当两种资产的协方差为负时，两种资产的收益率反方向变动，两者的收益率呈负相关关系；如果协方差为 0，则说明两者资产的收益率不相关。

2）相关系数

设 ρ_{ij} 表示两种资产的相关系数，则其计算公式如下：

$$\rho_{ij} = \frac{\sigma_{ij}}{\sigma_i \sigma_j} \tag{3-4}$$

相关系数表示两种资产收益率相关程度的大小，且 $-1 \leqslant \rho_{ij} \leqslant 1$。当 $0 < \rho_{ij} < 1$ 时，说明两种资产的收益率正相关；当 $-1 < \rho_{ij} < 0$ 时，说明两种资产的收益率负相关；当 $\rho_{ij} = 1$ 时，说明两种资产收益率的变动完全正相关；当 $\rho_{ij} = -1$ 时，说明两种资产的收益率的变动完全负相关；当 $\rho_{ij} = 0$ 时，说明两种资产的收益率的变动不相关。

引入协方差和相关系数的概念后，就可以通过方差来度量多种资产所构成的资产组合的风险：

$$\sigma_p^2 = \sum_{i=1}^{n} \sum_{j=1}^{n} \omega_i \omega_j \sigma_{ij} \tag{3-5}$$

将式（3-5）进一步调整得到：

$$\sigma_p^2 = \sum_{i=1}^{n} \omega_i^2 \sigma_i^2 + \sum_{i=1}^{n} \sum_{j \neq i}^{n} \omega_i \omega_j \sigma_{ij} \tag{3-6}$$

从式（3-6）中可以看出，资产组合的风险可以分为两部分：一部分是每个资产的方差，另一部分是不同资产的协方差。对于 n 个资产的投资组合，方差部分有 n 项，而协方差部分有 $n(n-1)$ 项。因此，随着 n 的逐渐增大，协方差项的增速会远远超过方差项，最终方差部分可以忽略不计，这部分就被称为非系统性风险；而协方差部分无法忽视分散，则可以称为系统性风险。这也就是我们常说的不可分散的系统性风险和可通过构建资产组合分散的非系统性风险。

2. 马科维茨的投资组合模型

马科维茨的投资组合模型是现代资产组合理论的基本模型，被认为是历史上首次运用现代微观经济学和数理统计的规范方法对投资领域中的收益与风险进行的全面研究，并为现代资产组合理论及现代金融理论的发展奠定了基础。其中的均值-方差准则现在也仍然是多因子模型构建体系中的一个重要考虑方面。

1）模型的假设

（1）投资者全部是风险规避者，即投资者每承担一定的风险，就必然要求其所承担的风险有相应的收益作为补偿。

（2）投资者投资于公开金融市场上的交易资产，投资者对所有资产的持有期相同。该理论实质上是一种静态的投资决策。

（3）投资者按照均值-方差准则进行投资。资产的收益和风险情况都可以通过资产收益率的均值和方差来反映，对投资者而言，在相同均值水平的情况下应选择方差更小的投资组合(风险规避)，在相同方差水平的情况下应选择均值更大的投资组合(非饱和性)。

(4) 不允许风险资产的卖空交易。

(5) 不考虑无风险资产，投资者不可以按无风险利率进行资金的借贷。

(6) 不考虑税收、交易成本等因素，即市场环境是无摩擦的。

2) 投资组合的选择过程

根据马科维茨的投资组合模型，投资者的投资组合选择被分为两个主要步骤。

(1) 找到包括所有资产的可行集和有效集(效率边界)。这一步骤是确定投资者可行的风险-收益机会，用风险资产组合的最小方差边界来表示。根据理性投资者的风险规避假设，投资者只需在既定的期望收益的约束条件下，找到最小方差点，从而确定最小方差集，即最小方差边界，再去掉无效的组合，就可以得到效率边界。

(2) 单个投资者根据风险偏好、效用函数和无差异曲线找到最优投资组合。在确定了投资组合的效率边界的条件下，引入投资者风险规避假设后即可确定特定投资者的最优风险资产组合。该组合必然是投资者自身的无差异曲线与效率边界的切点。

二、资本资产定价模型

资本资产定价模型(the Capital Asset Pricing Model，CAPM)是现代金融学理论的重要基石，该模型是在马科维茨的投资组合理论的基础上发展和提出的。马科维茨第一次给出了风险和收益的精确定义，并且从数学上明确定义了投资者偏好。通过把收益和风险用均值与方差衡量，马科维茨将强有力的数理统计方法引入资产组合选择的研究当中，并阐述了如何通过有效分散化来选择最优的投资组合。不过这一理论偏重规范化研究，缺乏实证分析。20 世纪 60 年代开始，经济和金融学家开始研究马科维茨模型如何影响资产的市场定价，从而促进了资本资产定价模型的产生。资本资产定价模型分别由夏普(1964)、林特纳(1965)、莫森(1966)独立导出。资本资产定价模型刻画了均衡状态下资产的期望收益率和相对市场风险之间的关系，为投资实践提供了理论基础。

1. 资本资产定价模型的假设

实际的经济金融环境过于复杂，为了能够有效建立一个模型，就需要设定一系列假设条件进行简化。资本资产定价模型的假设主要有以下七点：

(1) 投资者以资产组合在某段时期内的预期收益率和标准差进行资产组合评价。

(2) 投资者都是风险厌恶的，按照均值-方差原则进行投资选择。也就是说，投资者在风险一定的情况下，选择收益最大化，而在收益一定的情况下，选择风险最小化。

(3) 所有资产持有者处于同一单一投资期，市场上的投资者可以按照同样的无风险利率进行无限制的借入或者贷出。

(4) 资本市场是一个完全市场，不存在信息流阻碍，无税收，无交易成本。

(5) 资产无限可分，投资者可以按照任何比例分配其投资。

(6) 投资者具有相同预期，即均质期望，对预期收益率、标准差、资产之间的协方差均有相同的理解。

(7) 投资者的投资期限相同，无风险利率相同。

根据以上假设，可以得出以下两点结论：

（1）所有投资者的效率边界和最佳风险证券组合相同。

（2）每一种风险证券在最佳风险组合的构成中都占有非零的比例。

处于均衡状态的市场具有如下特征：首先，所有的风险证券都包括在最佳风险资产组合中；其次，每种风险证券供求平衡且价格都处于均衡水平；最后，无风险利率的水平正好使得借入资金的总量等于贷出资金的总量。在最佳风险资产组合中，投资于每一种证券的比重都等于该资产的相对市值（也就是该风险证券的总市值占所有风险证券市值总和的比例）。

通常，我们把最佳风险资产组合称为市场组合。

2. 资本市场线

资本市场线是从无风险利率出发通过市场投资组合的延伸线。其函数表达式如下：

$$E(r_p) = r_f + \frac{E(r_m) - r_p}{\sigma_m} \sigma_p \tag{3-7}$$

式中：$E(r_p)$ 是任意有效投资组合的期望收益率；r_f 是无风险收益率；$E(r_m)$ 是市场组合的期望收益率；σ_m 是市场组合收益率的标准差；σ_p 是有效投资组合收益率的标准差。

资本市场线的特征可以由两个关键的数字来刻画：一个是资本市场线的截距，也就是无风险利率，称为时间价格；另一个是资本市场线的斜率，称为单位风险的价格，表示有效组合收益率的标准差每增加一单位，期望收益率应该增加的数量。

资本市场线上的组合都是有效投资组合，非有效投资组合都在资本市场线下方。

3. 证券市场线

资本市场线代表有效组合预期回报率和标准差之间的关系，它说明了有效投资组合风险和回报率之间的关系及衡量其风险的适当方法，但没有指出对于非有效资产组合及单个风险证券的相应情况。为了更进一步探究均衡条件下非有效投资组合及单个风险证券的风险和回报关系，需要进行更深入的分析。

我们首先来考虑单个风险证券对市场组合的风险贡献度。市场组合 M 的收益率的方差可以表示为：

$$\sigma_m^2 = \sum_{i=1}^{n} \sum_{j=1}^{n} \omega_{im} \omega_{jm} \sigma_{ij} \tag{3-8}$$

式中：ω_{im} 和 ω_{jm} 分别表示风险证券 i 和 j 在市场组合中所占的比率；σ_{ij} 为风险证券 i 和 j 的协方差。

式（3-8）可以变为

$$\sigma_m^2 = \omega_{1m} \sum_{j=1}^{n} \omega_{jm} \sigma_{1j} + \omega_{2m} \sum_{j=1}^{n} \omega_{jm} \sigma_{2j} + \cdots + \omega_{nm} \sum_{j=1}^{n} \omega_{jm} \sigma_{nj} \tag{3-9}$$

根据协方差的性质，证券 i 与市场组合的协方差 σ_{im} 可以表示为它与组合中每个证券协方差的加权平均，即

$$\sigma_{im} = \sum_{j=1}^{n} \omega_{jm} \sigma_{ij} \tag{3-10}$$

则式（3-9）可以变为

$$\sigma_m^2 = \omega_{1m} \sigma_{1m} + \omega_{1m} \sigma_{2m} + \cdots + \omega_{nm} \sigma_{nm} \tag{3-11}$$

式中：σ_{1m} 是风险证券 1 与市场组合的协方差；σ_{2m} 是风险证券 2 与市场组合的协方差；依

次类推。

从式(3-11)中我们可以得出,市场组合收益率的方差等于市场组合中所有风险资产与组合的协方差的加权平均数,权重是各个风险证券在组合中所占的比重,单个证券与组合的协方差代表这个证券对整个组合风险的贡献度。

这种情况下,当市场达到均衡状态时,必然要求组合中风险证券的期望收益率与其风险贡献率成比例,也就是说市场为风险贡献程度高的证券提供较高的期望收益率。如果某一证券在给市场组合带来风险的同时没有提供相应的收益率,就意味着将该风险证券从组合中去除将会导致市场组合的期望收益率相对于其风险上升;同理,如果某一风险证券给市场带来风险的同时也提供了更高的收益率,那么增加该证券在组合中的比重也会使市场组合的期望收益率相对于其风险上升。这样,原有的市场组合将不再是有效的投资组合。因此,当市场达到均衡状态时,单个风险证券的期望收益率与它对市场的贡献度应该具有如下的均衡关系:

$$\frac{E(r_i)-r_f}{\sigma_{im}}=\frac{E(r_m)-r_f}{\sigma_m^2} \tag{3-12}$$

式(3-12)即为证券市场线。将式(3-12)进行调整可以得到:

$$E(r_i)=r_f+\beta_{im}[E(r_m)-r_f] \tag{3-13}$$

则最基本的资本资产定价模型为式(3-13),其中 $\beta_{im}=\frac{\sigma_m}{\sigma_m^2}$。$\beta_{im}$ 即为我们常说的贝塔系数,它衡量了资产的市场风险,即系统性风险。

三、三因子模型

在法玛和弗伦奇的研究中,他们发现了其他因素对股票收益率有很大的解释作用,他们希望将这些因素进一步分离,从而在 1992 年提出了三因子模型。该模型使用了 1962—1989 年的历史数据对美国股票市场决定不同股票回报率的差异因素进行研究,发现这些能解释股票回报率差异的因素具有很强的相关性。可以建立一个三因子模型来解释股票回报率。该模型认为,一个投资组合的超额回报率可由它在三个因子上的暴露度来解释,这三个因子分别为市场资产组合风险溢价因子、市值因子和账面市值比因子。该三因子回归模型如下:

$$r_{it}-r_{ft}=\alpha_i+b_i(r_{mt}-r_{ft})+s_i\mathrm{SMB}_t+h_i\mathrm{HML}_t+\varepsilon_{it} \tag{3-14}$$

式中:SMB 为小规模公司的收益率与大规模公司的收益率之差;HML 是市净率高的公司的收益率与市净率较低的公司的收益率的差。

法玛和弗伦奇的实证是用许多反映公司特征的因素成功地预测了股票的未来收益率。根据实证结果分析,风险的衡量(包括贝塔因子)对未来收益率的预测能力最差。相反地,低估因素的衡量,如每股收益除以股票价格,预测能力最强。这些研究结论沉重打击了CAPM 模型。法玛和弗伦奇的研究表明,一旦投资者了解了公司的主要特征(如公司规模、账面市值比等重要指标),该公司的贝塔系数就没有多大意义了。这无疑对传统的资本资产定价模型提出了严峻的挑战。

四、套利定价模型

资本资产定价模型刻画了均衡状态下资产的期望收益率和市场风险测度系数 β 之间的

关系，不同资产的 β 值决定了它们不同的期望收益率。但是，资本资产定价模型是建立在大量假设的基础之上的，且进入 20 世纪 70 年代，资本资产定价模型面临着重大挑战，越来越多的学者认为投资组合理论不符合现实，无法解释资本资产定价，理查德·罗尔也称真实的市场组合永不可考察，资本资产定价模型永不可检验，因此它不应被视为资产定价的完美模型，这就激发了人们寻找其他资产定价模型的兴趣。1976 年，斯蒂芬·罗斯提出了套利定价理论(Arbitrage Pricing Theory，APT)，这一理论比资本资产定价模型所要求的假设要少得多，逻辑上也更加简单。该模型以收益率生成的因素模型为基础，用套利的概念来定义均衡。套利定价模型在实践中占据着重要的地位，多因子模型就是根据该模型所发展出来的。

1. 套利机会与套利行为

套利是利用同一种资产的不同价格来赚取无风险利润的行为。如果市场上同一种资产或可以复制的两种资产的价格不同，即违反一价定律，则套利机会就会出现。套利作为一种广泛使用的投资策略，最具代表性的做法是以较高的价格出售资产并同时以较低的价格购进相同的资产(或功能上等价的资产)。

利用同一资产违反一价定律进行的套利，其特征是很清楚的。但是，套利机会并不经常表现为相同资产的不同价格，套利机会也可能包含"相似"的证券或组合，如受共同因素影响而使价格同步变化的证券或组合。

2. 套利定价理论的基本假设与基本思想

套利定价理论的基本假设包括以下几个方面：

(1) 市场是完全竞争的，无摩擦的。

(2) 多因子模型能够描述证券收益：

$$r_i = E(r_i) + \beta_{ij}F_1 + \beta_{ij}F_2 + \cdots + \beta_{ij}F_j + e_i \tag{3-15}$$

式中：r_i 为证券 i 的收益率；β_{ij} 是证券 i 对第 j 个因子的敏感度或者暴露度，通常也称为因子载荷，$j=1, 2, \cdots, k$；F_j 是第 j 个因素的非预期变化对资产收益率的影响，$E(F_j)=0$，$j=1, 2, \cdots, k$；e_i 为证券 i 的随机误差项，是证券 i 的特异收益率，表示收益率中不能被因子所解释的部分。对于每一个证券，$\mathrm{Cov}(e_i, F_j)=0$，$\mathrm{Cov}(e_i, e_j)=0$，$i \neq j$，也就是每个证券的随机误差与因子不相关，任意两个证券的随机误差项不相关。

(3) 市场上有足够多的证券来分散非系统风险，证券的个数远远大于因素的个数。

(4) 市场上不存在套利机会。

(5) 投资者是不满足的，当投资者发现套利机会时，他们就会构建套利组合来增加自己的财富。

套利定价理论的基本思想如下：

根据因子模型，如果忽略非系统风险，具有相同因子敏感度的证券或组合的变化将是相同的，而充分的分散化可以将非系统风险降到最低，因此，具有相同因子敏感度的证券或组合必然要求相同的期望收益率，否则就会出现"准套利"机会。如果投资者可以找到这样一个投资组合，其初始净投资为零而又能赚到一定的正收益，那么所有的投资者都将会去投资这类具有吸引力的证券，即进行套利行为。结果是这种投资组合的价格将发生变化，直到正的收益率降为零，套利机会在市场上消失为止。实际上，当投资者失去套利机会时，市场即达到均衡状态，我们就能得到一种与资本资产定价模型非常类似的风险-收益关系。

五、其他基础理论知识

1. 风险因子的暴露与风险溢价

对于风险因子的暴露与风险溢价的理解在多因子模型中非常重要。风险因子的暴露表示资产在该因子中承担了多少风险，若资产在某个风险因子上存在暴露度，那么只要风险溢价不为0，资产必然会承担该因子所带来的收益和风险。风险溢价在多因子模型中又称为因子收益率，表示当资产在该因子存在着风险暴露时可以得到的收益率的大小，因子越重要，风险溢价普遍越高，资产的收益水平就是风险因子的暴露和风险溢价相乘共同作用的结果。

学术界和业界的关注点不同。学术界的目的是解释收益率，解释过去溢价发生的事情。学术研究的做法大多是从风险溢价出发，通过构建不同的投资组合计算收益率的差额作为因子风险溢价的观察值，然后通过回归去获得个股相关风险因子的暴露，具体情况请参考法玛和弗伦奇三因子模型在构建 SMB 和 HML 时使用的方法。业界关注的是怎么把过去发生事情所产生的规律应用到未来的投资中。业界的做法是从因子暴露出发，用因子数值的标准化得分作为因子暴露的观察值，然后通过回归去获得因子的风险溢价。然而正是由于投资中无法知道未来的因子风险溢价，而个股收益率则是与期初的因子暴露对应的，因此从因子暴露角度进行研究，更具有实用性。

2. 业绩基准

引入阿尔法的定义之前，首先介绍业绩基准(Benchmark)。业绩基准的概念较为简单，其实就是量化投资策略所进行对比的一个标杆。量化投资策略的好坏或者主动投资经理能力的强弱都需要根据这个基准进行衡量。例如，在我国 A 股市场常见的基准就是上证指数和沪深 300 指数。通常，这两种指数也代表着市场的情况。此外，对于那些主要投资于大盘股的量化投资策略，其基准可以是上证 50 指数；而对于那些主要投资于小盘股的量化投资策略，其基准可以是中证 500 指数。可见，根据投资风格的不同，可以选择不同的业绩基准。

3. 阿尔法的定义

早些年在股票市场指数出现之前，为了评价一个投资组合的业绩，就要将其与无风险收益率进行对比，超出无风险收益率的部分就是阿尔法(Alpha)。后来，研究人员发现，投资组合的收益受到整个市场行情的影响，市场行情好，投资组合的收益率就较高，市场行情不好，投资组合的收益率就较低，因此，随着市场指数(如标准普尔 500 指数)的出现，人们开始将投资组合收益率超过市场组合的部分称为阿尔法。简单来讲，阿尔法就是主动管理的收益，也就是超出基准的收益。

4. 阿尔法因子与风险因子

从上面可以看出，我们所寻找的阿尔法因子，其最为显著的特点就是不被市场所熟知。风险因子贝塔(β)通常用来解释资产的收益，其另一种称呼为系统因子，当我们寻找那些系统因子所不能解释的阿尔法因子时，我们就能够获得超过基准水平的收益，也就是阿尔法收益。法玛和弗伦奇在三因子模型中加入了 SMB 和 HML 两个因子，在两位学者将这两个因子公布于世之前这两个因子就是阿尔法因子，在这之后，这两个阿尔法因子就变成了风险因子。综上，阿尔法其实就是收益不能够被贝塔所解释的部分，当市场开始熟知一个阿尔法因子后，该因子就变成了系统因子，即风险因子。

5. 阿尔法因子与风险因子的区分

风险溢价高低即因子收益率的高低是决定因子好坏的一个标准。根据收益率的高低和方差的大小可以将因子进行区分。

均值高、方差低的因子，称为阿尔法因子；均值低、方差高的因子称为风险因子。通过多因子模型可以将风险因子中性化。均值低、方差也低的因子不能解释股票价格。均值高、方差高的因子既具有阿尔法因子的特性，又具有风险因子的特性。对于该种因子，不同投资风格的投资者所做出的选择不同，对于这种因子的取舍会带来投资业绩的差异。

六、策略评价

在市场上交易策略有很多种，那么哪些交易策略更优呢？一般通过比较策略的收益与风险来衡量。

策略的收益可以用很多指标来衡量，比如平均年度收益。平均收益仅仅是收益分布均值所在的位置。从收益水平而言，高平均收益率比低平均收益率更好，但是平均收益本身并不包含收益在均值周围分散程度的信息，也就是波动率（这个指标在金融上是衡量风险的指标）。这一点对于很多风险厌恶型投资者而言是至关重要的。收益的波动率衡量的是收益在平均收益周围的分散程度，一般用收益的标准差来表示。波动率或者说标准差只概括了对均值的平均偏离程度，它还没有考虑那些极端的负面风险。

目前人们普遍用来衡量尾部风险的指标是最大回撤。最大回撤记录的是上一个全局最大值之后，下一个全局最大值（超出前一个全局最大值）之前出现的最小值所带来的波峰到波谷的最低收益，如图 3-1 所示。

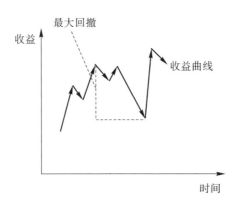

图 3-1 最大回撤

尽管平均收益、标准差和最大回撤这三个评价指标已经可以评价某个交易策略的表现了，但是我们还有其他指标可以综合评价策略，这些指标当然也是建立在这三个基础指标之上的，可以视为这三个指标的衍生指标。

1. 夏普比率

从边际的角度来看，夏普比率（Sharpe Ratio）就是投资者多承担一单位的风险能获取多少超额收益。其计算公式如下：

$$\text{Sharpe Ratio} = \frac{E(R_P) - R_f}{\sigma_P} \tag{3-16}$$

式中：$E(R_P)$ 为预期收益率；R_f 为无风险收益；$E(R_P) - R_f$ 为超额收益率；σ_P 为收益曲线的标准差。

2. 卡玛比率

卡玛比率（Calmar Ratio）是夏普比率的改进版，比夏普比率更为严格。其计算公式如下：

$$\text{Calmar Ratio} = \frac{E(R_P) - R_f}{MD_i} \tag{3-17}$$

式中：$E(R_P)$ 为预期收益率；R_f 为无风险收益；MD_i 为最大回撤。

3. 信息比率

信息比率（Information Ratio）是以马克维茨的均异模型为基础，用来衡量超额风险所带来的超额收益。它表示单位主动风险所带来的超额收益。其计算公式如下：

$$\text{Infomation Ratio} = \frac{R_P - R_m}{\sigma_t} \tag{3-18}$$

式中：R_P 为策略年化收益率；R_m 为基准年化收益率；σ_t 为策略与基准每日收益差值的年化标准差。

信息比率是衡量投资者主动管理能力的指标。信息比率越高，证明投资者的主动管理能力越强。

4. 特雷诺比率

特雷诺比率（Treynor Ratio）是基金的收益率超越无风险利率的值与系统性风险的比值。这个比率衡量的是基金承担单位系统性风险所获得的超额收益。特雷诺比率越大，说明风险调整收益越高。特雷诺比率建立在非系统性风险已经完全分散（即认为基金持有的资产组合已充分分散个股或行业的风险）的基础上。因此，特雷诺比率适用于评价非系统风险完全分散的基金，如大盘指数型基金。其计算公式如下：

$$\text{Treynor Ratio} = \frac{E(R_P) - R_f}{\beta_P} \tag{3-19}$$

式中：$E(R_P)$ 为基金的预期收益率；R_f 为无风险收益率；β_P 为基金的系统风险。

5. 詹森指数

詹森指数（Jensen Index）指基金承担非系统风险获得的超额收益。该指标可以用基金收益率减去无风险利率的值与市场基准收益率减去无风险利率的值作线性回归得到，回归方程的截距即为詹森指数。詹森指数大小等于基金收益率超越无风险利率的值减去系统性风险报酬所得到的差值。其计算公式如下：

$$\alpha_i = E(r_i) - R_f - \beta_i(R_M - R_f) \tag{3-20}$$

式中：$E(r_i)$ 为投资组合在评价期的平均回报；β_i 为投资组合所承担的系统风险；R_M 为评价期内市场的平均回报率；R_f 为无风险收益率。

詹森指数可以由以下方程回归得到：

$$R_P - R_f = \alpha_P + \beta_P(R_M - R_f) + \varepsilon_{pt} \qquad (3-21)$$

其中,ε_{pt} 为残差。随机选取中国市场上 3 000 只基金的夏普比率、特雷诺比率、詹森指数和信息比率,图 3 - 2 显示了 2021 年 3 月 23 日到 2021 年 6 月 23 日这些基金指标的箱型图。可以发现,夏普比率的分布更加分散,詹森指数的分布最为集中。

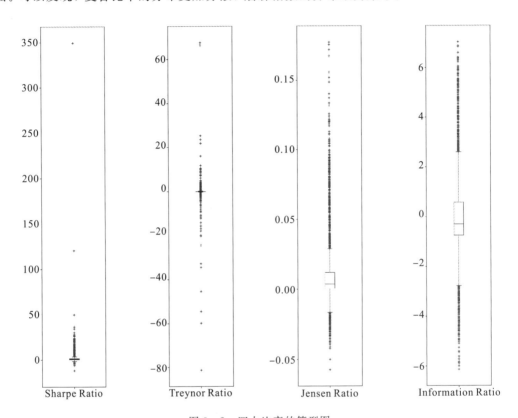

图 3 - 2 四大比率的箱型图

第二节 多因子选股方法

一、多因子选股概述

在完成因子数据准备、处理及单因子测试工作之后,我们通过筛选出的因子构成新的因子池,就可以利用多因子模型进行股票的选取。

一般而言,多因子选股模型有两种判断方法:一是打分法,二是回归法。打分法就是根据各个因子的大小对股票进行打分,然后按照一定的权重加权得到一个总分,根据总分再对股票进行筛选。打分法根据加权方法的不同又可以分为静态加权和动态加权。打分法的优点是相对比较稳健,不容易受到极端值的影响。回归法就是用过去的股票的收益率对多因子进行回归,得到一个回归方程,然后把最新的因子值代入回归方程得到一个对未来股票收益的预判,最后以此为依据进行选股。回归法的优点是能够比较及时地调整股票对各因子的敏感性,而且不同的股票对不同的因子的敏感性也可以不同。回归法的缺点是容易受到极端值的影响,在股票对因子敏感度变化较大的市场情况下效果也比较差。

二、基于打分法的多因子选股

1. 有效但冗余因子的剔除

在通过单因子检测后的因子,由于不同的选股因子可能存在内在的驱动因素大致相同等原因,所选出的组合在个股构成和收益等方面具有较高的一致性,因此其中的一些因子需要作为冗余因子剔除,而只保留同类因子中收益最好、区分度最高的一个因子。假设需要选出 k 个有效因子,样本期共 m 月,那么具体的冗余因子剔除步骤如下:

(1) 先对不同因子下的 n 个组合进行打分,分值与该组合在整个模型形成期的收益相关,收益越大,分值越高。具体方法:令组合 1 和 n 相对基准的超额收益分别为 AR_1 和 AR_n,如果 $AR_1 < AR_n$,将组合 i 的分值设为 i;反之,$AR_1 > AR_n$,组合 i 的分值为 $n-i+1$,即所有组合的分值取 1 到 n 间的连续整数。组合得分确定后,再将其赋给每月该组合内的所有个股。

(2) 按月计算个股的不同因子得分间的相关性矩阵,令第 t 月的个股因子得分相关性矩阵为:$(\text{SCORE\_CORR}_{t,u,v})$,$u$,$v = 1, 2, 3, \cdots, k$,$u$ 和 v 为因子序号。

(3) 在计算完每月因子得分相关性矩阵后,计算整个样本期内相关性矩阵的平均值,计算公式为:$\dfrac{1}{m} \sum\limits_{t=1}^{m} \text{SCPRE\_CORRT}_{t,u,v}$,$u$,$v = 1, 2, \cdots, k$。

(4) 设定一个得分相关性阈值 MinScoreCorr,对得分相关性平均值矩阵中大于该阈值的元素所对应的因子只保留与其他因子相关性较小的、有效性更强的因子,而其他因子作为冗余因子剔除。

2. 多因子打分模型的建立和选股

1) 模型的建立

去除冗余后的有效因子,即可构建多因子打分模型,本文介绍使用较多的 Z-score 打分模型。其计算公式如下:

$$Z_i = \sum_{k=1}^{k=K} w_k Z_{i,k} \tag{3-22}$$

式中:Z_i 为股票 i 的总得分,w_k 为因子 k 打分的权重,$Z_{i,k}$ 为第 i 只股票在因子 k 上的分值。

首先,将所有股票按照 k 个因子值,分别从低到高排序。其次,根据有效性检验,得到各个因子值(t 期)与股票收益率($t+1$ 期)的相关关系。若为正相关关系,则将该因子排序的股票,排名第一的打 1 分,第二的打 2 分,一直到第 N 个打 N 分;若为负相关关系,则将该因子排序的股票,排名第一的打 N 分,第二的打 $N-1$ 分,一直到第 N 个打 1 分。最后,根据一定的因子打分权重,对每只股票的因子得分求和得到总分。

【例 3-1】 当选用净利润增长率因子对股票池中股票进行打分时,假设股票池中共有 50 只股票,将股票池中每只股票当期净利润增长率因子值与其对应的未来一期股票收益率进行罗列，并按照当期净利润增长率因子值大小进行排序，将股票池中的股票分为 5 组，统计不同分组内组合的收益是否呈现递增递减关系。若 $R_1 > R_2 > R_3 > R_4 > R_5$（$R_i$ 为组合 i 的收益），则表明因子值越大，其组合收益也越大，两者呈现正向关系，那么按照当期股票净利润增长率大小，排名第一的记为 50，排名第二的记为 49，依次类推，排名第五十的记为 1 分；若 $R_1 < R_2 < R_3 < R_4 < R_5$（$R_i$ 为组合 i 的收益），则表明因子值越小，其组合收益也越小，两者呈负向关系，那么按照当期股票净利润增长率大小，排名第一的记 1 分，排名第二的记 2 分，依次类推，排名第五十的记为 50 分。

2）因子权重的确定

常见的因子加权方式有等权、IC 均值加权、IC - IR 均值加权等，具体如下：

（1）等权：各因子取相同的权重，即 $W = \dfrac{1}{n}$，W 为因子权重，n 为因子数量。

（2）IC 均值加权：因子有效性检验中，将各因子的 IC 均值进行加权，即 $W = \mathrm{IC}_k / \sum\limits_{k=1}^{k=K} \mathrm{IC}_k$。

（3）IC - IR 均值加权：因子有效性检验中，将各因子的 IC - IR（IC 均值 / IC 标准差）均值进行加权，即 $W = \mathrm{IC\text{-}IR}_k / \sum\limits_{k=1}^{k=K} \mathrm{IC\text{-}IR}_k$。

（4）机器学习加权：在因子有效性检验中，将各个因子所得到的检验数据，如 IC 值、最大回撤、夏普比率、胜率等纳入机器学习模型之中，通过输出结果确定因子权重。

（5）动态因子加权：由于单个因子很难长时间有效，因此，在策略运行过程中，不断把最新的市场经验数据纳入因子有效性检验之中，用最新的因子检验数据，确定因子权重。

以净利润增长率、流动比率、营运资本、流动资产周转率、市盈率、市净率在沪深 300 股票池中，以 2017—2020 年为选股区间，不同方式配置权重的选股回测收益曲线如图 3 - 3～图 3 - 7 所示。

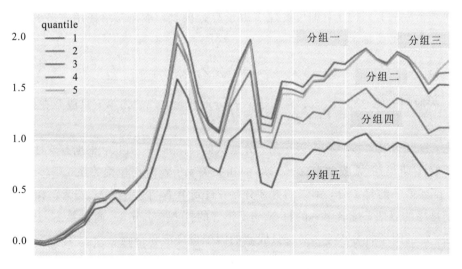

图 3 - 3　等权分组回测收益曲线

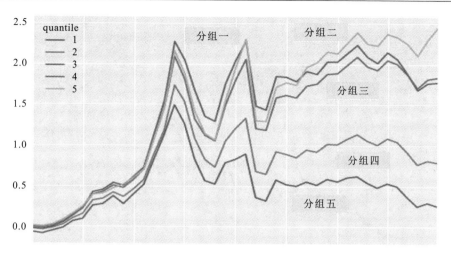

图 3-4 IC 均值加权分组回测收益曲线

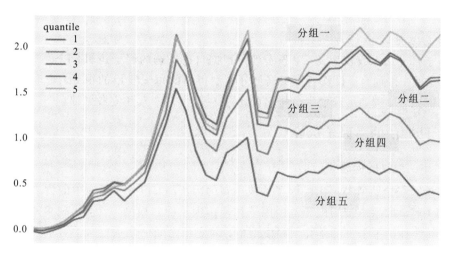

图 3-5 IC-IR 均值加权分组回测收益曲线

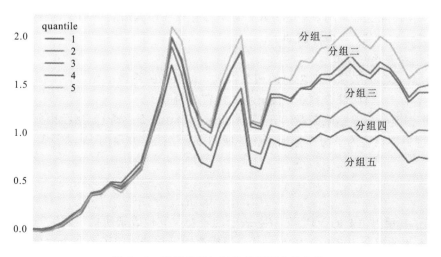

图 3-6 机器学习加权分组回测收益曲线

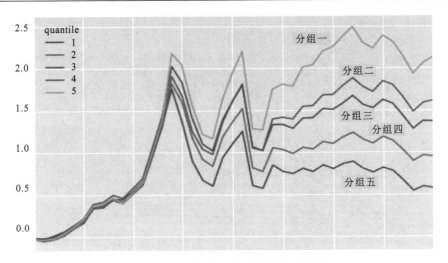

图 3 - 7　动态因子加权分组回测收益曲线

3）打分法选股

多因子打分法选股较为灵活，投资者可根据自己所选的因子逻辑，以及投资策略进行股票的选取。一般而言，投资者可根据打分模型得出的每只股票的得分，选取得分靠前的股票建立股票池，例如可选取得分排名前 10%～30% 的股票建立股票池。

三、基于回归法的多因子选股

1. 多重共线性的问题

经过单因子检验所筛选出的因子构成了新的因子池，但是因子池中的许多因子都有着较强的相关性，如果直接用因子池的因子构建多因子回归模型，就会出现多重共线性的问题。多重共线性简单来讲就是在回归模型中，其变量之间的相关性较高，从而导致了模型难以被准确估计。对于多因子模型而言，当模型中的因子存在着多重共线性时，除了模型的估计问题之外，还会导致模型在因子相关性不知情的情况下，对某一大类因子中投入过多的权重，从而降低策略的效果。因此，需要对有效性检验后新的因子池检验相关性，并解决多重共线性问题。具体方法如下：

1）因子相关性的检验

（1）计算每个因子暴露度之间的相关系数，根据相关系数的绝对值、标准差、中位数以及 t 检验等方式进行综合判断，找出相关性较高的因子。

（2）根据因子方差膨胀系数 VIF(Variance Inflation Factor)值判断因子共线性问题。VIF 值通过将待检验因子与其他因子构建回归方程，根据方程的 R^2 来计算。其计算公式如下：

$$\mathrm{VIF}_k = \frac{1}{1 - R_k^2} \tag{3-23}$$

式中：VIF_k 表示因子 k 的 VIF 值，R_k^2 表示因子 k 与其他因子所构建的回归方程的 R^2（反映了回归方程的拟合优度）。VIF 值越大，说明该因子与其他因子的共线性程度越高。一般而言，当 VIF 值大于 3 时，说明检验的因子共线性程度较高。

【例 3-2】 当选用股票换手率、ROE、速动比率、总资产市值比、总资产增长率五个因子作用最终因子进行多因子选股之前，通过因子方差膨胀系数 VIF 值判断因子共线性。在上述五个因子中，每次选取一个因子作为因变量，其余四个因子作为自变量纳入线性回归模型进行回归，得到回归方程的 R^2，按照式(3-23)计算每个因子的 VIF 值。当出现 VIF 值大于 3 时，说明该因子共线性程度较高，需要进行处理；若五个因子的 VIF 值均小于 3，那么说明其因子共线性低，可以进行多因子选股。

2) 多重共线性的解决方法

对于经过检验挑出的相关性较高的因子，主要通过以下方法解决：

(1) 直接剔除：主要是根据单因子检验时得到的结果进行选择，对于因子检验效果更好的因子予以保留，对于检验效果相对较差的因子予以剔除。这种方法虽然简单直接，但是将因子直接剔除可能会丢失重要的因子信息，尤其是当具有较强的相关性的两个因子并不属于同一个大类的因子时。

(2) 因子合成：为了尽可能保留有效的因子信息，可以将相关性较高的因子进行合成。第一种：等权重合成法。该方法是最为简单直接的因子合成方法，其将相关性较高的因子依因子暴露度(回归系数)按照等权重的方式重新合成，得到一个新的因子暴露度，之后对新的因子暴露度进行标准化处理。第二种：IC 加权合成法，即根据每个因子的历史的 IC 值对因子暴露度进行加权合成。第三种：主成分分析合成法(PCA)，即采用降维的思想，将模型中较多的变量用少数几个变量反映，在低维的空间内将信息分解成为互不相关的部分，这样可以解决多重共线性的问题。其主要缺陷在于更加偏重技术分析，通过该方法合成的因子可能不具有经济学意义。

2. 多因子回归模型的建立和选股

1) 模型的建立

在解决有效因子池多重共线性问题后，即可建立多因子回归模型，具体如下：

$$r_{j,t} = \sum_i \hat{P}_{it} * F_{j,i,t-1} + u_{j,t} \tag{3-24}$$

式中：r 是收益率，下标表示第 j 个股票在 t 时期的收益率；$\hat{P}_{it}$ 是 t 时期的收益率对 $t-1$ 期末的因子的回归系；F 是因子，下标表示第 j 个股票的第 i 个因子在 $t-1$ 时期末的取值；u 是残差项。该回归模型即为用 t 期的股票收益率对股票 $t-1$ 期末的因子值做截面回归。

回归的最终目的是对股票的收益率进行预测，把每个因子过去 n 期的回归系数的平均值作为真实系数的近似代替，如式(3-25)所示，然后把最新的因子值代入预测方程(3-26)得到股票下一期的收益率预测值。

$$E(P_{it}) = \frac{1}{n} \sum_{s=t-n}^{s=t-1} \hat{P}_{is} \tag{3-25}$$

$$E(r_{j,t}) = \sum_i E(P_{it}) * F_{j,i,t-1} \tag{3-26}$$

这个预测的回报率的绝对值并没有太大的参考价值，但是不同的股票收益率预测值的相对排序是有价值的，这也是我们进行选股的依据。

2) 回归法选股

与多因子打分法类似，回归法选股同样较为灵活，投资者根据自身因子筛选逻辑与投资逻辑，一般可通过选取收益预测值排名靠前的股票纳入股票池。

第三节　模型应用与思考

本节将对上述所描述的多因子打分法选股及多因子回归法选股进行应用，并结合应用案例进行一些补充与思考。本案例选取 2009—2020 共 12 年作为样本期，其中 2009—2015 作为因子有效性检验期（共 7 年），2016—2020 作为选股模型的样本外检验期（共 5 年）。所选股票样本为所有正常交易且上市时间超过 1 年的 A 股股票，业绩基准为上证指数。

一、候选因子的选取

案例从成长、估值、盈利、偿还四类财务因子及能量、趋势、量价三类技术因子，共 25 个构成，具体因子选取见表 3-1，各个因子含义及计算公式见第二章。

表 3-1　多因子选股模型候选因子

成长因子	估值、盈利因子	偿还能力	能量型因子	趋势、量价因子
营业收入增长率	市盈率	流动比率	成交量比率（30 日）	平均差指标
净利润增长率	市销率	产权比率	30 日量比	MACD（30 日）
基本每股收益增长率	市净率	保守速动比率	能量指标（30 日）	动量平均指标（30 日）
每股经营现金流量增长率	市现率	营运资本	资金流量指标（30 日）	价量趋势（30 日）
	销售净利率			能量潮（30 日）
	销售成本率			威廉多空力度（30 日）
	总资产报酬率			

二、因子有效性检验

首先，在 2009 年 1 月到 2015 年 12 月间的每个月初，根据表 3-1 所列的候选因子，在量化平台中，通过分层回溯方法，进行有效性检验，得到效果较好的因子有净利润增长率、每股经营现金流量增长率、总资产报酬率、流动比率、30 日量比、能力潮（30 日）共六个，具体回撤绩效统计如表 3-2～表 3-7 所示。

表 3-2　净利润增长率因子绩效统计

分组	年化收益率	年化波动率	夏普比率	最大回撤	年化超额收益率	超额收益年化波动率	信息比率	相对基准胜率
1	23.64%	32.37%	0.82	−36.20%	20.41%	10.83%	1.88	51.25%
2	20.72%	28.57%	0.80	−32.99%	16.98%	6.62%	2.56	52.50%
3	15.88%	28.56%	0.66	−38.83%	11.00%	6.87%	1.60	51.25%
4	13.47%	30.16%	0.57	−47.12%	7.86%	10.27%	0.77	52.50%
5	8.11%	31.96%	0.40	−56.80%	0.24%	12.67%	0.02	47.50%
benchmark	7.95%	27.69%	0.41	−41.44%	—	—	—	—

表 3 - 3　每股经营现金流量增长率因子绩效统计

分组	年化收益率	年化波动率	夏普比率	最大回撤	年化超额收益率	超额收益年化波动率	信息比率	相对基准胜率
1	31.35%	31.29%	1.03	−37.09%	29.12%	20.10%	1.45	60.00%
2	29.95%	29.60%	1.04	−34.83%	27.57%	19.50%	1.41	58.75%
3	23.87%	29.76%	0.87	−40.44%	20.68%	19.03%	1.09	55.00%
4	23.31%	31.83%	0.82	−42.99%	20.03%	19.64%	1.02	56.25%
5	19.72%	32.32%	0.72	−46.70%	15.77%	20.22%	0.78	57.50%
benchmark	7.95%	27.69%	0.41	−41.44%	—	—	—	—

表 3 - 4　总资产报酬率因子绩效统计

分组	年化收益率	年化波动率	夏普比率	最大回撤	年化超额收益率	超额收益年化波动率	信息比率	相对基准胜率
1	23.79%	32.21%	0.82	−34.69%	20.59%	10.16%	2.03	51.25%
2	19.22%	29.09%	0.75	−34.25%	15.17%	7.11%	2.13	51.25%
3	17.78%	28.22%	0.72	−35.11%	13.40%	7.34%	1.82	52.50%
4	14.87%	30.31%	0.61	−44.72%	9.70%	10.62%	0.91	53.75%
5	5.87%	31.95%	0.34	−61.84%	−3.33%	12.47%	−0.27	50.00%
benchmark	7.95%	27.69%	0.41	−41.44%	—	—	—	—

表 3 - 5　流动比率因子绩效统计

分组	年化收益率	年化波动率	夏普比率	最大回撤	年化超额收益率	超额收益年化波动率	信息比率	相对基准胜率
1	30.48%	31.21%	1.01	−34.58%	28.16%	19.50%	1.44	62.50%
2	28.47%	28.92%	1.02	−39.78%	25.92%	19.40%	1.34	57.50%
3	25.37%	30.29%	0.90	−41.08%	22.41%	19.49%	1.15	60.00%
4	22.29%	31.55%	0.80	−41.54%	18.84%	19.95%	0.94	53.75%
5	21.25%	33.14%	0.75	−47.90%	17.60%	20.72%	0.85	56.25%
benchmark	7.95%	27.69%	0.41	−41.44%	—	—	—	—

表 3 - 6　30 日量比因子绩效统计

分组	年化收益率	年化波动率	夏普比率	最大回撤	年化超额收益率	超额收益年化波动率	信息比率	相对基准胜率
1	27.44%	30.81%	0.94	−45.17%	23.76%	10.19%	2.33	52.27%
2	22.35%	30.25%	0.82	−44.55%	17.55%	10.09%	1.74	51.85%
3	20.94%	29.60%	0.79	−44.04%	15.77%	9.98%	1.58	52.21%
4	19.10%	29.85%	0.74	−44.56%	13.36%	9.95%	1.34	51.09%
5	18.23%	31.46%	0.69	−48.97%	12.20%	10.99%	1.11	51.50%
benchmark	10.16%	26.62%	0.50	−44.89%	—	—	—	—

表 3 - 7　能量潮(30 日)因子绩效统计

分组	年化收益率	年化波动率	夏普比率	最大回撤	年化超额收益率	超额收益年化波动率	信息比率	相对基准胜率
1	12.45%	32.34%	0.52	-49.16%	6.49%	12.72%	0.51	53.75%
2	13.53%	29.25%	0.58	-39.68%	7.95%	10.85%	0.73	48.75%
3	16.38%	29.54%	0.66	-44.56%	11.64%	9.09%	1.28	52.50%
4	18.64%	31.38%	0.70	-39.81%	14.46%	8.68%	1.67	51.25%
5	19.73%	30.31%	0.74	-34.55%	15.79%	9.72%	1.62	51.25%
benchmark	7.95%	27.69%	0.41	-41.44%	—	—	—	—

三、多因子打分法选股模型

通过因子有效性检验得到的因子池,需要先去除冗余因子,通过计算有效性检验期内因子相关性矩阵,设定最小相关性阈值为 0.4,得到超过最小相关性阈值的因子对为净利润增长率与每股经营现金流量增长率(相关系数为 0.56),总资产报酬率与净利润增长率(0.48)。根据单因子检测结果,去除净利润增长率因子,最终得到每股经营现金流量增长率、总资产报酬率、流动比率、30 日量比、能力潮(30 日)共五个因子纳入打分模型(式 3 - 22)。

在 2016 年 1 月到 2020 年 12 月,共 5 年的数据,在每月末计算最新的股票得分,取前 20% 纳入当月投资组合。在量化平台中,2016 年 1 月初,用初始金额 1 000 万元进行投资,每月初开盘进行调仓,如图 3 - 8 所示,那么在 2020 年末,策略收益为 198.77%,策略年化收益率为 25.21%,基准年化收益为 8.72%,超额收益 17%,贝塔为 0.87,夏普比率为 0.86,最大回撤为 28.18%。总体而言,策略模型表现较好,多因子选股模型是有效的。

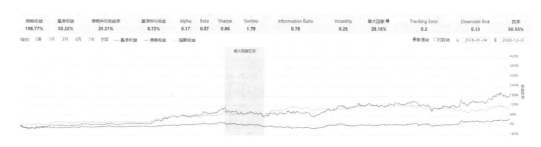

图 3 - 8　打分法策略回测曲线及统计描述

四、多因子回归法选股模型

在使用多因子回归法选股模型时,需要对通过因子有效性检验得到的因子进行多重共线性检验。本案例通过计算因子方差膨胀系数 VIF 值判断六个有效因子共线性问题,结果证明在检验期内,总资产报酬率与流动比率 VIF 值分别为 3.87 与 3.51,大于 3,说明该因子共线程度较高,采用直接剔除法,最终得到净利润增长率、每股经营现金流量增长率、30 日量比、能力潮(30 日)共四个因子纳入多因子回归模型(式 3 - 24)。

本案例采用 2016 年 1 月到 2020 年 12 月共五年的数据来验证该模型的有效性。每月末将最新的因子值代入(式 3 - 24)得到最新的因子回归系数,再将之前五期因子回归系数相加取平均值，该平均值作为(式 3-26)的代入值，即(式 3-25)中 n 取 6，计算得出下一期的股票预期收益率，根据计算得出的股票预期收益率进行排序，取前 20%纳入当月投资组合。在量化平台中进行回测，2016 年 1 月初，用初始金额 1 000 万元进行投资，每月初开盘进行调仓，如图 3-9 所示，那么在 2020 年末，策略收益为 74.35%，策略年化收益率为 12.1%，基准年化收益为 8.72%，超额收益为 4%，贝塔为 0.98，夏普比率为 0.4，最大回撤为 39.27%。总体而言，策略模型表现较好，模型较有效。

图 3-9　回归法策略回测曲线及统计描述

五、关于多因子选股的思考

1. 因子的选取与应用

在使用多因子选股时，首先，在因子的选取上要结合因子的特点与自身的持股周期。如果偏向于中长期持股，则在财务因子选取中可以加大一些比例，因为财务因子的公布时间大多是以季度为单位，且因子逻辑也偏向于中长期。如果要在模型中增加一些技术因子，可以在技术因子计算周期上面做出相应调整，如上面案例中，在一个月持股周期的情况下，选择 30 日为技术因子参数进行相应调整。如果偏向于短期持股，则在技术因子的选取中可以加大一些比例，因为相比于财务因子，技术因子的更新速度要快得多，频率可以从月、周、日、分钟到秒，这给了短线策略巨大的操作空间。

其次，因子有效性都是有限的，市场上几乎不可能存在一个因子在任何条件下都有效的情况，所以多因子模型研究员需要不断对因子进行扩充以及探究各个因子的有效区间，譬如是在牛市、熊市还是震荡市中更为有效，是在大盘股、中盘股还是小盘股中更为有效。这都是值得研究的地方。

2. 策略的实现

在运用多因子模型进而得到股票池后，如何进行策略的构建又是一大难题，因为多因子选股模型，只是从巨大的股票池中遴选出了一部分模型认为较好的股票构建了一个新的股票池，上面案例中只是给出了简单的策略，如果在其中增加调仓买卖择时机制，是否会对策略收益有所改善；如果加入动态因子有效检验，不断纳入新的有效因子，剔除变得无效的因子，情况又如何。这些同样也是值得研究的方向。

3. 非线性多因子模型

本文都是基于线性有效因子来构建多因子选股模型，在各股票与选定的因子之间建立线性关系。但有些因子与股票收益率之间并不存在稳定的线性关系，建立线性模型来探究有效因子以及根据有效因子来筛选股票组合就会出现选出组合的表现达不到预期的结果。

数据驱动的机器学习算法在处理非线性问题方面已经有了较成熟的理论和应用研究。因此引入机器学习的相关方法来构建多因子选股模型，实现对非线性因子中对股票收益预测有贡献的信息进行挖掘，同样是多因子选股值得探索的方向。

课 后 习 题

1. 如何构建一个多因子模型？构建一个多因子模型需要考虑的要素有哪些？

2. 构建多因子选股模型，比较打分法与回归法的区别。

3. 构建一个多因子选股模型，并通过回测分析其结果。

4. 构建动态多因子选股模型，并通过量化平台进行回测，结合回测结果分析模型优劣。

第四章 轮动策略

股票分为不同的类型，投资者对于不同类型的股票是有偏好的，当局势对某一类型的股票有利时，市场中相关类型的股票走势就会变强，这便形成了一种市场风格。此外，由于市场中不同行业的强势时间具有差异性，因此其市场表现也是不同的。对不同时期的市场风格进行及时辨别，对市场表现强势的行业进行轮动配置能够增加投资者的投资收益。

本章主要介绍风格轮动策略以及行业轮动策略。

第一节 风格轮动

一、风格轮动概述

1. 基本概念

市场上的投资者是有偏好的，有时偏好价值股，有时偏好成长股，有时偏好大盘股，有时偏好小盘股，这种不同的交易行为形成了市场风格。风格轮动是指股票市场中具有对立分类属性的股票池的走势相对强弱随市场状况变化而变化的现象。

投资风格是针对股票市场而言的，是指投资于某类具有共同收益特征或共同价格行为的股票，即某类投资风格很受欢迎，并且在某一个时间段内具有持续性和连续性。例如，价值型投资和成长型投资两种风格，或者大盘股和小盘股两种风格，总是轮流受到市场追捧。由于存在投资风格，因此产生了一种叫作风格动量的效应，即在过去较短时期内收益率较高的股票在未来的中短期收益也较高，相反，在过去较短时期内收益率较低的股票在未来的中短期也将会持续其不好的表现。

投资风格的形成主要来源于对股票市场异象的研究成果。在长期的市场研究中，研究人员发现存在大量市场异象，主要包括公司属性效应、趋势效应等。市场的有效性程度不是一成不变的，会随时间不断变化。也就是说，追逐这些市场失效现象能获取超额投资收益。所以，风格投资从本质上来说是通过执行各种投资决策，从某些特定分割的、异质的市场或从某类错误定价的股票中获得超额收益。

2. 风格分类方法

1）价值法

价值法将股票分为价值型、成长型和混合型。价值型股票的特征是具有低的市盈率（P/B）和市净率（P/E），成长型股票拥有高于均值的预期销售收入和预期净利润，混合型股票介于价值型股票和成长型股票之间。

2）市值法

市值法是指根据上市公司市值大小对股票进行分类，如 A 股大盘蓝筹、中小市值蓝筹、小盘股等。

综合上面两种分类方法，可构建风格分类矩阵，如表 4 - 1 所示。

表 4 - 1　风格分类矩阵

市场大小	价值型	混合型	成长型
大盘	大盘价值型	大盘混合型	大盘成长型
中盘	中盘价值型	中盘混合型	中盘成长型
小盘	小盘价值型	小盘混合型	小盘成长型

不同类型行业和公司的属性时刻都在变化，对应指数的成分一般是半年一调整。根据巨潮指数最新的成分股，大盘成长型主要分布在酒、食品、半导体、消费电子、新能源、医药、旅游等行业，其组成成分类似于"核心资产"的概念，而大盘价值型主要集中在金融、地产、建筑、电力等低估值板块；小盘成长型的典型代表集中在计算机、医药、新能源、化工机械等领域；小盘价值型集中于银行、地产、化工、环保、钢铁、煤炭、电源设备等领域。

3. 影响因素

从实证研究来看，影响风格的相对收益的主要变量分为三类：宏观经济指标、估值指标和其他指标。

（1）宏观经济因素。证券市场是经济的晴雨表，反过来，经济状况也会影响证券市场的表现。常用的经济指标包括工业产值、利率、消费物价指数（CPI）、工业品出厂价格指数（PPI）、广义货币供应量（M2）等。国外研究中还采取部分替代性指标，如收益率曲线利差、收益率差、预期 GDP 增长率等。

（2）估值指标。估值指标主要是与基本面相关的指标，如市盈率（P/E）、市净率（P/B）等，当然还包括其他指标，如净资产收益率、红利率等。

（3）其他指标。风险参数主要是评估不同风格指数内涵的风险指标，一般用波动率来衡量。除了波动率外，还可以引入趋势指标——动量指标来更好地刻画风格轮动的时间效应。此外，超额收益 Alpha 也可能是风格轮动的因素。

4. 经济解释

（1）经济周期。宏观经济表现强劲时，小市值公司有一个较好的发展环境，易于成长壮大，甚至还会有高于经济增速的表现，因此，小盘股表现突出的概率高于大盘股。而当经济走弱时，由于信心的匮乏和未来市场的不确定性，投资者可能会倾向于选择大盘股，起到防御作用，即使通货膨胀率低，货币走强，也不足以冒险去选择小盘股。

研究发现，经济名义增长率是用来解释规模效应市场周期的有力变量。当名义增长率提高时，小市值组合表现更优，因为小公司对宏观经济变动更为敏感，当工业生产率提高、通货膨胀率上升时，小公司成长更快。

（2）反应过度/不足。当某类风格的股票在某段时间内具有较好走势时，趋势投资者就会增加对该风格资产的投资，风格走势得以延续。但过度反应会使得该种风格的股票积累过多风险，泡沫最终破灭，形成了不同风格的周期性表现。

（3）价值回归。过度反应的最后结局还是泡沫破灭，而反应不足最终也会被市场纠错，这是由价格最终要向价值回归的本质决定的。这也为我们研究风格策略提供了方向。我们可以通过研究某一风格的股票价格是否远离其价值、扣除手续费等费用后是否有足够的利润空间来给出策略建议。

5. 我国股市风格轮动的特点

A股自2009年以来开始出现明显的风格特征，在72%的时间内至少是结构性行情，即便是普跌的时间，也有板块或者风格能够相对抗跌。总体来看，A股一共经历了五轮典型的风格轮换（见表4-2），每次风格持续时间2~2.5年。从这五次风格的结果来看，从风格转换开始到下一个风格崛起为2年左右，风格差最高可以达到155%，最少也有36%。如果踩对了风格，收益率可以非常高；如果踩错了风格，不仅业绩表现差，还会对投资者信心产生影响。

表4-2　近年我国五轮风格轮动的时间和成因

时间阶段	主要风格	持续时间/月	形成原因	切换原因
2009.1—2011.2	小盘成长/价值	26	4万亿元刺激后经济复苏	2010年第四季度开始逐渐收紧，2011年2月加息，2011年3月新增社融负增长，经济预期急转直下
2011.3—2013.1	大盘价值	23	2011年货币紧缩，外部环境是欧债危机，盈利增速持续下滑	2013年2月开始，经济数据大幅改善，新产业趋势崛起
2013.2—2016.9	小盘成长/价值	44	2013年经济复苏，新产业趋势崛起；2014年下半年开启了并购上行周期，中小企业的盈利前景良好	2016年9月开始，并购政策大幅收紧，供给侧改革加速实施，中小企业盈利前景趋弱
2016.10—2018.10	大盘价值	25	2016年9月经济加速复苏，利率加速上行，投资者采取PEG选股思路，结果发现大盘价值很多都是PEG小于1；2018年经济加速下行，大盘价值抗跌	流动性大幅改善，十年期国债利率击穿3.5%，从大盘价值变为大盘成长
2018.11—2021.1	大盘成长	27	2018年10月流动性进入宽松周期，十年期国债利率保持在3.5%以下。疫情前后，货币政策加码宽松，部分大盘价值板块估值不断升高，并转换成了大盘成长股票，新能源、医药等领域出现长期空间确定的板块，投资者不断加仓	待定

二、盈利预期生命周期模型

盈利预期生命周期模型刻画了投资者对盈利预期演化的各个阶段，如图4-1所示。该模型认为几乎所有的股票都会经历上述的部分阶段，不过并非任何股票都要完整经历所有阶段，而且不同股票经历盈利预期生命周期的循环速度不同。此外，在子阶段中也可能存在完整的盈利预期循环。

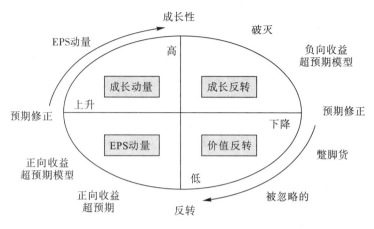

图 4-1　盈利预期生命周期模型

1. 阶段特征

（1）反转：反转策略投资于具有较低盈利预期的股票，多数投资者认为这些股票不具有吸引力或风险过高。

（2）正向收益超预期：具有较低预期的公司开始发布稍微乐观的信息，股票重新获得投资者的注意，对于这些股票的研究开始增多。

（3）正向收益超预期模型：基于实际盈利和分析师预期有显著正向差异的选股模型。传统的正向收益超预期模型指持有股票直至实际盈利发布，这样就从盈利预期生命周期模型的第（3）阶段过渡到了第（2）阶段。

（4）预期修正：随着正向的收益超预期，市场一致预期开始调升盈利水平，部分分析师滞后调整是因为他们不愿相信这种超预期意味着基本面改变。

（5）EPS 动量：盈利动量策略的投资者基于预期和实际盈利的增长，以及 EPS（每股盈余）的年度同比增加买入股票。

（6）成长性：当强劲的盈利动量持续相当长一段时间时，股票被认为具有成长性。这些股票既不像第（4）或第（5）阶段那样，属于被先知先觉的投资者新挖掘的成长股，也不是使得商业环境改变的真正的成长性公司。不过，大多数投资者认为这些股票具有较优秀的特质，这些股票的盈利预期非常高，因此也是盈利预期生命周期模型中不符合预期的风险最高的阶段。反转策略的投资者认为此时是抛售的最佳时机。

（7）破灭：公司开始达不到盈利预期，盈利预期和股价开始崩塌。

（8）负向收益超预期模型：和第（3）阶段相对应，不过此时实际盈利和分析师预期有显著的负向差异，这些股票是最好的卖出对象。

（9）预期修正：随着负向的收益超预期，市场一致预期开始调低盈利水平。同样，部分分析师滞后调整是因为他们不愿相信这种低于预期意味着公司基本面改变。

（10）蹩脚货：当公司实际盈利持续低于盈利预期一段时间后，投资者开始回避这些股票。有关并购、重组或破产的谣言会使得股价发生短期波动，但投资者会尽量回避这些股票。

（11）被忽略的：投资者对这些股票兴趣索然，研究机构认为其毫无覆盖的价值而将其剔除，缺乏相关的研究信息也许意味着一个新周期的开始。

2. 投资风格

按照此盈利预期生命周期模型，投资者分为成长风格投资者和价值风格投资者两类。成长风格投资者一般对投资标的有较高的预期；而与之对应，价值风格投资者对投资标的的预期较低。因此，成长风格投资者和价值风格投资者分别处于盈利预期生命周期模型图的上半部分和下半部分。

根据盈利预期生命周期模型，投资策略可以分为基于好公司的投资策略和基于坏公司的投资策略，我们也可以理解为基于盈利预期动量的投资策略和基于盈利预期反转的投资策略。基于好公司的投资策略寻找那些处于预期上升阶段的公司，而不管盈利预期较好或较坏，只要预期改善即可；而基于坏公司的投资策略则高买低卖，即在预期最乐观的时候卖出，在最悲观的时候买入。因此，基于好公司和坏公司的投资策略，分别处于盈利预期生命周期模型图的左半部分和右半部分。

将以上两种划分结合起来，就可以得到 4 种风格策略：成长动量、成长反转、EPS 动量和价值反转。

三、策略模型

1. 传统的风格轮动策略

实施风格轮动策略，在不同的风格类别之间进行切换，需要对各类风格的收益特性有较好的把握和对未来风格走势有较准确的判断。风格评估和预测的方法可分为相对价值法和场景预测法两类。

1）相对价值法

相对价值法的核心是均值回归理论，被低估的股票价格最终将被市场发现而向均值回归，被高估的股票价格也将下跌至均值水平。能获得低估或高估收益的投资者，必然是对某类股票、企业有着长期的追踪研究并具备价值发现能力的投资者，当市场出现价格偏差时，能在第一时间发现并调整组合，及时判断出市场未来走势。

2）场景预测法

场景预测法的核心是同一风格股票的收益率间存在某种相似属性和因素敏感性，因此当外部环境发生变化时，受某类因素正面影响的风格类型将取得超额收益；反之则会获得低于市场的收益。场景预测法可分为以下两个步骤：

（1）对影响股票收益的各个因素建立因素模型。

（2）设想未来可能出现的不同场景，对未来风险状况进行预测。

2. 新兴的风格轮动策略

1）新兴风格的定义

在风格轮动策略的研究中，最基础、最根本的是风格的定义，而在实际操作中明确轮动所用的标的十分关键。传统的风格研究中，以我们之前介绍的大小盘风格为例，以往可能选用沪深 300 与中证 500 指数的相对收益作为标准，但事实上这样的方式一方面对大小盘的代表并不准确，另一方面也很难直接应用于股票投资。

随着多因子理论的兴起，更多人从因子的角度来定义风格，比如以规模因子的表现来定义大小盘风格。诚然，用这样的方法对某些因子定义较为合理，但是对某些因子这样的方法并不能准确地定义风格。以成长风格为例，投资高成长风格的本质是投资未来具有持续高增速的公司，筛选因子和因子加权应该是以风格的准确刻画为导向。而在多因子体系中，无论是筛选因子还是给因子赋权重，均以最大化收益为目标导向，因为多因子体系本质上是目标最大化下的预期收益解释程度，而并不在意当前投资的是否真正想要投资的风格。

2）风格的分类与标的

风格投资者往往较为关心的是所购买的股票在当前或者未来是否他所需求的风格类型，而不是其所投资的股票下期能够获得多少收益。在市场中不能因为在某一段时间一种风格对下一期的收益预测效果降低了，就说该风格不存在了，而是说在这段时间内该风格的收益表现不佳。因此，在对风格定义的时候，我们应当追求的是最大化风格指标的解释程度，而不是最大化收益的解释程度。

此外，不同的风格类型，需求的目标也可能是不同的，比如价值投资追求的是寻找当前估值较低的公司的投资风格，而成长投资追求的是未来能够获得高增速的公司的投资风格。故我们对风格的定义方法做了区分，将定义方法区分为状态类与预期类（见表 4-3）。

状态类指的是该风格投资依赖于股票当前所处的状态，比如规模、价值、反转、动量。

预期类指的是该风格投资依赖于股票未来可能所处的状态，比如成长、盈利、红利、防御。

表 4-3　风格分类与投资逻辑

风格分类	风格指标	风格投资逻辑
状态类	规模	根据公司市值的大小盘投资
	价值	选择当前处于低估值的价值投资风格
	反转	关注公司短期收益率波动的投资风格
	动量	关注公司长期收益率延续性的投资风格
预期类	成长	选择未来可能延续高成长的公司的投资风格
	盈利	关注公司未来盈利能力的投资风格
	红利	关注个股未来持有收益的投资风格
	防御	关注个股未来持有低风险的投资风格

表 4-4 列举了不同风格指标的部分代表性因子，并对因子的算法进行了说明。

表 4-4　因子列表

风格分类	因　子	因　子　算　法
规模	总市值	总市值对数
价值	市盈率	总市值/净利润 TTM
	市净率	总市值/现金净流量 TTM
	市现率	总市值/现金净流量 TTM
	市销率	总市值/营业收入 TTM
反转	反转	过去 20 个交易日相对无风险收益率的超额收益率

续表

风格分类	因　子	因　子　算　法
动量	动量	过去 504 个交易日相对无风险收益率的超额收益率,采用 126 个交易日的半衰期加权,并剔除最近 21 个交易日的数据
成长	主营业务收入同比	(主营业务收入 TTM－上年同期主营业务收入 TTM)/abs(上年同期主营业务收入 TTM)/3
	主营业务收入三年平均同比	(主营业务收入 TTM－三年前同期主营业务收入 TTM)/abs(三年前同期主营业务收入 TTM)/3
	净利润同比	(净利润 TTM－上年同期净利润 TTM)/abs(上年同期净利润)
	净利润同比三年平均	(净利润 TTM－三年前同期净利润 TTM)/abs(三年前同期净利润 TTM)/3
	一致预期主营业务收入同比	(一致预期主营业务收入－上年同期主营业务收入)/abs(上年同期主营业务收入)
	一致预期净利润同比	(一致预期净利润－上年同期净利润)/abs(上年同期净利润)
盈利	ROE	净资产收益率
	一致预期 ROE	一致预期净资产收益率
	EPS	每股收益
	一致预期 EPS	一致预期每股收益
红利	一年股息率	最近一年的股息率
	三年股息率	过去三年的平均股息率
防御	beta	过去 252 个交易日相对全样本股票市值加权基准的回归系数

案例分析

战胜波动的经典策略——二八轮动

由于市场风格轮动,保持单一的投资风格并不一定是最佳的投资策略,积极的风格转换策略有助于提高投资绩效。风格转换主要涉及两个问题,即在何时进行风格转换,以及风格转换能否弥补交易成本。

二八轮动策略又叫作大小盘轮动策略。其中,"二"代表数量占比 20% 左右的大盘权重股,"八"代表数量占比 80% 左右的小盘股票。二八轮动就是指在大盘股与小盘股中间不断切换,轮流持有:大盘表现强势,则跟随趋势投资大盘指数代表;中小盘表现强势,则跟随趋势投资中小盘指数代表;在市场整体不好、大小盘都表现较弱时,则持有货币或债券等固定收益类资产。

二八轮动策略实质是一种动量效应。动量效应又称惯性效应,是指股票的收益率有延续原来运动方向的趋势,即过去一段时间收益率较高的股票在未来的收益率仍会高于过去收益率较低的股票。总的来说,二八轮动是根据动量效应设计的一种"追涨杀跌"的趋势投资方法,在一定程度上解决了投资者长期面临的"买什么,什么时候买"等一系列投资痛点。

通常,该策略以沪深 300 和中证 500 指数分别作为大盘权重股和中小盘股票的代表,并根据指数来判断趋势，进行大小盘轮动的择时操作。

（1）每日收盘后对比当日收盘数据与 20 个交易日前的收盘数据，选择沪深 300 指数和中证 500 指数中涨幅较大的一个，于下一个交易日收盘时切换为持有该指数。

（2）若两个指数均为下跌，则于下个交易日收盘时切换为持有国债指数。

表 4-5 展示了 2011 年 1 月 1 日至 2020 年 9 月 4 日回测区间二八轮动策略和基准指数的年化收益率、最大回撤和波动率的比较。

表 4-5　二八轮动策略和沪深 300、中证 500 指数在回测期间的绩效对比

对比项目	二八轮动策略	沪深 300 指数	中证 500 指数
年化收益率/%	10.28	4.45	3.07
最大回撤/%	34.77	46.70	65.20
波动率/%	19.40	23.17	26.96

注：数据来源于 wind。

数据显示，二八轮动策略不但增加了年化收益率，而且减少了最大回撤和波动率。

上面展示的是一个简单的指数风格轮动。目前市场上的行业指数越来越丰富，利用这些行业指数可以改进传统的二八轮动，其方法有以下三个：

（1）加入多个行业指数作为轮动策略的可选标的。

（2）利用中证 100 和创业板的收益率作为大、小市值风格的信号的代理变量。

（3）当大市值风格占优时，选择价值板块中近期上涨较多的行业；当小市值风格占优时，选择小市值成长板块中近期上涨较多的行业。

加入行业指数后，该策略可以在行业收益率分化较大的时期重点持仓有超额收益的行业指数；用中证 100 和创业板指数作为大小市值风格信号可以让信号变得更加灵敏。表 4-6 展示了该策略近年来的收益率情况，并且与创业板指数、中证 100 指数进行比较。

表 4-6　改进的指数风格轮动策略和创业板指数、中证 100 指数在回测期间的绩效对比

对比项目		改进的指数风格轮动	创业板指数	中证 100 指数
收益率/%	2011 年	−22.02	−35.88	−20.87
	2012 年	8.60	−2.14	10.77
	2013 年	56.69	82.73	−13.12
	2014 年	181.36	12.83	59.64
	2015 年	161.22	84.41	−1.52
	2016 年	−15.82	−27.71	−7.50
	2017 年	7.74	−10.67	30.21
	2018 年	2.88	−28.65	−21.94
	2019 年	31.22	43.79	35.54
	2020 年	57.84	51.95	10.46
年化收益率/%		23.97	9.47	5.54
最大回撤/%		35.98	69.74	43.75
波动率/%		23.28	31.31	23.02

注：数据来源于 wind，统计区间为 2011 年 1 月 1 日至 2020 年 9 月 4 日。

通过结果可以看出,改进的风格轮动策略的年化收益率大幅超过了创业板指数和中证100指数,并且回撤更小,波动率也较低,大幅提高了投资者的盈利体验。因此,风格轮动策略比单纯的持有策略具有明显的超额收益,说明了A股市场确实存在风格效应。

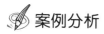 ## 案例分析

基于风格轮动的动态多因子交易策略

影响一只股票收益率的因素有很多,选择哪些因子来构建多因子选股模型对模型本身以及结果起着决定性作用,但也并不意味着选股因子越多越好,因为冗余的因子间存在着相互影响。因此从不同角度来选择影响因子可以使得模型更具说服力,分析的结果更加完善。

在可能影响股票回报率的几百个因子中,根据因子的特性和属性,我们从估值因子、成长因子、技术因子和规模因子五大类中选取14个因子作为备选因子集合,如表4-7所示。

表4-7 备选因子集合

估值因子	市盈率(PE)、市净率(PB)、市现率(PCF)
成长因子	净资产收益率(ROE)、资产收益率(ROA)、净利润增长率、经营现金流量增长率
技术因子	换手率、3个月动量指标、6个月动量指标
规模因子	总市值对数
资本结构因子	资产负债率、总资产周转率、固定资产比例

本策略使用IC均值法来检验因子有效性,将数据进行处理后,计算出各个因子的信息系数IC均值和信息比率IR,通过比较各因子的IC均值和IR来确定选用的有效因子。此处选用的是沪深300和中证500指数成分股股票池,考察的时间为2010年12月1日至2014年12月31日的因子有效性,结果如表4-8、表4-9所示。

表4-8 大盘股因子检测结果

沪深300因子	IC均值	IR	t检验-P值
净利润增长率	8.95%	2.40	0.004 2
经营现金流增长率	3.22%	1.43	0.005
6个月动量	2.82%	0.49	0.044 2
3个月动量	0.99%	0.19	0.047 8
换手率	−4.15%	0.85	0.006
ROE	4.93%	1.33	0.004 4
ROA	2.69%	0.58	0.434
PE	−2.80%	0.48	0.055 6
PCF	0.44%	0.20	0.047 7
PB	−2.78%	0.41	0.026
对数市值	0.85%	0.16	0.281
固定资产占比	−4.20%	1.09	0.001 2
资产负债比	1.09%	0.20	0.068
资产周转率	−1.77%	0.41	0.042

从表 4-8 的检测结果可知，信息系数 IC 均值的绝对值大于 0.03 的因子有：净利润增长率、经营现金流增长率、换手率、净资产收益率 ROE 和固定资产占比。它们的信息比率 IR 均值大于 0.5，符合因子对于股票收益率的预测效果和稳定性要求；显著性检验返回的 P 值均小于 0.05，说明这些因子间存在明显的组间差异性。故在沪深 300 指数成分股股票池中筛选的大盘股多因子选股模型的因子构成为以下五个因子：净利润增长率、经营现金流增长率、换手率、净资产收益率 ROE 和固定资产占比。

表 4-9 小盘股因子检测结果

中证 500 因子	IC 均值	IR	t 检验-P 值
总资产周转率因子	−0.33%	0.11	0.0052
资产负债率因子	−1.87%	0.49	0.0062
固定资产比率因子	−1.52%	0.56	0.064
总市值对数因子	−2.95%	0.75	0.086
PB	−2.02%	0.37	0.0425
PCF	0.68%	0.45	0.448
PE	−1.33%	0.40	0.019
ROA	4.02%	0.96	0.0014
ROE	3.92%	1.13	0.0078
换手率	−6.72%	1.63	0.002
3 个月动量	−3.03%	0.68	0.008
6 个月动量	−1.52%	0.32	0.0531
经营现金流增长率因子	2.51%	1.73	0.0623
净利润增长率因子	5.50%	2.15	0.0016

从表 4-9 检测结果可知，信息系数 IC 均值的绝对值大于 0.03 的因子有：资产收益率 ROA、净资产收益率 ROE、换手率、3 个月动量和净利润增长率因子。它们的信息比率 IR 均值大于 0.5，符合因子对于股票收益率的预测效果和稳定性要求；显著性检验返回的 P 值均小于 0.05，说明这些因子间存在明显的组间差异性。因此在中证 500 指数成分股股票池中筛选股票的小盘股多因子选股模型的因子构成为以下五个因子：资产收益率 ROA、净资产收益率 ROE、换手率、3 个月动量和净利润增长率因子。

在选出有效因子后，采取等权分配法和 IC-IR 加权法来组合有效因子。将这两种方法和基准盘得到的收益率绩效图放在同一张图中，来直观考察赋权方式的有效性，考察区间为 2015 年 1 月至 2018 年 12 月，如图 4-2、图 4-3 所示。

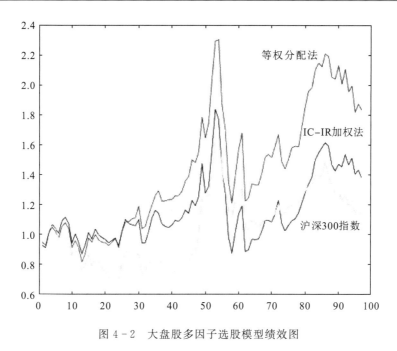

图 4-2 大盘股多因子选股模型绩效图

从图 4-2 中可以看出，在大盘多因子选股模型中，等权方式赋权的表现优于加权方式赋权，为了得到更好的收益，最终选择等权赋权。

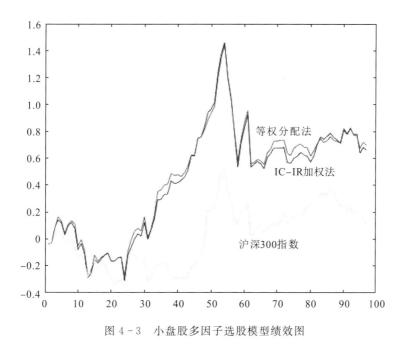

图 4-3 小盘股多因子选股模型绩效图

从图 4-3 中可以看出，等权方式赋权和 IC-IR 加权方式赋权的线条重合度较高，但仔细观察仍旧能看出等权方式赋权在部分时期的表现优于 IC-IR 加权方式赋权，因此在小盘多因子选股模型中选择等权法赋权。

我们在沪深 300 中取最终打分排名靠前的 20 只股票建立投资组合，持有期为 1 个月，每个月月初重新建立。模型的表现分别与相应的指数做对比,结果见表 4 - 10。

表 4 - 10　大盘股多因子选股策略绩效

多因子策略收益 (沪深 300)	胜　率	均　值	标准差
	63.18%	0.031 1	0.020 4

如表 4 - 10 所示,由沪深 300 成分股所选出来的大盘股多因子选股模型能够很好地跑赢大盘,胜率达到 63.18%。截至 2018 年底模型的累计收益率达到了 132.89%,远超沪深 300 指数的 96%。

同理,在中证 500 中取最终打分排名靠前的 20 只股票建立投资组合,持有期为 1 个月,每个月月初重新建立。模型的表现分别与相应的指数做对比,结果见表 4 - 11。

表 4 - 11　小盘股多因子选股策略绩效

多因子策略收益 (中证 500)	胜　率	均　值	标准差
	70.18%	0.086 5	0.023 8

如表 4 - 11 所示,小盘多因子选股模型能够有 70.18 的概率在日间收益上战胜中证 500 指数所代表的小盘股的日间收益率。截至 2018 年底,小盘股多因子选股模型的累计收益率最终达到了 153.68%,远超中证 500 指数累计收益率的 82%。

接下来我们选择利用股价对数差法构造的小盘股相对强势指标结合布林带来进行大小盘风格轮动的时间节点抓取,通过指数 120 日均线和过去 120 日标准差计算出布林带线的上下轨,当所构建的相对强势指标曲线上下穿过布林带的上下轨道时,便是我们进行换仓操作的时间点。具体穿线操作为:以布林带线的上下轨为触发线,当相对强势指标曲线从下方穿过上轨道时,说明小盘股已经到达高位,有可能要变为大盘股优势,因此我们做空小盘股,做多大盘股;当相对强势指标从上方穿过下轨道时,说明小盘股已经到达低位,有可能要变为小盘优势,此时我们做空大盘股,做多小盘股;其余时间,保持原有投资策略不变。

在构建了有效的多因子选股模型以及选择了有效的择时方法后,接下来就是实施具体策略。首先,我们根据多因子选股模型筛选出沪深 300 成分股和中证 500 成分股的每个月排名前 20 的股票,构成每个月所要购买的股票组合。其次,我们在 Wind 数据库中导出每个月的股票组合中每只股票的每日收盘价,计算出一个月里每天股票组合的平均收益率,这样就可以得出从 2015 年 1 月 5 日至 2018 年 12 月 28 日期间每个交易日的多因子组合的日收益率。最后,根据我们前面所说的小盘股相对强势指标穿越布林带线为换仓触发点的方法来识别出大小盘风格轮动的时间节点,当股市为大盘股风格时采用大盘股多因子组合当日收益率,当股市为小盘股风格时采用小盘股多因子组合当日收益率,以此得出每日轮动择时组合的收益率,并最终得到 2015 年 1 月 5 日至 2018 年 12 月 28 日的每日累计收益率。

将得到的基于风格轮动择时的动态多因子模型的表现与大盘股多因子模型和小盘股多因子模型的累计收益率进行比较,如图 4 - 4 所示,除了 2015 年股灾时策略基本与小盘股多因子模型累计收益持平外,基本上所有时期的大小盘轮动多因子模型的累计收益率均在大小盘多因子选股模型之上,累计收益率在 200% 左右。

图 4-4　动态多因子风格轮动策略累计收益率图

通过比较动态多因子策略的每日收益率与大小盘多因子选股策略的每日收益率，得出动态多因子选股模型能够有 70.69% 的概率战胜大盘多因子选股模型，有 80.22% 的概率战胜小盘多因子选股模型（见表 4-12）。

表 4-12　择时动态多因子选股策略绩效

	收益率均值	收益率标准差	胜　率
择时轮动模型	0.1509	2.16%	胜大盘多因子：70.69%
			胜小盘多因子：80.22%

表 4-13 为最终的基于大小盘风格轮动的动态多因子策略的累计收益率和各模型之间的对比，可以看到同时经过择时轮动的多因子模型的夏普比率得到了很好的改善，并且截至 2018 年底，最终的大小盘风格轮动动态多因子选股策略的累计收益率达到了 196.41%，远高于沪深 300 组合累计收益率 132.89% 和中证 500 组合的累计收益率 153.69%。累计收益率也高出之前单纯的多因子模型。

表 4-13　各模型之间绩效对比

	累计收益率	波动率	夏普比率	最大回撤
轮动多因子模型	196.41%	7.41%	1.23	-10.35%
大盘多因子模型	132.89%	21.20%	0.11	-29.55%
小盘多因子模型	153.69%	24.88%	0.31	-45.77%

由以上的结果可以看出，单纯的沪深 300 和中证 500 成分股选出来的多因子模型经过加入大小盘风格轮动择时策略后能够很好地提升其累计收益率，改善夏普比率，使投资组合取得更高的回报。

第二节　行 业 轮 动

一、行业轮动概述

1. 基本概念

　　行业轮动是利用市场趋势获利的一种主动交易策略。其本质是利用不同投资品种强势时间的错位,对行业品种进行切换以达到投资收益最大化的目的。通俗点讲就是根据不同行业的区间表现差异性进行轮动配置,力求能够抓住区间内表现较好的行业、剔除表现不佳的行业,在判断市场不佳的时候,降低权益类仓位,提升债券或货币的比例。

　　与风格轮动类似,行业轮动是另外一种市场短期趋势的表现形式。在一个完整的经济周期中,有些是先行行业,有些是跟随行业。例如,对某个地方基础设施的投资,钢铁、水泥、机械属于先导行业;投资完成后会带来房地产、消费、文化行业的发展,这就属于跟随行业。研究在一个经济周期中的行业轮动顺序,从而在轮动开始前进行配置,在轮动结束后进行调整,则可以获取超额收益。

2. 行业轮动的理论解释

　　目前,对行业轮动现象的理论解释有很多,主要是以实体经济和行为金融为主。从长期和综合的角度看,应该以实体经济为基础,这样才是有源之水、有本之木。股市里的行业轮动应该是以实体经济的行业轮动为基础,是实体经济的一个映射。当然,这个映射并不仅仅反映现在的情况,更主要的是反映将来的情况,同时,这个将来的情况也只是投资者主观预期的情况,未必就是将来实际情况。

　　(1)需求的角度——不同行业的需求收入弹性是不同的。

　　构成整体经济的各个部分对收入的弹性是不同的。如果把 GDP 简单理解为收入,把不同的行业理解为不同商品的供给者,由于不同商品对于人们来说,其必需程度是不一样的,故不同行业在 GDP 不同增长率下的必要性是不一样的。当人们收入很低的时候,一些奢侈品可以不买,但日用品不会减少太多;当人们收入提高的时候,日用品的需求不会增加太多,而对奢侈品的需求就会提高。这个经济学里的需求收入弹性原理反映在 GDP 与行业景气的关系上,就是那些生产必需品的行业,比如 GICS(全球行业分类系统)体系里的食品饮料、医药、公共事业,不太受经济周期波动的影响,而有色金属、材料则比较受经济周期波动的影响。另外一个明显的区别就是 GICS 体系里,把消费品区别为可选消费品和必须消费品,这样区别是很有道理的。可选消费品是指汽车等奢侈品,这些比较容易受经济周期的影响,而必须消费品相对来说则不容易受影响。所以,在探寻股市里行业轮动规律的时候,测度与评价实体经济里不同行业的需求收入弹性,就是一个重要环节。

　　(2)供给的角度——不同行业的成本构成是不同的。

　　从短期供给曲线的角度来讲,成本可以按照固定与流动来划分,也就是在短期内,有些成本是不变的,有些是根据产出改变的(在长期,全部是可变的)。不同行业的成本结构是不同的。有些行业的固定成本比例较高,比如钢铁、交通运输、煤炭等,这些行业在销售收入增加后，所带来的边际利润就会比较大。这个道理类似于一列火车，在仅有 1 个人乘坐的时候(假定修建铁路、购买列车和支付列车人员工资均列入固定成本，也就是这些成本是死的，与多少个人乘坐没有关系，不列入边际成本)，所带来的边际利润就是这一个人购买的票价，而 100 个人乘坐所带来的边际利润就是 100 个人的票价，所以边际利润只与乘坐的人数有关。行业利润与 GDP 的关系，也可以从这个例子中明白，1 个人坐火车可以类比为 GDP 增长率很低，这个时候那些固定成本比较高的行业，比如钢铁、煤炭、航空，就会面临很大问题，出现利润下降或者亏损。而那些固定成本比较低的行业，就可以比较灵活地减少流动成本，比如减少原料采购等，从而避免利润下滑太快。在经济周期复苏阶段，随着需求的增加，那些固定成本比较高的行业，就会有比较高的边际利润，所以，这些行业适合在复苏阶段超配。

（3）行为金融的角度——投资者行为的趋同性。

从行为金融学理论来看，板块现象是一种市场投机，其形成与中国股市投资者行为特征密切相关。尤其是在转轨经济和新兴市场中，投资者容易受政策预期影响，并且决策行为趋同，这样就强化了股价冲击的传导机制，使得股市呈现出齐涨同跌的现象。目前认为我国股市板块联动现象主要分为四种基本类型：基本面变化引致型、概念驱动型、庄家操纵型和无风起浪型。噪声投资者的非理性行为被认为是构成板块联动现象的最主要原因，在我国股市中投资者普遍认同的一个概念就是"补涨"，没涨的股票要无条件补涨，没跌的股票应当无条件补跌，于是形成了股市各大板块"齐涨共跌"的局面。

3. 行业轮动的现实原因

1）行业周期

行业的成长周期可以分为初创期、成长期、成熟期和衰退期，一般行业会按照这个周期运行。初创期属于行业刚刚起步阶段，风险高、收益小。成长期内风险高、收益高。处于成熟期的企业风险低、收益高。处于衰退期的企业风险低、收益低。在一段时间内，不同的行业会处于不同的行业周期，在时间维度上看会呈现行业轮动现象。

2）国家政策

国家政策对我国资本市场有重大影响。我国每年的财政政策和货币政策都是市场关注的热点，货币政策和财政政策会释放出影响市场的信息，如利率。当政策释放出下调利率的信号，就为资金需求量大、项目周期长的行业缓解了压力，如房地产行业，这时对于这类行业利好，相应地股价就会上涨。

3）重大事件

资本市场对于消息的反应是迅速的。根据有效市场理论，在半强型有效市场下，一切已公开的信息都会反映在股价当中。以疫情为例，消息一出迅速拉动医疗行业股价水平，带动行业增长。

二、行业轮动的影响因素

1. 行业配置与宏观经济

自上而下的投资分析方法认为，宏观经济决定了资产的收益率，因此对于一个坚持自上而下分析的投资者来说，一般先关注宏观经济运行指标的变动，然后进行资产配置，或者调整投资组合的风格，并且指导股票资产中的行业组合进行积极管理。

从股票投资的方向来看，利用宏观经济指标驱动行业配置的理念和作用在于：

（1）在自上而下的投资分析中，行业层面是最基本的分析，也是由宏观经济来指导的。

（2）在股票收益分解过程中，实证结果表明行业因子是股票收益的重要贡献因子，因此，能够预测到行业未来的变动，选择强于整体市场的行业进行配置，获得超额收益的概率也将较高。

2. 行业配置与经济周期

作为自上而下投资策略的重要组成部分，行业配置是投资管理中一个重要的环节。国外许多实证研究表明，在环球资产配置中，行业配置对组合收益的贡献的重要性甚至超过了国家配置，而且认为行业配置的重要性在未来相当长一段时间内也将保持。行业轮动策略的有效性原因是，资产价格受到内在价值的影响，而内在价值则随着宏观经济因素变化而波动，周期性行业在不同经济周期表现差异较大的原因是其经济产业链上的位置所决定的现金流量不均衡。

研究表明，行业/板块轮动在机构投资者的交易中最为获利的盈利模式是基于行业层面进行周期性和防御性的轮动配置，这也是机构投资者最普遍采用的策略。此外，周期性股票在扩张性货币政策时期表现较好，而在紧缩环境下则支持非周期性行业。

三、行业轮动套利策略介绍

1. 基本原理

图 4-5 所示为行业轮动套利策略基本原理。

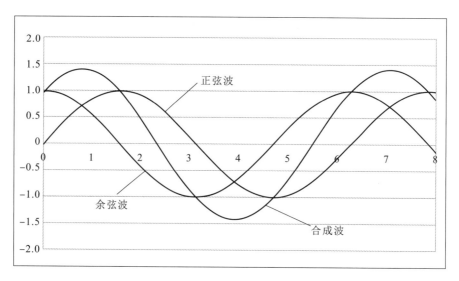

图 4-5　行业轮动套利策略基本原理

股票市场中，利用行业股票的负相关性来进行高抛低吸，能够获取比单一持有某个行业股票更高的收益率。

2. 行业轮动下的资产配置

根据经济增长和通货膨胀可以将经济分为四个周期：衰退、复苏、过热、滞胀。

美林投资时钟理论是一种将"资产""行业轮动""债券收益率曲线"以及"经济周期四个阶段"联系起来的方法，是一个实用的指导投资周期的工具。它分析了四个不同时期，并总结出适合投资的资产类别（见表 4-14）。

表 4-14　各经济周期内资产投资选择

周期阶段	经济增长	通货膨胀	最优资产类别	最优股票板块
衰退	下降	下降	债券	防御成长
复苏	上升	下降	股票	周期成长
过热	上升	上升	商品	周期价值
滞胀	下降	上升	现金	防御价值

当经济增长速度加快时，与国家经济联系紧密的行业如钢铁、煤炭、电力等基建利润也会随之增长。

当经济增长速度放缓时，非周期性的行业如医药、基础消费品、基础建设等行业呈现较强的防御性。

当通货膨胀处于较低水平时，市场利率水平也处于较低水平。按照股票估值理论，此时的折现率处于低水平，价格相对而言较高。此时，金融行业的股价会呈现明显的上涨。

当通货膨胀处于较高水平时，市场利率较高，此时现金为王，原材料价格走高，与此相关的原材料行业就会表现较好，如天然气、石油等。

3. 行业轮动套利策略概述

一般的行业轮动研究主要着眼于行业的基本面研究，即如何在不同的经济周期下对行业景气股票进行选择，属于长期的宏观基本面行业轮动研究，侧重于股票行业宏观基本面分析；而风格轮动的研究集中于成长股和价值股的研究，也属于长期的轮动研究，主要集中于公司财务指标的分析。

本章中所指的行业及风格轮动分析主要站在量化的角度，从股价趋势的角度把握同一市场环境条件下不同行业及不同股票之间波动的不同步性，从而找到基于市场中性的行业轮动 Alpha 策略。

我国股市行业股票轮动的结构性特征十分明显。行业轮动策略是指在一轮上涨过程中，通过对行业股票轮动规律的研究和实践，实现总体收益率比投资单一行业或股票高的策略。图 4-6 所示是 2018 年上证指数与部分行业指数走势对比图（归一化处理后），以 2018 年 1 月 2 日为基准，可以看到上证指数和各行业指数均成震荡下跌走势，没有明显的行业轮动上涨机会。

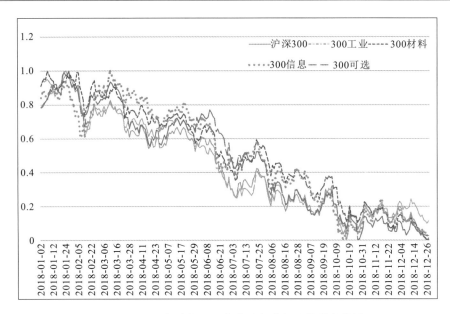

图 4 - 6 2018 年沪深 300 指数及部分行业指数走势图

但是即使在股市单边下跌的 2018 年，我们依然看到了行业轮动给我们带来的行业股票轮动套利机会。以工业和信息两大板块为例，图 4 - 7 所示是工业/信息指数波动图的比值。

我们把 2018 年的工业指数和信息指数的相对比值作为考察对象，可以发现，工业/信息指数在 3 月触底 1.04 后，开始了一波震荡上行，目前指数比在 1.3 左右。根据以上分析，设计一套行业轮动指数套利策略：

（1）当工业/信息指数跌到 1.05 左右，卖空信息类股票，买入工业类股票。

（2）当指数回归到 1.25 附近，平仓。

（3）当指数上涨到 1.3 左右，卖空工业类股票，买入信息类股票。

（4）指数回归到 1.05 附近时，平仓。

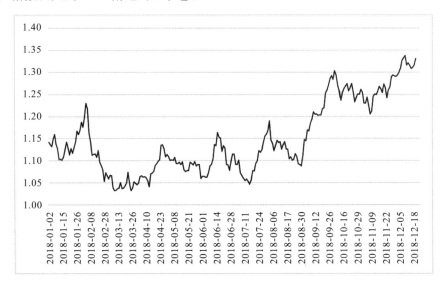

图 4 - 7 工业/信息行业指数波动图

行业轮动策略最终还要落实到具体股票的买卖操作策略上来。由于股票的波动性要显著于指数的波动性，因此，当我们从股票池中选择具体的股票进行操作时，波动性会更大些。

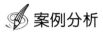

案例分析

行业轮动策略

1. 策略主要思路

第一步：确定行业指数，获取行业指数收益率。

第二步：根据行业动量获取最佳行业指数。

第三步：在最佳行业中，选择最大市值的 5 只股票买入。

策略采取 6 个行业为例，分别为 300 工业、300 材料、300 可选、300 消费、300 医药、300 金融。回测区间为 2017.07.01—2017.10.01。

本策略每隔 1 个月定时触发计算这几个行业指数过去 20 个交易日的收益率并选取了收益率最高的指数的成分股并获取了它们的市值数据。

随后把仓位调整至市值最大的 5 只股票上。

对不在股票池的股票平仓并等权配置股票池标的。

2. 回测结果分析与稳健性检验

设定初始资金 1 000 万，手续费率为 0.01%，滑点比例为 0.01%。回测结果如图 4-8 所示。

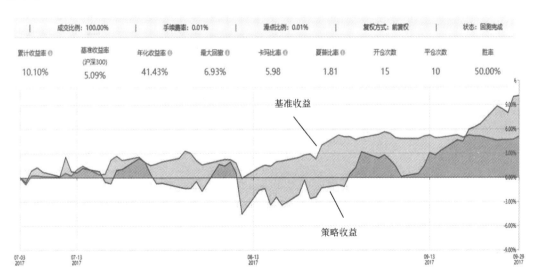

图 4-8 行业轮动回测结果

回测期累计收益率为 10.10%，年化收益率为 41.43%，沪深 300 收益率为 5.09%，策略收益跑赢指数。最大回撤为 6.93%，胜率为 50.00%。

为了探究策略的稳健性，改变回测时间，观察策略收益情况(见表 4-15)。

表 4 - 15　改变回测区间后策略收益情况

回测期	时间长度	年化收益率	最大回撤
2017-07-01—2017-10-01	4 个月	41.43%	6.93%
2018-07-01—2018-10-01	4 个月	−23.40%	15.54%
2019-07-01—2019-10-01	4 个月	9.98%	9.58%
2019-01-01—2019-12-31	12 个月	63.82%	9.98%
2018-01-01—2019-12-31	24 个月	7.63%	36.89%
2017-01-01—2019-12-31	36 个月	22.11%	36.94%

通过观察回测结果发现，该策略在选择的回测期内除了 2018 年 7 月 1 日至 2018 年 10 月 1 日这段时间是负收益以外，在其他回测期内都是正收益。其中 2017 年 7 月 1 日至 2017 年 10 月 1 日和 2019 年 1 月 1 日至 2019 年 12 月 31 日这两段期间的年化收益率最高，其他时间段收益率相对较低，说明该策略在不同回测期之间收益差距较大。随着时间跨度拉长，最大回撤越来越大，最大可达到 36.94%。上述案例也证明了行业轮动策略可以获得更大的收益，A 股市场存在着行业轮动现象。

课后习题

1. 统计过去十年间沪深 300 指数与中证 500 指数的收益率，并总结期间 A 股市场的大小盘轮动情况。

2. 观察我国股市中重要板块的走势情况，并从中选取两个板块，设计一个轮动交易策略。

3. 找出符合当下市场风格的风格因子并检验其有效性，设计一个基于风格轮动的多因子交易策略。

第五章　期　货　套　利

　　期货套利是指利用相关市场或者相关合约之间的价差变化，在相关市场或者相关合约上进行交易方向相反的交易，以期在价差发生有利变化而获利的交易行为。期货市场上套利行为的存在极大地丰富了市场的操作方式，增强了期货市场投资交易的艺术特色。从国外成熟的交易经验来看，这种方式被当作大型基金获得稳定收益的一个关键。可以相信，在我国期货市场的未来发展中，这种相对风险较小的套利行为也将会愈加流行。

　　本章主要介绍股指期货套利和商品期货套利，主要包括期现套利、跨期套利、跨市套利以及跨品种套利。

第一节　股指期货套利

一、股指期货套利概述

1. 基本概念

　　股指期货，全称是股票价格指数期货，也可称为股价指数期货、期指，是指以股价指数为标的物的标准化期货合约，双方约定在未来的某个特定日期，可以按照事先确定的股价指数大小进行标的指数的买卖，到期后通过现金结算差价来进行交割。股指期货的出现不仅丰富了金融市场的交易品种，实现了金融市场的多元化发展，更为关键的作用是可以对风险进行有效的防控，同时使金融资本市场能够更好地抵御市场风险。经过多年发展，股指期货已经成为我国股票市场上最主要的对冲工具，其中以沪深 300 股指期货最为活跃。

　　股指期货套利是指利用股指期货市场存在的不合理价格，同时参与股指期货与股票现货市场交易，或者同时进行不同期限、不同（但相近）类别股票指数合约交易，以赚取差价的行为，如图 5-1 所示。

2. 主要原理

　　要了解股票与股指期货间的对冲机制，首先要理解 CAPM 模型（资本资产定价模型）。CAPM 模型于 1964 年被威廉·夏普等人提出，他们认为，假设市场是均衡的，资产的预期超额收益率就由市场收益超额收益和风险暴露决定。其计算公式如下：

$$E(r_p) = r_f + \beta_p(r_m - r_f) \tag{5-1}$$

其中：r_m 为市场组合，r_f 为无风险收益率。

　　根据 CAPM 模型可知，投资组合的预期收益由两部分组成：一部分为无风险收益率 r_f，另一部分为风险收益率。CAPM 模型一经推出就受到了市场的追捧。但在应用过程中发现，CAPM 模型表示的是在均衡状态下市场的情况，但市场并不总是处于均衡状态，个股总会获得超出市场基准水平的收益，即在 CAPM 模型的右端总是存在一个 Alpha 项。

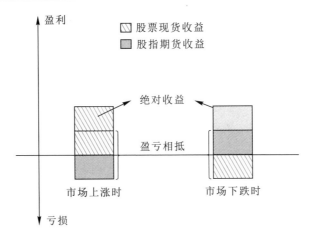

图 5-1　股指期货套利示意图

为了解决这个问题，1968 年，美国经济学家迈克·詹森（Michael Jensen）提出了詹森指数来描述这个 Alpha，因此詹森指数又称 Alpha 指数，用 α_p 表示。其计算公式如下：

$$\alpha_p = r_p - [r_f + \beta_p(r_m - r_f)] \qquad (5-2)$$

因此，投资组合的收益可以改写成：

$$r_p = \alpha + \beta_p(r_m - r_f) \qquad (5-3)$$

可将投资组合的收益拆分为 Alpha 收益和 Beta 收益（用 β 表示）。其中，β 的计算公式为

$$\beta = \frac{\text{cov}(r_p, r_m)}{\sigma_p \sigma_m} \qquad (5-4)$$

β 是由市场决定的，属于系统性风险，与投资者的管理能力无关，只与投资组合同市场的关系有关。当市场整体下跌时，β 对应的收益也会随着下跌（假设 β 为正）。Alpha 收益与市场无关，是投资者自身能力的体现。投资者通过自身的经验进行选股择时，可得到超过市场的收益。

3. 股指期货套利的特点

（1）风险低。从理论上讲，股指期货套利属于无风险套利，与单边投机相比，套利交易可以提供一个更有吸引力的收益-风险比率，规避了市场风险。

（2）流动性高。股指期货套利的投资对象为沪深 300 指数成分股票，市场资金容量大，进出方便，可以作为大资金的现金管理工具。

（3）更适合机构投资者。股指期货套利的机构投资者同时具备资金优势和研发优势，而且更倾向于获得稳定性收益。国际期货市场有众多专业套利机构投资者。

（4）收益稳定。理论上，股指期货套利的每笔交易都是盈利的，资金曲线几乎没有发生回撤。

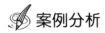案例分析

Alpha 对冲策略

1. 策略介绍

Alpha 对冲策略常采用股指期货做对冲，在股票市场上做多头，在期货市场上做股指

期货空头。当股票现货市场亏损时，可以通过期货市场弥补亏损；当期货市场亏损时，可以通过股票现货市场弥补亏损。

所谓的 Alpha 对冲，不是将 Alpha 收益对冲掉，恰恰相反，Alpha 对冲策略是将 Beta 收益对冲掉，只获取 Alpha 收益，如图 5-2 所示。

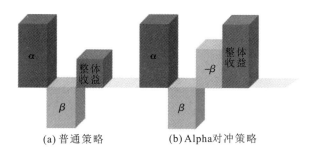

(a) 普通策略　　　　　(b) Alpha对冲策略

图 5-2　普通策略与 Alpha 对冲策略收益对比图

Alpha 对冲策略将市场性风险对冲掉，只剩下 Alpha 收益，使得整体收益完全取决于投资者自身的能力水平，与市场无关。目前 Alpha 对冲策略主要用于各类基金中。国际上比较知名的桥水基金、AQR 基金等都采用过这种策略。国内也有许多利用 Alpha 对冲策略的基金，比如海富通阿尔法对冲混合、华宝量化对冲混合等，这类基金近一年的平均收益率约为 36.70%。

2. 策略要点及实现

Alpha 策略能否成功，主要取决于以下几个要点：

（1）获取到的 Alpha 收益是否足够高，能否超过无风险利率以及指数；

（2）期货和现货之间的基差变化；

（3）期货合约的选择。

Alpha 对冲只是一种对冲市场风险的方法，在创建策略时需要结合其他理论一起使用，怎样获取到较高的 Alpha 收益才是决定策略整体收益的关键。

第一步：制订一个选股策略，构建投资组合，使其同时拥有 Alpha 和 Beta 收益。本策略选取过去一天 EV/EBITDA 值并选取 30 只 EV/EBITDA 值最小且大于零的股票。

第二步：做空股指期货，将投资组合的 Beta 抵消，只剩下 Alpha 部分。

第三步：进行回测。

股票池：沪深 300 指数。

期货标的：CFFEX. IF 对应的真实合约。

回测时间：2017-07-01 08:00:00 至 2017-10-01 16:00:00。

回测初始资金：1 000 万。

3. 回测结果与稳健性分析

设定初始资金 1 000 万，手续费率为 0.01%，滑点比例为 0.01%。策略回测结果如图 5-3 所示。

回测期累计收益率为 0.32%，年化收益率为 1.32%，沪深 300 指数收益率为 5.09%，策略整体跑输指数，最大回撤为 1.17%，胜率为 74.29%。

以同样的策略进行选股，不对冲 Beta 时回测结果如图 5-4 所示。

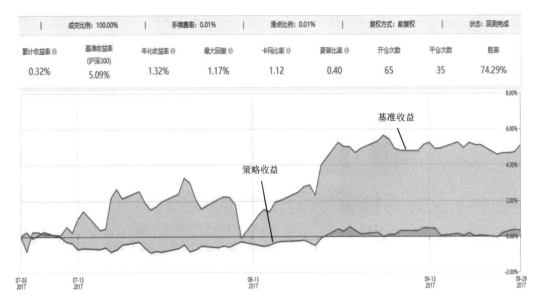

图 5 - 3　Alpha 对冲策略回测结果

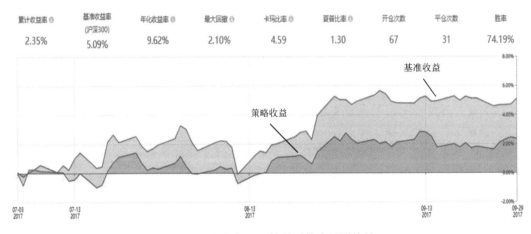

图 5 - 4　不对冲 Beta 情况下策略回测结果

　　对比可以看出，利用 Alpha 对冲策略比不对冲策略的收益低，但胜率高于普通策略，最大回撤低于不对冲策略。这也说明了 Alpha 对冲策略能够规避一部分由市场带来的风险。

　　改变回测期，策略收益情况如表 5-1 所示（以 2020 年 10 月 30 日为结束期）。

表 5-1　改变回测区间后策略收益情况

指标	近 3 月	近 6 月	今年来	近 1 年	近 2 年	近 3 年
年化收益率	−3.72%	7.11%	−2.26%	−0.77%	−0.52%	−3.05%
最大回撤	3.14%	3.09%	7.88%	7.86%	14.72%	16.12%
胜率	86.96%	90.00%	42.96%	64.36%	60.48%	50.55%

由表 5-1 可知，近几年该策略的整体收益率为负，只有近 6 月的收益率为正；策略最大回撤一直维持在相对较低的水平上，随着时间周期的拉长，最大回撤不断增加，胜率不断下降。

二、期现套利

1. 基本概念

股指期货合约在到期时是按照现货指数的价格来进行现金交割的，即期货合约价格在到期时会强制收敛于现货指数，这就使得在正常交易期间内，期指与现指会维持一定的动态联系。在各种因素的影响下，由于股指相对现指对信息的反应速度要快，因此，其波动性大于现指，经常与现指产生偏离，当这种偏离超出一定范围时，就会产生套利机会。

期现套利属于无风险套利，只要定价偏差的收益能涵盖掉交易成本，就可以进行期现套利操作，而不用关心市场的未来走势。常用的股指期现套利的决策方法是利用股指期货的理论价格模型，通过对股指期货实际价格和理论价格的比较来判断是否存在套利机会，以及进行何种方式的套利交易。期现套利主要包括正向买进期现套利和反向买进期现套利两种。

2. 定价模型

在股指期现套利过程中，股指期货部分发生的项目有期初期货合约价格 IF_t、到期期货合约价格 IF_T、平仓期交易成本 Cif_T、期初建立期货头寸交易成本 Cif_t；现货部分发生的项目有到期现货组合价格 P_T、期初现货组合价格 P_t、借款利率 r、资金借贷成本率 r_{borrow}、红利收入 D、到期卖出或买入现货组合交易成本 Cp_T、期初买入或卖出现货组合交易成本 Cp_t；保证金部分发生的项目有保证金的资金成本 C_{Margin}。

1）正向套利

当股指期货价格被高估时，可进行正向套利，那么应该有

$$\frac{IF_t - IF_T - Cif_T}{(1+r)^{T-t}} - Cif_t + \frac{P_T - P_t(1+r_{borrow})^{T-t}}{(1+r)^{T-t}} - Cp_t - C_{Margin} > 0 \qquad (5-5)$$

式（5-5）中：

$$IF_T = P_T$$

$$IF_t > Cif_T + Cp_T + (Cif_t + Cp_t)(1+r)^{T-1} + P_t(1+r_{borrow})^{T-t} + C_{Margin} - D \qquad (5-6)$$

2）反向套利

当股指期货价格被低估时，可进行反向套利，那么应该有

$$\frac{IF_T - IF_t - Cif_T}{(1+r)^{T-1}} - Cif_t + P_t - \frac{P_T + D + Cp_t}{(1+r)^{T-t}} - Cp_t - C_{Margin} > 0 \qquad (5-7)$$

$$IF_t < P_t(1+r)^{T-t} - (Cif_t + Cp_t)(1+r)^{T-t} - Cif_T - Cp_T - C_{Margin} - D \qquad (5-8)$$

3）无套利区间

要使得股指期货价格不存在套利空间，股指期货价格的范围如下：

$$\big[Cif_T + Cp_T + (Cif_t + Cp_t)(1+r)^{T-t} + P_t(1+r_{borrow})^{T-t} + C_{Margin} - D,$$

$$P_t(1+r)^{T-t} - (Cif_t + Cp_t)(1+r)^{T-t} - Cif_T - Cp_T - C_{Margin} - D\big]$$

在我国目前的股指期货的期现套利中，由于缺乏现货做空，因此期现套利主要是买入现货卖出期货的正向套利，套利收益主要来自期货高估的部分。

从无套利价格区间来看，要想套利成功，必须进行现货头寸构建、交易成本控制、交易策略设计等多方面的准备，任意一方面准备不充分都会导致套利失败。

3. 期现套利的步骤

(1) 计算股指期货的理论价格，计算股指期货的无套利区间。

(2) 确定是否存在套利机会(当期货价格大于现货价格时，称为正向市场；反之称为反向市场)。

(3) 确定交易规模，同时进行股指合约与一揽子股票交易。

(4) 价差收敛时，平仓获利了结；持有到期时，期现货卖出，期货交割获利。

【例 5 - 1】 当某一到期月份的股指期货合约被市场高估或低估时，通过做多现货做空期货，或做空现货做多期货的方式(即融券卖出股票的同时在期货市场构建多头头寸)，锁定期货和现货之间的差价，等待期现价差回归时平掉套利头寸或通过交割结束套利。

2020 年 5 月 6 日，假设某股指期货合约高于沪深 300 指数 88.5 点，买进一篮子沪深 300 的股票，同时卖出一手股指期货合约(合约乘数为 300 元/点)。此时距离该股指期货合约到期交割还有 15 天，若在此区间内期现基差能够收敛，则可以获得套利收益。至 5 月 19 日期现基差收窄至 12.5 点，此时可对套利头寸进行平仓，卖出股票，买入股指期货合约。收益为 88.5－12.5＝76 点，扣除各项成本总计 15 点，则净获利 18 300 元。

【例 5 - 2】 期现套利中，若基差持续不收敛，可考虑交割套利；由于交割价参考沪深 300 指数，期现价差存在强制收敛关系，因此理论上建仓时基差即为交割收益，但需考虑交易成本和交割日最后两小时沪深 300 指数的波动风险。

股指期货最终交割价取的是沪深 300 指数交割日最后两小时的算术平均价，可能会和收盘价格形成一定偏离。在建仓时需考虑此部分基差，防止最后交割日价格剧烈波动导致交割价大幅偏离 300 指数收盘价格。

2020 年 9 月 9 日，某股指期货合约高于沪深 300 指数 32.58 点，此时进行卖出该合约并买入 300 指数成分股的开仓操作。若在 9 月 17 日前两者价差一直没有收敛，则可以考虑对该合约进行交割套利。

由于合约在交割日强制收敛，其交割价格为沪深 300 最后两小时的平均价 4 658.31，与沪指 300 收盘价有 4 658.31－4 643.71＝14.6 点的偏离。扣除 7 点的交易成本，本次套利获得的收益为(32.58－14.6－7)×300＝3 294 元。可见，交割套利可以在基差无法如预期收敛时保证套利收益。

交割日沪深 300 指数大幅变动带来的交割价偏离的风险如下：

情况一：交割日沪深 300 指数的交割价低于指数的收盘价，对套利有利。

情况二：交割日沪深 300 指数的交割价高于指数的收盘价，对套利不利。

三、跨期套利

1. 基本概念

股指期货的跨期套利，是指利用两个不同交割月份的股指期货合约之间的价差进行的套利交易。一般来说，相同标的指数的股指期货在市场上会有不同交割月的若干合约同时在交易。由于同时交易的不同交割月合约均基于同一标的指数，所以在市场预期相对稳定的情况下，不同交割日期合约间的价差应该是稳定的，一旦价差发生了变化，就会产生跨期套利机会。

严格来讲，跨期套利不是无风险套利，它实际属于价差套利，投资者需要对不同到期月的期货合约的价差做出预测，具有投机性，但因为交易行为是建立在价差的基础上的，所以风险要远远小于纯粹的投机交易，即单方向做多，或单方向做空。跨期套利的操作重点在于判断不同到期月合约的价差将来是扩大还是缩小，而不是整个市场的未来走势。

2. 均衡价差测算

理论上，不同合约间价差会收敛并趋向于均衡价差，这是同一标的指数的不同交割月股指期货合约之间存在的一种平价关系，即远月合约的价值应该是近月合约的价值按照远期利率进行复利后加上一个均衡价差，其理论值可以参考不同合约间的平价计量模型：

$$F(t,T_2)=F(t,T_1)e^{f(T_2-T_1)}+\Delta D \qquad (5-9)$$

其中：T_1 为近期合约到期日；T_2 为远期合约到期日；$F(t,T_1)$ 是到期日为 T_1 的近月合约在 t 期的价格；$F(t,T_2)$ 是到期日为 T_2 的次近月合约在 t 期的价格；f 为 T_1 到 T_2 的无风险利率（年利率根据时间期间换算）；ΔD 为同一标的指数不同交割月合约的均衡价差。

股指期货的同一标的指数的两个不同交割月期货合约之间存在一个均衡价差，跨期套利的成功率和收益率与该均衡价差的确定密切相关，但这一均衡价差并非固定不变的。现实中，它除受到利率影响外，还受到诸多其他市场因素的影响，如股票现货交易的活跃程度、宏观经济政策变化、市场冲击成本及投资者预期和情绪等。因此，同一标的指数的任意两个不同交割月合约的均衡价差不同，同一标的指数的两个交割月合约在不同时期的均衡价差也不一致。

3. 无套利价差区间测算

无套利价差区间是指综合考虑了融资成本、交易成本等方面的因素后，相关期货合约之间价差的合理区间。类似于期现套利模型，跨期套利交易中也需要求得无套利价差区间。由于股指期货合约交易成本（融资成本、交易手续费及冲击成本等）的存在，只有当价差收益大于交易成本时才可以进行跨期套利，当价差在该区间内变动时，不存在套利机会。

显然，一旦价差大于无套利价差区间的上边界，就可以采用卖出套利策略；一旦价差小于无套利价差区间的下边界，就可以采用买进套利策略，直至合约间价差又回归到无套利区间内，跨期套利合约就可以适时平仓。

1）买进套利

对于买进套利交易而言，无套利价差区间的测算公式如下：

$$MF(t,T_1)e^{f(T_2-T_1)}+M\Delta D>F(t,T_2)+4C_1+C_2 \qquad (5-10)$$

$$F(t,T_1)e^{f(T_2-T_1)}-F(t,T_2)>\frac{4C_1+C_2}{M}-\Delta D \qquad (5-11)$$

若想实现在买入套利交易中获利，必须做到套利收益大于交易成本，在近远月合约价差套利过程中涉及买卖两份合约并到期平仓,交易成本为每份期货合约交易费用的 4 倍,即 $4C_1$。另外,在实际交易中,还应考虑股指期货合约的冲击成本,此处将两合约买卖双边冲击成本之和用 C_2 表示。在进行买进套利,即执行卖近买远策略时,近月和远月合约的价格应满足下式,否则将会遭受损失:

$$F(t,T_2)-F(t,T_1)^{e^{f(T_2-T_1)}}<-\frac{4C_1+C_2}{M}+\Delta D \tag{5-12}$$

2)卖出套利

对于卖出套利交易而言,无套利价差区间的测算公式如下:

$$\mathrm{MF}(t,T_2)>\mathrm{MF}(t,T_1)^{e^{f(T_2-T_1)}}+M\Delta D+4C_1+C_2 \tag{5-13}$$

$$F(t,T_2)-F(t,T_1)^{e^{f(T_2-T_1)}}<-\frac{4C_1+C_2}{M}+\Delta D \tag{5-14}$$

同样,若想实现在卖出套利交易中获利,必须做到套利收益大于交易成本。在进行卖出套利,即执行买近卖远策略时,近月和远月合约的价格应满足如下公式,否则将会遭受损失:

$$F(t,T_2)-F(t,T_1)^{e^{f(T_2-T_1)}}>-\frac{4C_1+C_2}{M}+\Delta D \tag{5-15}$$

4. 跨期套利的触发和终止

在分析了跨期套利的无套利价差区间后,可实时计算并监控各近远月合约组合的无套利价差:

$$\mathrm{TM}(合约差价)=F(t,T_2)-F(t,T_1)^{e^{f(T_2-T_1)}} \tag{5-16}$$

一旦近远月合约价差偏离无套利价差区间并达到跨期套利交易触发条件即可开仓。具体而言,当任意两个近远月合约组合出现如公式(5-17)的情况时,即可触发卖出套利,采取买入近月合约、卖出远月合约的策略。

$$\mathrm{TM}<-\frac{4C_1+C_2}{M}+\Delta D \tag{5-17}$$

当任意两个近远月合约组合出现公式(5-18)所示的情况时,即可触发买进套利,采取买入远月合约、卖出近月合约的策略。

$$\mathrm{TM}>\frac{4C_1+C_2}{M}+\Delta D \tag{5-18}$$

相对地,跨期套利也有其终止条件,且不论采取的是哪种跨期套利策略,只要发现价差落入无套利价差区间内〔如式(5-19)所示〕,就需要进行两份近远月合约的同时反向平仓操作,终止套利。

$$-\frac{4C_1+C_2}{M}+\Delta D\leqslant\mathrm{TM}\leqslant\frac{4C_1+C_2}{M}+\Delta D \tag{5-19}$$

相对于均衡价差而言,交易成本因素的相对变动较小,对跨期套利交易的影响也相对较小,均衡价差在不同情势下可能会有较大变动,因此均衡价差的确定是跨期套利的关键。现实中的均衡价差由于受综合因素的影响而具有一定的不确定性,在实际测算均衡价差时要根据不同市场的特殊情况对基本方法进行适当的调整。

然而，众多因素对均衡价差的影响也具有一定的规律性，通过分析这类因素可得到均衡价差的大致波动区间或者变化趋势，这显然对股指期货跨期套利的成功很有价值。跨期套利中的交易成本主要包括交易手续费、期货交易税、保证金的机会成本和交易执行中的冲击成本等。

（1）一般而言，交易手续费、期货交易税属于固定成本，而交易手续费则具有一定的灵活性，因此跨期套利的成本有进一步降低的空间。

（2）保证金的机会成本是相对利率的机会成本。在进行价差套利时，交易所要求的保证金比同时买进或者卖出两份合约所需要的保证金少，这降低了因保证金支出所造成的利息成本，也使得在合约期限较短的跨期套利中可以忽略这一部分成本的影响。

（3）执行成本属于变动成本。跨期套利交易中要求投资者迅速且同时完成买进与卖出操作，这样通常会对股指期货市场造成较大的冲击。一次完成巨量交易可能使投资者不得不以较为不利的价格成交，付出较大的冲击成本。倘若投资者想以较小的冲击成本完成交易，必须以延长交易时间为代价，这使投资者面临无法套利或者随着时间延长价格发生大幅度波动的风险。因此，在制订套利方案时必须考虑冲击成本的影响。

前述研究中的理论价差模型考虑了近月合约的时间复利因素，因而相应的均衡价差也是考虑了复利因素后进行算术测算的结果，即

$$\text{TM}(\text{合约差价}) = F(t, T_2) - F(t, T_1) e^{f(T_2 - T_1)} \tag{5-20}$$

考虑时间复利因素后的均衡价差在理论上更有说服力，然而很不直观，在实际运用中，投资者往往对合约间的简单价差十分敏感，即

$$\text{SPREAD} = F(t, T_2) - F(t, T_1) \tag{5-21}$$

简单价差与考虑复利因素后的价差在数据测算上确实存在一定差别，粗略地看，考虑复利后的均衡价差相当于将简单价差向下水平移动一个量值，对均衡价差与无套利价差区间共同决定的跨期套利机会应该没有影响，在实际操作中运用简单价差替代理论价差是可行的。

按照套利结束时间，可分为如下 3 种情况。

（1）近期合约到期前平仓。跨期套利机会出现的时间有长有短，有的套利活动是当日开始并当日结束，有的则可能持续几日或一段时间。如果选择在近期合约到期之前平仓，那么此时近远期的结算价格均为期货当天的结算价格。

（2）近期合约到期时平仓。如果选择在近期合约到期时平仓，那么近期合约的计算价格为当时的现货价格。

（3）近期合约到期后转为现货。如果在近期合约到期时，近远期合约的价差足够大，在弥补现货交易和模拟成本的情况下还有一定的价差收益，就可以进行期转现操作，即将近期合约转成现货头寸，并保留远期合约，近期合约到期后，远期合约顺势成为近期合约，此时，跨期套利转变为期现套利。

【例 5-3】 2018 年 4 月 30 日，某股指期货近期合约与某远期合约二者的价差高达 160 基点，此时大盘正在持续下跌，我们认为两份合约的价差远远超过了理论价差，在未来一段时间很可能回归，因此可以进行做多该股指期货的近期合约，同时做空该股指期货的远期合约的跨期套利交易。

股指期货多头跨期套利过程分析如表5－2所示。

表 5－2　股指期货多头跨期套利过程分析

套利时间	股票市场沪深300指数	股指期货市场		二者价差（基差）
		近期合约	远期合约	
开始：2018-04-30	收盘价为3 067点	以3 107点收盘价买入期货合约10手	以3 326点收盘价卖出期货合约10手	3 326－3 107＝219
结束：2018-05-17	收盘价为2 714点	以2 719点收盘价卖出平仓期货合约10手	以2 757点收盘价买入平仓期货合约10手	2 757－2 719＝38
盈亏计算	指数上涨2604－410.60＝2 193.40	亏损2 719－3 107＝－388	盈利3 326－2 757＝569	基差缩小219－38＝181
盈亏相抵后：（569－388）×300×10＝543 000				
期初成本（20％保证金）＝（3 107＋2 719）×300×10×20％＝3 495 600				
盈利率＝$\frac{543000}{3495600}$×100％＝15.5％				

第二节　商品期货套利

一、商品期货套利概述

1. 基本概念

商品期货套利指的是在买入或卖出某种商品期货合约的同时，卖出或买入相关的另一种合约，并在某个时间同时将两种合约平仓的交易方式。在交易形式上它与套期保值有些相似，但套期保值是在现货市场买入（或卖出）实货和在期货市场上同时卖出（或买入）期货合约；而商品期货对冲却只在期货市场上买卖合约，并不涉及现货交易。这一交易方式大大丰富了期货投机交易的内涵。

在进行套利交易时，交易者注意的是合约价格之间的相互变动关系，而不是绝对价格水平。他们买进自认为便宜的合约，同时卖出那些高价的合约。如果价差的变动方向与当初的预测相一致，交易者即可从两个合约价格间的相互变动中获利。因此，对于交易者来说，理解套利交易原理和掌握一些交易技巧是非常必要的。

套利的潜在利润不是基于商品价格的上涨或下跌，而是基于两个套利合约之间的价差扩大或缩小。因此，套利获得利润的关键就是差价的变动。

2. 套利的条件

完成套利交易，期货合约之间需要具备以下条件。

（1）其历史差价变化必须具备一定的规律。大多数情况下，商品期货的差价变化会在一定幅度内波动，极少有差价突破其上下边沿的情况。当差价扩大或缩小到一定程度之后，其后的差价波动会向相反的方向变化。从历史上的变化情况来看，这种差价在一定幅度内的来回波动是一个大概率事件。

（2）商品期货合约之间的价格波动必须具备一定的相关性和联动性，可以从概率统计学角度计算其相关系数，由此来证明其相关性和联动性的大小。

在计算商品期货价格波动的相关性系数时，可以将两个合约每天的收盘价作为一个离散性随机变量。假定某合约的收盘价为变量 X，另一个合约的收盘价为变量 Y，则：

$$Z(相关系数) = \frac{\sum (X_i - X') \times (Y_i - Y')}{S_x \times S_y} \qquad (5-22)$$

式中：X' 为变量 X 的样本均值，Y' 为变量 Y 的样本均值，S_x 为变量 X 的样本方差，S_y 为变量 Y 的样本方差。

利用上面的公式就可以计算出两个合约之间的相关系数，通过数学检验，可以证明这两者间的相关性大小。实践表明，相关系数在 $0.70 \sim 0.95$ 之间的期货品种间套利效果比较好。如果相关性过高，风险固然很小，但套利空间太小，收益率较低；如果相关性过低，套利空间会明显加大，收益率显著提高，但风险也大为增加。

（3）拟套利的期货合约应有足够的流通性和足够的容量。

合约的持仓量在拟套利头寸数量的 10 倍以上比较理想；否则，进出不便会严重影响操作效果。

套利可能出现的结果有以下几种：① 盈利额大于亏损额，结果盈利；② 盈利额小于亏损额，结果亏损；③ 盈利额等于亏损额，结果持平；④ 盈利＋盈利，结果盈利；⑤ 亏损＋亏损，结果亏损。

由此可见，套利也是有风险的，要努力实现①、④两种结果，而尽量避免②、⑤两种结果。

3. 套利的操作流程

1）套利经验模型的建立

对于拟套利的两份合约（或多份合约）之间的价格波动，需要处理较长的历史数据来反映彼此的关系。一般而言，数据年限越长，所显示的套利区间的有效性越好，因为从统计学的角度来看，这样可以将大概率事件全部囊括其中，具有较高的可靠性。

2）套利空间的确立

对于两份合约价格的关系，一般会进行相应的数据处理，较为直观的方法就是用价格比来表示。将数据处理到一张图上，就可以得到一张价格比曲线图，考察价格比曲线的长期波动情况，可以找出套利的上限和下限。通俗地讲，即两份合约的比价扩大到一定程度时就会不断缩小，而缩小到一定程度时又会不断扩大，如此循环往复。确定套利空间，就是要找出套利在何种情况下进行建立套利头寸，在何种情况下要对冲离场。

由于套利操作一般不考虑价格波动的方向，而主要考虑价差的扩大与缩小，因此，除了要知道价差的绝对数值外，还要特别注意价差的波动形势。

3）套利操作的基本原则

当套利区间被确立，而当前的状态又显示出套利机会时，就可以进行套利操作了。一般而言，套利操作要遵循下述基本原则：

（1）买卖方向对应原则：在建立买仓的同时建立卖仓，而不能只建立买仓，或是只建立卖仓。

（2）买卖数量相等原则：在建立一定数量的买仓同时要建立同等数量的卖仓，否则，多空数量的不相配就会使头寸裸露（即出现净多头或净空头的现象）而面临较大的风险。

（3）同时建仓原则：一般来说，多空头寸的建立要在同一时间进行。鉴于期货价格波动，交易机会稍纵即逝，如不能在某一时刻同时建仓，其价差有可能变得不利于套利，从而失去套利机会。

（4）同时对冲原则：套利头寸经过一段时间的波动后达到了一定的利润目标时，需要通过对冲来结算利润，对冲操作也要同时进行。因为如果对冲不及时，很可能使长时间取得的价差利润在顷刻间消失。

（5）合约相关性原则：套利一般要在两个相关性较强的合约间进行，而不是所有的品种（或合约）之间都可以套利。这是因为只有合约的相关性较强，其价差才会出现回归，即价差扩大（或缩小）到一定程度又会恢复到原有的平衡水平，这样才有套利的基础；否则，在两个没有相关性的合约上进行套利，与分别在两个不同的合约上进行单向投机没有什么两样。

二、期现套利

1. 基本概念

期现套利，是指利用同一种商品在期货市场与现货市场之间不合理的价差进行的套利行为。当期货价格与现货价格之间出现不合理的基差时，通过构建现货与期货的套利资产组合以期望基差在未来回归合理的价值区间，并从中套利获取利润。其中，基差是指某一个特定地点某种商品的现货价格与同种商品的某一特定期货合约价格之间的价差。简而言之，基差＝现货价格－期货价格。

2. 价差出现的原因

为什么期货市场与现货市场会出现价差呢？怎样才能判定两者之间存在的价差是否合理且有利可图呢？

仔细观察可以发现，在正向的市场中，未来某月期货价格往往比现在的现货价格高出一定的数值（基差），高出的价格并非空穴来风，而是包含了现货的持有成本和风险溢价。

所谓持有成本，是指商品的储藏成本加上为资产融资所需支付的利息再扣掉持有资产带来的收入。比如，我国 2020 年的小麦现在已经收割入库，某企业需要在 3 个月后购买小麦 1 000 吨。那么这 3 个月的时间内，小麦的卖家需要承担 1 000 吨小麦的仓储费用及自然损耗的风险，同时由于小麦无法立刻兑现，卖家失去了这部分资金 3 个月投资获利的机会。因此，在远月期货交易中，买家需要向卖家支付这部分费用。当然，随着时间的推移，期货越临近现货月，其所包含的费用就越低，价格逐步向现货靠拢。

所谓风险溢价，就是投资者为远月期货合约的不确定性支付一定的费用。因为期货交易的是投资者对未来商品价格的预期，由于商品市场是瞬息万变的，因此未来的商品价格跟现在是有很大不同的，这就需要买家或卖家在期货价格上做出一定的让步，以达到供需平衡。

3. 无套利区间

在正向期现套利中，持有成本可以用来支付企业的现货仓单成本，而风险溢价的高低则直接决定了期现套利的收益率。接下来，我们要介绍一个重要的名词：无套利区间，如图 5-5 所示。商品期货套利中的无套利区间的概念和上一节中的股指期货套利中的无套利区间非常相似，都是在考虑了各种成本后留下的一个价格区间。

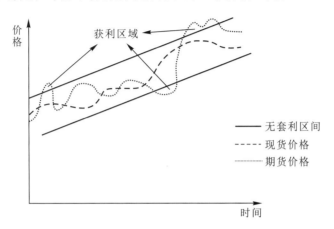

图 5-5　商品期货期现套利无套利区间

期现套利要考虑交易成本，在期货价格高出现货价格一定幅度的前提下，才可以进行正向套利，现货价格加上这个幅度后的价格称为上边界；反之，期货价格必须低于现货价格一定幅度时，才可以进行反向套利，将现货价格减去这个幅度后的价格称为下边界。当期货价格位于上下边界之间时，无法进行期现套利，因而将这个上下边界之间称为无套利区间。在期现套利中，确定了无套利区间，便可以据此监控期现价差，寻找套利机会。

4. 套利的操作流程

1）识别套利机会

首先，应选择与企业经营有关的商品。企业投资者做期现套利，目的就是依靠自身的现货优势，结合期货市场的价格偏差获取超额利润。企业自营的商品可以保证购销渠道的顺畅，同时付出最低的成本，以便于达到最好的套利效果。

其次，判断套利的方向。

（1）正向套利：当期货价格大于现货价格时，称为正向市场。当期货价格对现货价格的升水大于持有成本时，套利者可以实施正向期现套利，即在买入（持有）现货的同时卖出同等数量的期货，等待期现价差收敛时平掉套利头寸或通过交割结束套利。

一般来说，正向套利比较适合商品的生产厂家和贸易中间商。因为正向套利如果进入现货交割阶段，需要投资者卖出现货，生产厂家和贸易中间商的经营目的就是卖出商品，两者的交易流程是同方向的。

（2）反向套利：当期货价格小于现货价格时，称为反向市场。反向套利是构建现货空头和期货多头的套利行为（在期现套利中就是做空基差）。由于现货市场上不存在做空机制，反向套利的实施会受到极大的限制。

在现实中，通常是拥有现货库存的企业为了降低库存成本才会考虑实施反向期现套利。这是因为在现货市场上卖出现货，企业不仅能够获得短期融资，而且可以省下仓储成本。当期货相对于现货的升水过低甚至是贴水的时候，企业就可以考虑反向套利以降低其库存成本。

从本质上来看，这种反向套利的基础依然是持有成本，该持有成本会因企业实际情况的不同而不同。

2）计算无套利区间

因为是期现套利，所以持有成本以持有现货到期交割为基础，一般会发生交易交割手续费、运输费、交割费、仓储费、增值税及资金利息等费用。每个地方的具体情况不同，各项费用往往各异。

自 2009 年 5 月 25 日 PVC 期货在大连商品交易所上市以来，成交日趋活跃，非常适合大资金的运作和有流动现金的企业进行套利交易，以赚取稳定的利润。

下面以 PVC 期货为例，期现套利的无套利区间（上边界），即持有成本的各项费用如下。

（1）交易交割手续费。期货公司收取的手续费存在差异。一般来说，交易手续费 1 元/吨，交割手续费 4 元/吨。

（2）运输费。上海有多个交易所规定的 PVC 交割仓库，注册仓单较为方便。一般汽车的运输费为 30 元/吨。

（3）检验费。注册仓单时，实物必须首先经过检验。检验费由卖方承担，买方无须支付检验费用。入库取样及检验费为 3 000 元/批，每批 300 吨，折合 10 元/吨。

（4）入/出库费。火车、轮船、汽车的出入库费用各异，而不同交割仓库的出入库费用也各不相同。汽车的出入库费用为 25 元/吨。卖方需支付入库费，买方则承担出库费。

（5）仓储费。交易所规定 PVC 的仓储费为 1 元/吨·天。

（6）增值税。商品期货进行实物交割，卖方还需要缴纳增值税。

$$PVC\ 增值税 = \frac{（交割价格 - 购入\ PVC\ 含税价）\times 17\%}{1 + 17\%} \tag{5-23}$$

（7）资金利息。计算资金利息的关键在于资金量的确定。对于正向套利，除了购买现货的资金外，还需要储备保证金以缴纳交易保证金和应付期货头寸可能出现的亏损。故每吨的资金利息为：

$$资金利息 = \frac{\big[现货价格 + 期货价格 \times (10\% + 10\%)\big] \times 存款年利率 \times 持仓天数}{365}$$

$$\tag{5-24}$$

其中，两个 10% 分别为保证金 10%，备用资金 10%。

（8）仓单升贴水。交易所还对不同的交割仓库、不同品质的 PVC 规定了详细的升贴水情况。就上海地区而言，交割仓库的升贴水为 0。

综合上文的分析，可以得到正向套利的持有成本计算公式：

正向套利持有成本＝交易手续费＋交割手续费＋运输费＋入库费＋检验费＋

仓单升贴水＋仓储费＋增值税＋资金占用费用 (5-25)

接下来投资者就要选择跟踪的合约，并画出跟踪曲线。这里选择了 3 个月后到期的 PVC 主力合约进行跟踪，每月 15 日后更换到下一个合约。3 个月的正向套利持有成本约为 350 元，每天减少约 2 元。图 5－6 给出了 PVC 期货无套利区间跟踪曲线。只要期现价差超过了无套利区间的上边界，投资者便可以考虑进行期现套利。

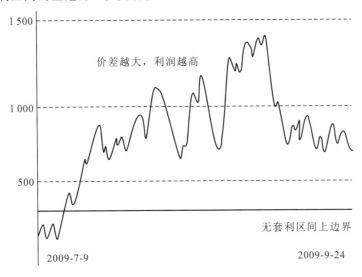

图 5－6　大连交易所 PVC 无套利区间跟踪曲线

3）组织现货与注册仓单

（1）卖方交割的流程：交割预报—货物入库（交割仓库验收）—交割仓库或指定质检机构检验—交割仓库开具标准仓单注册申请表—到交易所办理标准仓单注册—到交易所交仓单—参与交割，获得货款和开具增值税发票。

如在厂库标准仓单注册，则从上述流程中"交割仓库开具标准仓单注册申请表"开始交割流程。

需要注意的是：卖方必须在最后交割日闭市以前完成标准仓单注册，并将仓单交到交易所，否则即判定为违约。

在滚动交割时，卖方在交收日结算后拿到 80％货款，余款在提交了增值税专用发票后结清。在一次性交割时，卖方在最后交割日结算后拿到 80％货款，余款在提交了增值税专用发票后结清。

（2）货物入库常见问题。

首先，客户应提前将客户名称、车船号、数量、到货时间告知仓库，以保证仓库及时组织入库，安排检验。如果客户没有提前告知仓库，仓库可能无法及时安排相应的装卸人手，会影响客户的入库速度。

其次，客户在入库后要进行检验、注册两个环节，才能进行交割，在正常情况下，PVC 需 10 天左右。

（3）PVC 注册仓单的常见问题。

首先，境内生产的 PVC 标准仓单的申请注册日期距离商品生产日期需小于 120 个自然日。境外生产的 PVC 标准仓单的申请注册日期距商品进口货物报关单进口日期（或者进境货物备案清单进境日期）需小于 120 个自然日。

其次，PVC交割品要求使用原生产厂家或者其认可的包装，包装袋上应标明商标、产品名称、产品标准号、净质量、生产厂名称及地址，并标识产品型号。

包装材料为内衬塑料薄膜袋的牛皮纸袋、聚丙烯编织袋或牛皮纸与聚丙烯编织物复合袋，应保证产品在正常贮运中包装不破损，产品不被污染，不泄漏；每袋净重 25 ± 0.2kg，每吨 40 袋，无溢短。

此外还需要注意的是，PVC的检验机构有两家：通标标准技术服务有限公司和中国检验认证集团检验有限公司。

4）增值税风险

对于进行正向套利的投资者，最后进行现货交割时，需要向买方提供增值税发票。因为商品的最终成交价格按照最后一个月的结算价格计价，是套利方案开始时无法预估的，因此增值税是正向套利持有成本中的唯一变量。大多数商品的增值税税率为 $15\%\sim17\%$，如果套利期间商品价格大幅上涨，将大大提高商品的结算价，使得套利投资者需要支付更多的增值税税额，造成利润缩水。

例如，某企业以 17 300 元买进铝现货，17 800 元卖出下一个月的铝期货，进行期现套利。扣掉注册、入库、利息、仓储等固定费用后，有近 400 元的利润。但是这期间铝价大幅上涨，最终期货以 19 200 元结算价摘盘，结果增值税暴涨到 276 元，吃掉了大部分利润。如果价格再涨 1 000 元，这单贸易就要出现亏损了。

一般来说，当一年中销项税额大于进项税额时，表示公司是赚钱的，所以很少有多余的进项税来弥补期货交割多缴纳的部分。因此，投资者要对增值税风险进行适度的规避。

又如，铝的增值税税率为 17%，占全价约 14.5%。投资者在锁定价格的时候只卖出总数量的 85%，留下 15% 放在最后几天甚至最后交易日再卖出，这样就可以基本规避增值税风险了。具体过程如下：

（1）按照计划，100 吨铝，假设 17 300 元成本，17 800 元卖出，预计毛利为

$$（17\ 800-17\ 300）\times100-（17\ 800-17\ 300）\times100\times14.5\%=42\ 750\ 元$$

（2）假如在 17 800 元卖出 85 吨，在 19 200 元卖出 15 吨，那么最后利润为

$$（19\ 200-17\ 300）\times15+（17\ 800-17\ 300）\times85-（19\ 200-17\ 300）\times100\times14.5\%=43\ 450\ 元$$

（3）假如价格最后下跌，15 吨在 16 800 元卖出，那么最后利润为

$$（16\ 800-17\ 300）\times15+（17\ 800-17\ 300）\times85-（16\ 800-17\ 300）\times100\times14.5\%=42\ 250\ 元$$

不过这种操作在避开风险的同时也拒绝了额外利润。因为当最终结算价格下跌，本来可以少缴很多税金，但是作为一个稳妥的交易者，绝对不要以投机的思路去操作。因为如果投资者期望最终价格下跌，100% 一次锁定，就带有轻微的投机倾向了。

总而言之，期现套利非常适合稳健性的投资者以极低的风险获取相对可观的收益。随着交易所交割仓库的增多及相应升贴水制度的完善，仓单注册、实物交割已经越来越容易。投资者应该充分利用这一稳健的投资策略以获取额外的收益，为企业发展创造更好的途径。

三、跨期套利

1. 基本概念

跨期套利是通过观察期货各合约价差的波动，以赚取差价为目的，在同一期货品种的

不同合约月份建立数量相等、方向相反的交易头寸，并以对冲或交割方式结束交易的一种操作方式。正向市场时，价差为负，表现为远月升水；反向市场时，价差为正，表现为近月升水。一般来说，价差(绝对值)由持有成本(或持仓费)构成，指为拥有或保留某种仓单或头寸而支付的仓储费、保险费和利息等费用，即

$$期货远月合约价格＝期货近月合约价格＋持仓费 \tag{5-26}$$

其中，持仓费是仓储费用、商品过户费(上海期交所的工业品)、交易手续费、交割手续费、利息、增值税之和。

跨期套利可以以对冲(对冲套利)和交割(实盘套利)两种方式平仓，不过，这两种操作方式成本各异，入场时机和操作思路也各不相同。但是，实盘套利是对冲套利的基础，对冲套利的实现正是通过大量实盘套利的操作而获得理想的平仓价位。下面以实盘为基础，重点介绍目前期货市场上应用最广泛的正向市场牛市套利策略。

2. 牛市套利

1) 正向市场中的牛市套利

(1) 实盘套利。正向市场中实盘套利的机会仅出现在价差的绝对值大于持仓成本的情况下，此时，可以在近月合约做多，而在远月建立同等头寸的空头合约。近月接仓单，远月到期时以仓单交割来平仓，即可获得无风险收益。

(2) 对冲套利。正向市场中如果供给不足，需求相对旺盛，则会导致近期月份合约价格的上升幅度大于远期月份合约，或者近期月份合约价格的下降幅度小于远期月份合约，这样就可进行在近月合约上做多，而在远月建立同等头寸的空头合约的套利操作。

$$套利收益＝仓位×[(远期月份卖出价－近期月份买进价)－$$
$$(远期月份买进价－近期月份卖出价)] \tag{5-27}$$
$$＝仓位×(B_1-B_2)$$

当 $B_1-B_2>0$ 时，价差<0，如果价差绝对值缩小，则套利交易获利。此时，反映近期合约对远期合约升水，其升水额取决于近期市场对商品的需求程度及供给的短缺程度，不受其他限制，所以获利潜力巨大。

当 $B_1-B_2<0$ 时，价差<0，如果价差绝对值扩大，则套利交易亏损。此时，反映远期合约对近期合约升水，投资者要么及时止损，要么在坚持价差判断的情况下迁仓。

2) 反向市场中的牛市套利

反向市场情况下的牛市套利现在实际中也有操作，但这种操作方式应视为投机而非套利，在此不再赘述。

3. 熊市套利

与牛市套利不同，熊市套利只能以对冲的形式平仓，在此同样从正向市场和反向市场两方面加以分析。

1) 正向市场中的熊市套利

如果市场中供给过剩，需求相对不足，则会导致近期月份合约价格的上升幅度小于远期月份合约，或者近期月份合约价格的下降幅度大于远期月份合约，此时可进行在近月合约做空，而在远月上建立同等头寸的多头合约的套利操作。

套利收益＝仓位×[（远期月份买进价－近期月份卖出价）－

（远期月份卖出价－近期月份买进价）]＝－仓位×(B_2-B_1)

$$(5-28)$$

当 $B_2-B_1<0$ 时，价差<0，如果价差绝对值扩大，则套利交易获利。此时，反映近期合约对远期合约贴水。

当 $B_2-B_1>0$ 时，价差<0，如果价差绝对值缩小，则套利交易亏损。此时，反映远期合约对近期合约贴水，投资者或者及时止损，或者在坚持价格走势判断的情况下迁仓。

2）反向市场中的熊市套利

在出现反向市场时，现货、库存供应紧张，此时，做熊市套利往往是基于对反向市场向正向市场转换的判断，不仅风险大，也与反向市场的假设不符。

4. 蝶式套利

蝶式套利是跨期套利另一种常用的形式，它也是利用不同交割月份的价差进行套期获利的，由两个方向相反、共享居中交割月份合约的跨期套利组成。蝶式跨期套利的原理是套利者比较 3 个相邻的期货合约价格时，认为中间交割月份的期货合约价格与两边交割月份合约价格之间的相关关系出现了差异。

下面以正向市场中的牛市套利为例，具体阐述跨期套利的过程。

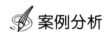 案例分析

商品期货跨期套利

我们还是以大连交易所的 PVC 合约为例，说明在正向市场中牛市套利的方法。

1. 跨期套利成本计算

套利成本＝仓储费＋交易交割费用＋入库取样及检验费＋增值税＋资金成本

（1）仓储费：1 元/（吨·天）。

两个月为：$1\times60=60$（元/吨）

三个月为：$1\times90=90$（元/吨）

四个月为：$1\times120=120$（元/吨）

（2）交易手续费：12 元/手，每手 5 吨，折算为 2.4 元/吨，交易两次。

（3）交割手续费：2 元/吨，交割两次。

（4）入库取样及检验费：按 3 000 元/批，每批 300 吨，折算为 10 元/吨，一次入库。

（5）卖方增值税：国家税法规定企业增值税税率为 17%。由于交易所开票价为合约最后交易日结算价，因此增值税即为两次交割时远近合约最后交易日结算价的税额差。在此以 500 元差价计算，$500\times17\%=85$（元/吨）

（6）资金成本：按 7 000 元/吨计算，年贷款利率 5.31 %。

利息支出：

两个月为

$$7\,000 \times 5.31\% \times \frac{2}{12} = 61.95 \text{（元／吨）}$$

三个月为

$$7\,000 \times 5.31\% \times \frac{3}{12} = 92.925 \text{（元／吨）}$$

四个月为

$$7\,000 \times 5.31\% \times \frac{4}{12} = 123.9 \text{（元／吨）}$$

两个月之间的套利：

套利成本 $= 60 + (2.4 + 2) \times 2 + 10 + 85 + 61.95 = 225.75$（元／吨）

三个月之间的套利：

套利成本 $= 90 + (2.4 + 2) \times 2 + 10 + 85 + 92.925 = 286.725$（元／吨）

四个月之间的套利：

套利成本 $= 120 + (2.4 + 2) \times 2 + 10 + 85 + 123.9 = 347.7$（元／吨）

2. 操作过程

在期货市场同时买进或卖出 100 手 PVC 0909 合约，以及卖出或买进 100 手 PVC 0911 合约，可能会出现两种操作情况：

（1）期现差价按预期缩小，则按跨期套利的方法直接在期货市场中平仓了结，实现目标利润。

（2）通过两次实物交割完成交易，实现套利利润。

四、跨市套利

1. 基本概念

跨市套利是指在某个市场买入（或者卖出）某一交割月份的某种商品合约的同时，在另一个市场上卖出（或者买入）同种商品相应的合约，以期利用两个市场的价差变动来获利。

2. 套利前提

（1）期货交割标的物的品质相同或相近。

（2）期货品种在两个期货市场的价格走势具有很强的相关性。

（3）进出口政策宽松，商品可以在两国自由流通。

3. 套利原理

跨市套利是在不同市场之间进行的套利交易行为。当同一期货商品合约在两个或者更多市场进行交易时，由于区域间的地理差别等因素，各商品合约间存在一定的固有价差关系。但是，由于两个市场的供求影响因素、市场环境及交易规则等方面不完全一致，价格的传导存在滞后甚至失真的情况，因此固有价差水平会出现偏离。跨市套利正是利用市场失衡时机，在某个市场买入（或卖出）某一交割月份某种商品合约的同时，在另一个市场卖出（或买入）同一交割月份的同种商品合约，以对冲或交割方式结束交易的一种操作方式。这种套利可以在现货市场与期货市场上进行，也可以在异地交易所之间进行，其中也包括国内交易所与国外交易所之间。

【例 5-4】 某煤炭生产企业在山西焦联焦炭电子交易市场以 1 780 元的价格卖出一级冶金焦 1 000 吨延期合约，在大连交易所以 1 700 元的价格买入一级冶金焦 1 000 吨期货合约。2个月后，随着时间的推移和行情的波动，在山西焦联焦炭交易市场以 1 800 元的价格买入平仓，同时在大连交易所以 1 780 元的价格卖出平仓。该过程历时 2 个月，盈亏见表 5-3。

表 5-3 跨市套利过程分析

交易市场	山西焦联焦炭电子交易市场	大连交易所
买入开仓		1 700 元 1 000 吨
卖出开仓	1 780 元 1 000 吨	
平仓价格	1 800 元	1 780 元
盈亏	$\dfrac{1\,780-1\,800}{1.17}\times1\,000=-1.7$（万）	$(1\,780-1\,700)\times1\,000=8$（万）
总盈亏	$-1.7+8=6.3$（万）	
资本投入	$(1\,780\times20\%+1\,700\times5\%)\times1\,000=44.1$（万）	
投资收益率	$\dfrac{6.3}{44.1}=14.3\%$	

由表 5-3 可以看出该煤炭企业在不同交易市场平仓后的盈亏情况，企业通过跨市套利的方式获取了市场价差收益。

五、跨品种套利

1. 基本概念

跨品种套利是指利用两种不同的但相互关联的商品之间的合约价格差异进行套利交易，即买入某一交割月份的某种商品合约，同时卖出另一相同交割月份、相互关联的商品合约，以期在有利时机同时将这两个合约对冲平仓获利。

跨品种套利的主导思想是寻找两种或多种不同，但具有一定相关性的商品间的相对稳定关系（差值、比值或其他），在其脱离正常轨道时采取相关反向操作以获取利润。以大商所玉米和淀粉为例，合约分别为 DCE.c1801 和 DCE.cs1801，二者之间相关性为 0.733 3，价差处于相对稳定合理区间，如图 5-7 所示。

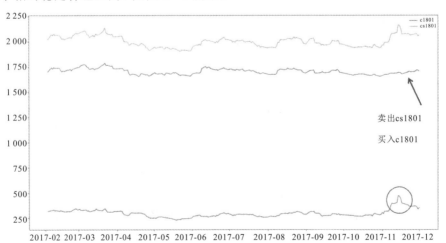

图 5-7 DCE.c1801 和 DCE.cs1801 合约的价差图

二者价差整体处于 250～350 之间。当价差偏离此区间时，便可以进行跨品种套利。

2. 套利前提

（1）套利的两种资产必须有一定的相关性。

（2）两种合约标的不同，到期时间相同。

（3）两种资产之间的价差呈现一定规律。

确定两个合约之间的相关性最常用的方法是利用 EG 两步法对两个序列做协整检验，判断两个序列是否平稳。只有单整阶数相同，二者才有可能存在一定的关系。以大豆和豆粕为例，选取其在 2017 年 1 月 1 日至 2018 年 1 月 1 日的主力合约价格时间序列，利用 Statsmodels 包进行协整检验。

检验结果为：大豆的 $t=-1.788\,6$，1% 置信区间的临界值为 $-3.457\,6$，说明该序列在 99% 的置信水平下平稳。豆粕的 $t=-2.050\,0$，1% 置信区间的临界值为 $-3.457\,6$，说明该序列在 99% 的置信水平下平稳。因此，二者都为平稳序列。

利用 OLS 回归检验残差序列是否平稳，残差的 $t=-2.321\,4$，临界值为 $-3.457\,7$，说明残差平稳。因此，可以认为二者之间存在一定关系。

回归后的残差图如图 5-8 所示。

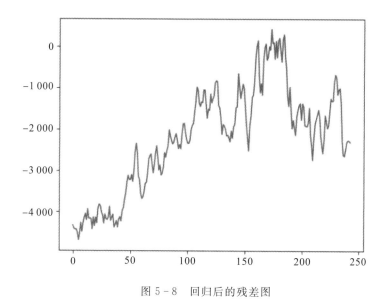

图 5-8 回归后的残差图

对残差进行 KS 检验，检验结果 $p=0$，说明残差分布为正态分布。

3. 套利类型

根据套利商品之间的关系，跨品种套利可分为相关商品套利和产业链跨品种套利两种类型。

前者主要是利用具有较高相关性的商品之间走势强弱对比关系差异所进行的套利活动，如螺纹钢和线材套利、豆油和棕榈油套利及小麦和玉米套利等；后者则是因为处于同一产业链上，各品种的价格因受成本和利润约束也具有一定程度的相关性，与替代性跨品种套利相比，这一形式更加稳定，LLDPE 和 PVC 期货间套利就属于此类。

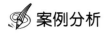

案例分析

商品期货跨品种套利

传统利用价差进行跨品种套利的方法是计算出均值和方差，设定开仓、平仓和止损阈值，当新的价格达到阈值时，进行相应的开仓和平仓操作。

第一步：选择相关性较高的两个合约，本例选择大商所的焦炭和焦煤。

第二步：以过去 30 个频率为 1 d、均值为 bar、±0.75 个标准差作为开仓阈值，以±2 个标准差作为止损阈值。

第三步：最新价差上穿上界时做空价差，回归到均值附近平仓；下穿下界时做多价差，回归到均值附近平仓。设定止损点，触发止损点则全部平仓。

回测期：2018 - 02 - 01 8:00:00 至 2018 - 12 - 31 16:00:00。

回测标的：DCE. j1901，DCE. jm1901。

回测初始资金：200 万。

设定初始资金 200 万，手续费率为 0.01%，滑点比例为 0.01%。套利回测结果如图 5 - 9 所示。

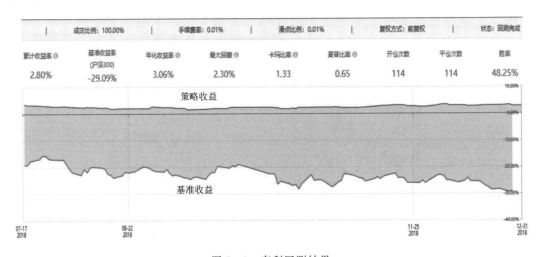

图 5 - 9　套利回测结果

回测期累计收益率为 2.80%，年化收益率为 3.06%，沪深 300 收益率为 -29.09%，策略收益跑赢基准收益。最大回撤为 2.30%，胜率为 48.25%。

为了检验策略的稳健性，改变数据的频率和均线的计算周期，结果见表 5 - 4。

表 5－4 改变数据频率和均线计算周期后收益情况

数据频率	均线周期	年化收益率	最大回撤
1 d	10	3.06%	2.30%
1 d	20	3.51%	2.53%
1 d	30	0.55%	2.45%
3 600 s	10	－7.84%	7.40%
3 600 s	20	－4.11%	5.28%
3 600 s	30	－2.89%	3.91%
900 s	10	－10.07%	9.38%
900 s	20	－9.39%	8.82%
900 s	30	－7.65%	7.32%

从表 5－4 中可以看出，该策略只在 1 d 的频率下实现了盈利，在其他频率下，收益均为负，说明该策略对于高频场景的适用有一定限制。

课 后 习 题

1. 我国股指期货的品种有哪些？它们的合约乘数和最低交易保证金是否相同？

2. 在市场中选取一种商品期货，观察其合约的价格变动，设计一个跨期对冲策略。

3. 列举出 5 对在商品期货市场中常用的品种对冲组合，并选取其中一对设计一个跨品种对冲策略。

第六章 期 权 套 利

期权与股票和债券一样，也是一种证券。同时它也是一种具有约束力的合约，具有严格限定的条款和特性。期权和期货作为衍生工具，都有风险管理、资产配置和价格发现等功能。但是与期货等其他衍生工具相比，期权在风险管理、风险度量等方面又有其独特的功能和作用。

本章主要介绍了有关期权的一些基本知识和几种常见的套利方法，主要包括垂直套利、平价套利、盒式套利、日历套利以及末日期权套利。

第一节 期 权

一、期权的概念

期权是在期货的基础上产生的一种衍生性金融工具。从其本质上讲，期权实质上是在金融领域将权利和义务分开进行定价，使得权利的受让人在规定时间内对是否进行交易行使其权利，而义务方必须履行。在期权交易时，购买期权的一方称为买方，而出售期权的一方称为卖方；买方即权利的受让人，卖方则是必须履行买方行使权利的义务人。期权双方的权利和义务详情如表 6-1 所示。

表 6-1 期权双方的权利和义务

买 方	卖 方
权利方（买入期权）	义务方（卖出期权）
支付权利金	收取权利金
得到权利	承担义务
可以行使权利，也可以不行使权利	对方行使权利时，必须承担义务
权力内容：以约定的时间、价格、数量、资产买入或卖出标的资产	

下面通过一个案例来具体解释期权。

【例 6-1】 甲是种植大豆的农户，乙是做大豆生意的商人，乙与甲当年约定：如果次年大豆行情好，就在次年 9 月份以 3 元/kg 的价格买入 10 t 大豆；如果行情不好，就放弃买入。甲表示可以接受这份约定，但前提是乙支付给自己 1 000 元签约费用，无论次年甲是否履行约定，这 1 000 元都不退还，且这 1 000 元不可以抵扣货款。最后甲、乙达成协议，签署了这份合约。

本案例中，甲、乙所签署的合约就是期权，即次年 9 月以 3 元/kg 买入 10 t 大豆，到期时可以选择执行，也可以选择不执行。

二、期权的构成

1. 期权的要素

每一份期权合约都包括如下要素：标的资产、行权价格、行权数量、行权日期和权利金。

（1）标的资产：每一份期权合约都有一个标的资产，标的资产可以是众多金融产品中的任何一种，如普通股票、股价指数、期货合约、债券、外汇等。通常把标的资产为股票的期权称为股票期权，以此类推。因此，期权有股票期权、股票指数期权、外汇期权、利率期权、期货期权等。

（2）行权价格：指在行使期权时，用以买卖标的资产的价格。在大部分交易的期权中，标的资产价格接近期权的行使价格。行权价格在期权合约中都有明确的规定，通常是由交易所按一定标准以减增的形式给出的。

（3）行权数量：在期权合约中明确规定的合约持有人有权买入或卖出标的资产的数量。

（4）行权日期：每一份期权合约都具有有效的行使期限，如果超过这一期限，期权合约失效。

（5）权利金：指购买期权所支付的费用，权利方支付权利金，义务方得到权利金。

在例 6 - 1 中，标的资产就是大豆，行权价格就是 3 元/kg，行权数量就是 10 t，行权日期就是次年 9 月份，权利金就是 1 000 元。

2. 期权的价值

期权的价值包括内在价值和时间价值。内在价值是指合约本身已含有的市场价值，即权利方行权可以在市场兑换出的价值。时间价值是指在有效期内期权盈利的可能性。时间越长，标的资产价格的变化越大，盈利的机会就越多。时间价值随着时间的流逝而减少，期权到期失效后，其时间价值为 0。

【例 6 - 2】 假设甲有一张玉米期权，执行价格为 5 000 元/t，玉米的市场价格是 6 000 元/t，当甲行权后可以按照 5 000 元/t 买入 10 t 玉米，再以 6 000 元/t 的市价出售掉，兑换的价值为（6 000 − 5 000）×10＝10 000 元，这就是这张玉米期权的内在价值。如果玉米的市场价格是 5 000 元/t，甲行权也无法赚钱，此时这张期权的内在价值为 0。

三、期权的分类

（1）按照期权买方的权利内容来看，期权可以分为认购期权和认沽期权。认购期权是指期权买方有权按照合约规定买入一定数量标的资产；认沽期权是指期权买方有权按照合约规定卖出一定数量标的资产。

（2）按照行权时间来看，期权可以分为欧式期权和美式期权。欧式期权只能在期权到期日执行，如 50ETF 期权和铜期权；美式期权则可在期权到期日或到期日之前任何一个交易日执行，如白糖期权、豆粕期权和玉米期权等。

（3）按照行权价格与标的资产价格的关系，期权可以分为实值期权、虚值期权和平值期权。实值期权是指行权价与标的资产的当前市场价格相比较为有利的期权，即如果立即行权，则可以获得相应收益。例6-2中玉米的市场价格为6 000元/t时,行权价格为5 000元的期权便为实值期权。虚值期权是指行权价格与标的资产的当前市场价格相比较为不利的期权,即如果立即行权,将会导致亏损。假设例6-2中的玉米市场价格下跌到4 000元/t,那么行权价格为5 000元的期权就是虚值期权。平值期权是指行权价格与标的资产的当前市场价格一致的期权。例6-2中,玉米的市场价格为5 000元/t时,行权价格为5 000元的期权就是平值期权。

第二节　期权交易及风险指标

一、期权的基本策略

期权交易包括四种最基本的策略,即买入看涨期权、卖出看涨期权、买入看跌期权和卖出看跌期权,具体说明如表6-2所示。

表6-2　四种期权策略的具体情况

策　略	市场预期	收　益	损　失
买入看涨期权	看涨	标的上涨带来的收益	权利金
卖出看涨期权	看跌	权利金	标的上涨带来的损失
买入看跌期权	看跌	标的下跌带来的收益	权利金
卖出看跌期权	看涨	权利金	标的下跌带来的损失

四种策略的收益如图6-1所示,其中横轴代表价格,纵轴代表收益。

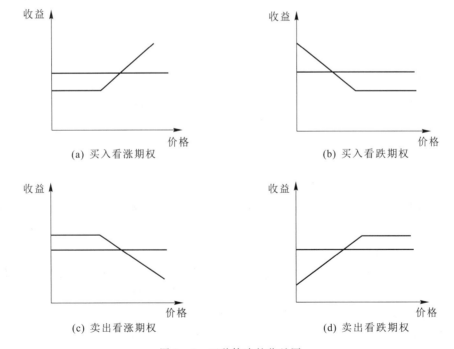

图6-1　四种策略的收益图

买入期权时，最大损失为所支付的权利金。买入看涨期权时，最大收益是无限的；买入看跌期权时，最大收益为行权价格减去支付的权利金。卖出期权时，最大收益仅限于收到的权利金。卖出看涨期权时，最大损失可能是无限的；卖出看跌期权时，最大损失为行权价格减去收到的权利金。

二、期权的风险指标

期权的风险指标通常用希腊字母来表示，包括 Delta、Gamma、Theta、Vega 等。

1. Delta

1）指标含义

标的资产价格发生变动时，期权的价格也会随之变化。Delta 值衡量的是期权价格随标的资产的变动幅度。Delta 的计算公式如下：

$$\text{Delta} = \frac{\text{期权价格变化}}{\text{标的资产的价格变化}} \tag{6-1}$$

Delta 值介于 $-1 \sim 1$ 之间。认购期权的 Delta 为正数，介于 $0 \sim 1$ 之间，因为标的资产上升时，认购期权的价格也会上升；认沽期权的 Delta 为负数，介于 $-1 \sim 0$ 之间，因为标的资产价格上升时，认沽期权的价格会下降。

Delta 也是保持组合策略中性的主要指标，当组合的综合 Delta 为 0 时，该组合的多空风险完全对冲，属于中性。

2）影响因素

（1）虚实度对 Delta 的影响。

期权虚值程度越深，Delta 越低，跟随度越低；期权实值程度越深，Delta 越高，跟随度越高。例如，深度实值的期权 Delta 近似为 1，即期权价格的变化和标的资产价格的变化几乎同步。

Delta 的绝对值可理解为到期日买方行权的概率。例如，平值期权的 Delta 是 0.5，即该期权理论上有 50% 的概率会被行权。

（2）期限对 Delta 的影响。

对虚值期权来说，期限越长，Delta 越大，因为时间越长，期权的盈利机会越多；对实值期权来说，期限越短，Delta 越大，因为时间越短，变数就越小，期权被执行的可能性越大。

2. Gamma

1）指标含义

Gamma 用来度量标的资产价格变化对 Delta 的影响，表示的是 Delta 的变化速度，Gamma 越大，Delta 变化越快。例如，某一期权的 Delta 为 0.8，Gamma 为 0.05，则标的资产价格上升 1 元，所引起 Delta 增加量为 0.05，Delta 将从 0.8 增加到 0.85。Gamma 的计算公式如下：

$$\text{Gamma} = \frac{\text{Delta 的变化}}{\text{标的资产的价格变化}} \tag{6-2}$$

在建立中性组合时，组合的综合 Gamma 越小越好。因为 Gamma 越大，Delta 的变化越快，便需要频繁调整仓位；Gamma 越小，组合越稳定。

2）影响因素

（1）虚实度对 Gamma 的影响。

通常来说，平值期权的 Gamma 最大，由平值向实值和虚值递减，深度实值和深度虚值的 Gamma 都很小。在实际情况中，Gamma 的最大值会趋向于市场预期价格，而不是在平值价格处。例如，平值价格为 1 500 元，理论上 Gamma 最大值应该在此处。但如果市场预期未来价格在 1 600 元，则 Gamma 的最大值位于行权价格 1 600 元处，向两边递减。

（2）期限对 Gamma 的影响。

期限越长，期权价格随标的的变化越不敏感，对应的 Gamma 越小。近期极度实值和极度虚值的 Gamma 通常要小于远期，因为被行权的可能性极低，尤其是那些仅剩最后几天就到期的末日期权，其 Gamma 值为 0，说明已经不会被行权。

3. Theta

1）指标含义

期权的价值会随着时间的流逝而降低，Theta 便是用来测量时间变化对期权理论价值影响的指标。Theta 表示时间每经过一天，期权的价值会损失多少。其计算公式如下：

$$\text{Theta} = \frac{\text{期权价格的变化}}{\text{时间变化}} \qquad (6-3)$$

2）影响因素

（1）虚实度对 Theta 的影响。

通常来说，在期限相同的情况下，平值期权的 Theta 最大，由平值向实值和虚值递减。深度虚值期权的 Theta 很小，因为被行权的可能性很小，盈利空间也很小；深度实值期权的 Theta 也很小，因为被行权的概率很大，占用资金多，所以时间价值小。

（2）时间对 Theta 的影响。

平值附近的期权，剩余期限越短，Theta 越高。随着时间的减少，期权价格的衰减越来越快。越接近到期日，期权的价格对时间的变化越敏感，期权的杠杆效应也越高。对于深度实值和深度虚值期权来说，时间越短，Theta 越小，因为期权执行与否已经确定，基本不会改变。

4. Vega

1）指标含义

Vega 反映期权对标的资产价格波动率变动的敏感度，它反映当波动率变化一个单位时，期权价格理论上的变化。Vega 永远都是正数，Vega 越大，投资者面对波动率变化的风险便越大。

2）影响因素

（1）虚实度对 Vega 的影响。

平值期权的 Vega 最大，由平值向实值和虚值递减。

（2）时间对 Vega 的影响。

期权的剩余期限越长，期权的 Vega 越高。标的资产的波动率越高，远期的期权被行权的可能性越大。

三、理想的中性组合

如果要建立一个理想的中性组合，即无论标的资产涨跌，组合都不受影响，最好能够满足以下条件：

（1）Delta 为 0。

这是组合达到中性需要满足的最基本的条件，小幅涨跌时，组合的综合价格不发生变化。例如，持有一单位 Delta 为 1 的标的资产，作为对冲，就应该持有综合 Delta 为 −1 的期权，此时多空风险就可以完全抵消，达到 Delta 为 0。

（2）Gamma 尽可能小。

当 Gamma 较大时，Delta 变化的速度快，会使得组合的平衡很容易被破坏。因此，Gamma 较小时，Delta 更容易保持平衡。

（3）Theta 大于 0，且越大越好。

当 Theta 为负时，意味着组合的价值每天都在减少，即持有该组合是有成本的，每天的资金都在减少；当 Theta 为正时，说明组合的价值每天都在增加，资金也在增加，故 Theta 越大越好。

（4）Vega 为 0。

当 Vega 为 0 时，意味着组合的价值不会随着标的资产的波动率变化。当行情剧烈波动时，期权的隐含波动率可能会翻倍，对应的期权价格也会发生剧烈的变化。

上面讲述了在理论上构建一个理想的中性组合需要满足的条件，但是在实际操作中很难满足以上的全部条件，这时便需要进行权衡和取舍。综合来看，投资者在构建一个中性组合时最好做到：① Delta 接近 0；② Gamma 越小越好；③ 在计算收益损失时考虑 Theta 的影响，其值越大越好；④ 标的资产波动率低时 Vega 为正，波动率高时 Vega 为负。

第三节　垂 直 套 利

一、基本概念

垂直套利，也称垂直价差套利，是指按照不同的执行价格同时买进和卖出同一合约月份的看涨期权或看跌期权。之所以被称为"垂直套利"，是因为本策略除执行价格外其余都是相同的，而执行价格和对应的权利金在期权行情表上是垂直排列的。这种套利方法的优点是可将风险和收益限定在一定范围内。

垂直价差期权策略可分为两种类型：净支出价差和净收入价差。净支出价差是指价差策略产生净支出，同时获得期权净多头。因为持有期权多头，所以净支出价差的持有者最好给自己在期权到期日之前留有足够时间，规避时间衰减。净收入价差是指价差策略产生净收入，同时获得期权的空头。因为持有期权空头，所以通常进行期权到期日之前的短线交易，期望获得时间衰减的红利。

二、套利方式

垂直套利主要有四种方式：牛市看涨期权套利、牛市看跌期权套利、熊市看涨期权套利和熊市看跌期权套利。下面将分别介绍这四种套利方式。

1. 牛市看涨期权套利

牛市看涨期权套利是一种净支出的垂直价差期权策略，是指买入一个较长期限的接近平值的看涨期权，同时卖出一个到期期限相同、行权价格更高的看涨期权。

牛市看涨价差策略需要牛市看涨的预期，因为只有当股价上涨时才能获利。由于资产必须上涨才能达到损益平衡点，因此牛市看涨策略更适合长期交易。与简单买入长期看涨期权策略相比，牛市看涨期权价差降低了交易成本和损益平衡点。

对于牛市看涨期权策略，如果标的资产跌破较低买入执行价，则会遭受最大损失；如果标的资产突破更高卖出执行价，则可以获得最大收益。当股价在这两个点之间时，损益平衡点就是较低行权价格加上净支出。具体损益分析如表6-3所示。

表6-3　牛市看涨期权套利损益分析表

策略操作	买入1份低执行价格的看涨期权，卖出1份更高执行价格的看涨期权
最大风险	净权利金（收取的权利金－支出的权利金）
最大收益	（高执行价格－低执行价格）－最大风险
损益平衡点	低执行价格＋净权利金，高执行价格－净权利金
履约后头寸	看涨期权多头转换为标的物多头，看涨期权空头转换为标的物空头

【例6-3】 假设Z股票当前价格为100元，此时投资者买入30天到期的105元的看涨期权，花费200元，同时又卖出30天到期的110元的看涨期权，获得50元。此时一个牛市看涨价差期权组合就已经建立完成。最终投资者实际花费200－50＝150元买入了这个组合，即最大风险为150元。当股票涨到110元，由于投资者卖出了110元看涨期权，所以最大收益为每股110－105＝5元，总共500元。平衡点就在105＋1.5＝106.5元的位置，考虑到当初买入组合的成本为150元，因此只有到期时股价超过106.5元才会盈利。

2. 牛市看跌期权套利

牛市看跌期权套利是指通过买入一份具有较低行权价格的看跌期权来保护自己卖出的看跌期权，从而为卖出看跌期权组合所面临的向下风险提供保护。两份看跌期权的行权价格都应该低于当前股价，从而确保即使股价没有发生变化也能获利。买入的较低行权价格的看跌期权与卖出的较高行权价格的看跌期权相比，是更加远离期权实际价值的虚值期权，之所以能够得到净收入，是因为买入的期权比卖出的期权更便宜。

牛市看跌期权套利实际上是卖出期权，因此会有保证金的要求。如果股价上涨，则两份看跌期权到期时都会变得毫无价值，可以获得净收入。如果股价下跌，那么损益平衡点就是较高的行权价格减去获得的净收入。如果股价保持在该水平之上，那么能够获利，否则就遭受风险，最大风险为两个行权价格的差额减去获得的净收入。具体的损益分析如表6-4所示。

表 6 – 4　牛市看跌期权套利损益分析表

策略操作	买入 1 份低执行价格的看跌期权，卖出 1 份更高执行价格的看跌期权
最大风险	（高执行价格－低执行价格）－最大收益
最大收益	净权利金
损益平衡点	低执行价格＋最大风险，高执行价格－最大收益
履约后头寸	看跌期权多头转换为标的物空头，看跌期权空头转换为标的物多头

【例 6 – 4】　假设 Z 股票当前价格为 100 元，此时投资者卖出 30 天到期的 95 元的看跌期权，获得 200 元，同时又买入 30 天到期的 90 元的看跌期权，支付 50 元。此时一个牛市看跌价差期权组合就已经建立完成。最终投资者实际获得 200－50＝150 元，即最大收益为 150 元。当股票跌到 90 元，由于投资者买入了 90 元看跌期权，所以最大风险为每股 95－90＝5 元，总共 500 元。平衡点就在 95－1.5＝93.5 元的位置，考虑到当初获利 150 元，因此只要到期时股价不低于 93.5 元，就能保持获利。

3. 熊市看涨期权套利

熊市看涨期权套利是指通过买入一份具有较高行权价格的看涨期权来保护自己卖出的看涨期权，从而为卖出看涨期权所面临的向下风险提供保护措施。两份看涨期权的行权价格都应高于当前的股价，以确保即使股价没有发生变化也能获利。所买入的较高行权价格的看涨期权同卖出的较低行权价格的看涨期权相比是更加远离期权实际价值的虚值期权。因此，之所以能够得到净收入，是因为买入的期权比卖出的期权更便宜一些。

实际上，熊市看涨期权套利是卖出期权，因此会有保证金的要求。如果股价上涨，那么损益平衡点就是较低的行权价格加上获得的净收益。如果股价保持在该价格水平之下，则能够获利，否则就会遭受风险。面临的最大风险就是两个行权价格的差额减去获得的净收益。如果股价下跌，则两份看涨期权到期时都会变得毫无价值，该策略就可以获得净收益。具体的损益分析如表 6 – 5 所示。

表 6 – 5　熊市看涨期权套利损益分析表

策略操作	卖出 1 份低执行价格的看涨期权，买入 1 份高执行价格的看涨期权
最大风险	（高执行价格－低执行价格）－最大收益
最大收益	净权利金
损益平衡点	低执行价格＋最大收益，高执行价格－最大风险
履约后头寸	看涨期权多头转换为标的物多头，看涨期权空头转换为标的物空头

【例 6 – 5】　假设 Z 股票当前价格为 100 元，此时投资者卖出 30 天到期的 105 元的看涨期权，获得 200 元，同时又买入 30 天到期的 110 元的看涨期权，支付 50 元。此时一个熊市看涨价差期权组合就已经建立完成。最终投资者实际获得 200－50＝150 元，即最大收益为 150 元。当股票涨到 110 元，由于投资者买入了 110 元看涨期权，所以最大风险为每股 110－105＝5 元，总共 500 元。平衡点就在 105＋1.5＝106.5 元的位置，考虑到当初获利 150 元，因此只要到期时股价不高于 106.5 元，就能保持获利。

4. 熊市看跌期权套利

熊市看跌期权套利是一种垂直价差期权策略，账户是净支出的，买入一个平值的长期看跌期权并卖出同样到期日的较低执行价格的看跌期权。

熊市看跌期权价差策略需要熊市看跌的预期，只有在股价下跌时才会获利。由于股价必须下跌才能达到损益平衡点，因此熊市看跌期权往往更适合长期交易。与简单买入看跌期权相比，该策略的效果是降低成本并提高交易的盈亏平衡。

对于熊市看跌期权套利，如果股价上涨并超过较高买入行权价格，将遭受最大风险；如果股价跌至较低卖出行权价格以下，将获得最大收益。如果股价在这两个点之间，损益平衡点就等于较高的行权价格减去净支出。具体的损益分析如表6-6所示。

表 6 - 6　熊市看跌期权套利损益分析表

策略操作	卖出 1 份低执行价格的看跌期权，买入 1 份高执行价格的看跌期权
最大风险	净权利金
最大收益	（高执行价格－低执行价格）－净权利金
损益平衡点	低执行价格＋最大收益，高执行价格－最大风险
履约后头寸	看跌期权多头转换为标的物空头，看跌期权空头转换为标的物多头

【例 6 - 6】　假设 Z 股票当前价格为 100 元，此时投资者买入 30 天到期的 95 元的看跌期权，花费 200 元，同时又卖出 30 天到期的 90 元的看跌期权，获得 50 元。此时一个熊市看跌价差期权组合就已经建立完成。最终投资者实际花费 200－50＝150 元买入了这个组合，即最大风险为 150 元。当股票跌到 90 元，由于投资者卖出了 90 元看跌期权，所以最大收益为每股 95－90＝5 元，总共 500 元。平衡点就在 95－1.5＝93.5 元的位置，考虑到当初买入组合的成本为 150 元，因此只有到期时股价低于 93.5 元才会盈利。

第四节　平 价 套 利

一、基本概念

具有相同行权日期与行权价格的购权和沽权，当两者的定价出现偏差时，便存在套利机会，这种策略称为平价套利。

二、套利原理

1. 购沽权平价公式

平价套利原理源自购沽权平价公式，该公式认为具有相同行权价格的认购期权价格和认沽期权价格间存在确定性关系。该公式成立的假设条件如下：

（1）期权的行权方式为欧式；

（2）标的资产在存续期内不会发生分红事件；

（3）利率在存续期间不会发生变动，且借贷利率相等；

（4）忽略交易成本以及保证金机会成本。

在满足上述假设条件的前提下，购沽权平价公式可以表示为

$$C + Ke^{-rT} = P + S \qquad (6-4)$$

式中：C 是行权价格为 K 的认购期权的价格；K 为期权的行权价格；P 是行权价格为 K

的认沽期权的价格；S 为标的资产的证券实际价格；T 是距离期权到期的时间；r 是市场无风险利率；e^{-rT} 是连续复利的折现系数。

2. 简化后的购沽权平价公式

为方便计算，实际计算资金成本时，无风险利率极低，可忽略不计，即 r 为 0，代入式（6-4）可得

$$C+K=P+S \tag{6-5}$$

该公式不受制于任何期权定价模型的影响而始终保持成立，并且无须考虑波动率因素，可根据其来判断期权价格是否偏离合理价格，从而发现套利机会。

当 $C+K>P+S$ 时，可买入认沽期权，买入对应标的资产，同时卖出认购期权；

当 $C+K<P+S$ 时，可卖出认沽期权，卖出对应标的资产，同时买入认购期权。

3. 平价套利的本质

将上述的平价公式 $C+K=P+S$ 进行变形，可得 $C-P=S-K$，等式左边的 $C-P$ 实际就是合成多头，买入购权，卖出沽权。

平价套利的本质就是期权合成多头（或合成空头）和标的资产之间的价差套利，当期权合成的价格和现货的价格出现价差时，便可以进行套利。当合成多头大于现货价格时，就可以卖出合成多头，其实就是合成空头，买入现货；当合成多头小于现货价格时，则合成多头，卖出现货，若没有底仓则需要通过融券做空或者卖出期货。

三、套利流程

（1）在 T 型期权报价的指标栏对比两边时间价值，寻找差价大的一对期权。通常时间价值高的期权，其 Theta 和波动率也偏高。

（2）计算收益和成本（主要包括资金成本手续费、融券限制和融券成本等），衡量年收益率，决定是否进行套利。

（3）计算 $C+S$ 和 $P+S$，同时卖出价格高的一端，买入价格低的一端。

（4）根据平仓时机获利平仓。

【例 6-7】　假设 50ETF 的价格是 2.25 元，而行权价格是 2.25 元的认购期权和认沽期权的价格分别是 0.036 7、0.031 2，若当天是该期权的最后行权日，其平价公式为 A＞B（A＝0.036 7＋2.25，B＝0.031 2＋2.25），说明 A 的价格比较高，正确的套利策略是买入 B 中的证券，同时卖出 A 中的证券，也就是买入认沽期权和股票，同时卖出认购期权。

第五节　盒 式 套 利

一、基本概念

盒式套利是从平价套利策略延伸而来，指一种利用相同期限、不同行权价的期权合约进行套利的方式。如果说平价套利是通过相同期限、相同行权价的一对购权、沽权的时间价差进行套利；那么盒式套利就是利用不同行权价的两对购权、沽权的时间价值差进行套利。

二、套利原理

盒式套利的理论由平价套利公式推导而来。根据平价公式，对于相同期限、不同行权价的两组期权合约存在以下两个等式：

$$C_1 + K_1 = P_1 + S \qquad (6-6)$$

$$C_2 + K_2 = P_2 + S \qquad (6-7)$$

其中，K_1、K_2是两个不同的行权价；C_1是行权价为K_1的认购期权的价格；P_1是行权价为K_1的认沽期权的价格；C_2是行权价为K_2的认购期权的价格；P_2是行权价为K_2的认沽期权的价格；S是标的资产的证券的实际价格。

由式(6-6)减式(6-7)可得

$$C_1 - C_2 + (K_1 - K_2) = P_1 - P_2 \qquad (6-8)$$

变形后可得

$$C_1 + P_2 + (K_1 - K_2) = P_1 + C_2 \qquad (6-9)$$

$$C_1 - P_1 + (K_1 - K_2) = C_2 - P_2 \qquad (6-10)$$

其中，$C_1 - P_1$就是行权价为K_1期权的合成多头；$C_2 - P_2$就是行权价为K_2期权的合成多头。从式(6-10)中可以看出，盒式套利就是两对合成多头之间的套利。

如果将期权具体拆分为内在价值和时间价值，即$C_1 = C_1$内在价值$+C_1$时间价值。

原式变为

C_1内在价值$+C_1$时间价值$-P_1$内在价值$-P_1$时间价值$+(K_1 - K_2)$

$=C_2$内在价值$+C_2$时间价值$-P_2$内在价值$-P_2$时间价值

其中，C_1内在价值$-P_1$内在价值$+(K_1 - K_2) = C_2$内在价值$-P_2$内在价值。

因此，可得

C_1时间价值$-P_1$时间价值$=C_2$时间价值$-P_2$时间价值

C_1时间价值$-P_1$时间价值$=$行权价K_1购沽权的时间价值差

C_2时间价值$-P_2$时间价值$=$行权价K_2购沽权的时间价值差

行权价K_1购沽权的时间价值差$=$行权价K_2购沽权的时间价值差

综上，在理论上不同行权价的购沽权的时间价值是相等的，当两个时间价值差有较大差异时，就可以进行盒式套利。

【例6-8】　假设50ETF行权价为2 500的购权和沽权的时间价值差为50元，行权价为2 400的购权和沽权的时间价值差为10元，那么就存在50-10=40元的价差可以套利，且这40元价差就是套利的盈利。

三、套利流程

如果说平价套利是通过相同期限、相同行权价的一对购权、沽权的时间价差进行套利，那么盒式套利就是利用不同行权价的两对购权、沽权的时间价值差进行套利。

当(C_1时间价值$-P_1$时间价值)$>$(C_2时间价值$-P_2$时间价值)时，买入P_1、C_2，卖出C_1、P_2。

当(C_1时间价值$-P_1$时间价值)$<$(C_2时间价值$-P_2$时间价值)时，买入C_1、P_2，卖出P_1、C_2。

【**例 6 - 9**】　假设50ETF行权价2 500的时间价值为140元，沽权的时间价值为90元，两者价差为50元；50ETF行权价2 400的时间价值为185元，沽权的时间价值为175元，两者的价差为10元；两个价差相减为50－10＝40元。若把行权价2 500作为K_1，行权价2 400作为K_2，此时满足(C_1 时间价值－P_1 时间价值)＞(C_2 时间价值－P_2 时间价值)，应该买入P_1、C_2，卖出C_1、P_2，即买入2 500沽权、2 400购权，卖出2 500购权、2 400沽权。

第六节　日　历　套　利

一、基本概念

日历套利也称为水平套利，是指买入具有相同行权价、相同方向，但不同期限期权合约的一种套利方式。

二、套利方式

日历套利的主要套利方式分为做多波动率和做空波动率两种。

1. 做多波动率

当投资者预期波动率上升时，可以做多波动率。

1）考虑 Vega 值

波动率对期权价格的影响主要由 Vega 衡量，Vega 小，期权价格变化就小；Vega 大，期权价格变化就大。Vega 的大小排序为：远期平值＞远期虚值和远期实值；近期平值＞近期虚值和近期实值。

由排序可知，远期期权 Vega 大于近期期权 Vega，说明与近期期权相比，远期期权价格受波动率影响更大。那么做多波动率就应该买入远期合约，卖出近期合约。

2）考虑 Theta 值

投资者在持有组合时，还要考虑期权价格随时间的变化，即 Theta。Theta 可以理解为持有期权的时间成本。图 6 - 2 所示为 Theta 随期限变化曲线。

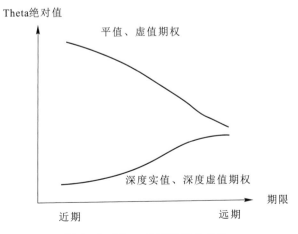

图 6 - 2　Theta 随期限变化曲线

从图 6-2 可以看出：对于平值、轻度虚值的期权，近期 Theta 大于远期 Theta。对于行权价、方向相同的平值、轻度虚值期权，卖出近期期权的 Theta 收益大于买入远期期权的 Theta 损失。因此通过日历套利来做多波动率的策略组合就是：卖出近期平值、轻度虚值的期权，买入远期平值、轻度虚值的期权。该组合的优势是，既可以在波动率上升时获得收益，也可以在持仓时得到 Theta 价差收益。

行权价、方向相同，远期期权的 Delta 大于近期期权的 Delta。所以，如果投资者看多，卖出近期平值、轻度虚值的购权，买入远期平值、轻度虚值的购权；如果投资者看空，卖出近期平值、轻度虚值的沽权，买入远期平值、轻度虚值的沽权。日历套利以 Theta 价差为主、多空波动率为主，看多看空的倾向比较弱。

2. 做空波动率

当投资者预期波动率下降时，就可以做空波动率。行权价、方向相同时，远期期权 Vega 大于近期期权 Vega，说明随着波动率下降，远期期权价格下降得更快，所以做空波动率为：卖出远期期权，买入近期期权。

从图 6-2 所示的 Theta 随期限变化图可以看出：深度实值、深度虚值的远期期权 Theta 更大。由于深度实值组合占用的资金较多，选择深度虚值来构建组合。即卖出远期深度虚值期权的 Theta 收益，大于买入近期深度虚值期权的 Theta 损失。因此，通过日历套利来做空波动率的策略组合就是：买入近期深度虚值期权，卖出远期深度虚值期权，既可以得到波动率下降的收益，又可以得到 Theta 价差收益。

行权价、方向相同，远期期权的 Delta 大于近期期权的 Delta。所以建立组合的多空方向以远期期权为主。投资者如果看多，就买入近期深度虚值沽权，卖出远期深度虚值沽权；如果看空，就买入近期深度虚值购权，卖出远期深度虚值购权。

三、套利组合

上面讲述了平价套利、盒式套利和日历套利的方法，在现实操作中，投资者可以根据实际情况对上述方法进行综合使用来提高最大收益。

1. 平价+日历双套利组合

根据在平价套利中讲述的期权平价公式：

$$C + K = P + S \tag{6-11}$$

假如 $C_1 + K_1 > P_1 + S$，可以进行平价套利，即买入 P_1（期限、行权价相同的沽权），买入 S（标的资产），卖出 C_1（期限、行权价相同的购权）。假如此时要构建一个日历套利，买入 C_1（和前面卖出 C_1 相抵消），卖出 C_2（期限不同、行权价相同的购权），就可以直接卖出 C_2，买入 P_1、S_1。这样，就形成了一个平价+日历双套利组合。同理，如果 $C_1 + K_1 < P_1 + S$，可以进行平价套利，即买入 C_1，卖出 P_1、S，结合卖出 C_1，买入 C_2 的日历套利，就是买入 C_2，卖出 P_1、S 构建的双重套利。

2. 盒式+日历双套利组合

根据前面讲述的盒式套利原理：

当 $C_1 + P_2 + (K_1 - K_2) > P_1 + C_2$ 时，则买入 $P_1 + C_2$，卖出 $C_1 + P_2$；

当 $C_1 + P_2 + (K_1 - K_2) < P_1 + C_2$ 时，则买入 $C_1 + P_2$，卖出 $P_1 + C_2$。

可以看到，盒式套利有更多的组合机会，只需要进行仓位合并即可。

第七节　末日期权套利

一、基本概念

末日期权通常是指距离到期日仅剩下一个或者几个交易日的期权，随着期权到期日的临近，期权的时间价值加速衰减，此时期权价格比月初较低。

二、套利方式

末日期权套利主要有三种方式：实值期权时间价值套利、卖出虚值期权和买入末日期权。下面将分别介绍这三种套利方式。

1. 实值期权时间价值套利

实值期权时间价值套利适用于期权仅剩最后一个交易日就到期的情况。通常情况下，一张期权在即将到期时，其时间价值会逐渐归零。但如果一张期权在最后一个交易日里仍然存在很高的时间价值，就存在套利的机会。下面我们分两种情况来介绍：

（1）时间价值大于 0。

在最后一个交易日即将到期时，如果购权的时间价值大于 0，可以卖出购权，买入标的，等待对方行权；如果沽权的时间价值大于 0，那么卖出沽权，准备好资金，等待对方行权，账户里的资金被划走，转入标的，然后在市场卖出该标的。

（2）时间价值小于 0。

末期期权的时间价值也会存在为负的时候，通常在交易软件上显示为 0。例如一张实值期权，内在价值应该为 60 元，但数据上显示其时间价值为 0，内在价值只有 40 元，其实可以理解为内在价值为 60 元，时间价值为 -20 元。

如果是即将到期的购权，时间价值为负，那么可以买入购权，并准备资金行权，行权得到标的后在市场卖出；如果是即将到期的沽权，时间价值为负，那么可以买入沽权，同时买入标的，行权将标的卖出，得到资金。

【例 6 - 10】　假设 2018 年 12 月 26 日是 12 月期权行权的最后一天，即将到期的 50ETF 平值认沽期权的时间价值为 50 元，卖出 1 张沽权，得到 50 元权利金，T＋1 日在账户准备好资金，约 20 000 元，被行权后得到 10 000 份 50ETF，刚好当时的走势比较平稳，T＋2 日以 20 000 元卖出 10 000 份 50ETF，最终得到 50 元收益。

2. 卖出虚值期权

在期权临近到期的最后几天，常常会出现一些卖权评分极高的末日期权。出现这种情况一般有两种可能：一是投资者的投机行为。因为末日期权的杠杆较高，故很多投资者喜欢买入末日期权来投机。二是因为保证金的上浮制度。临近到期日的保证金上浮会导致很多期权卖方由于保证金提升而被迫平仓，这时期权的时间价值下降，价值减少，但会有部分虚值期权出现价格不跌或上升的情况，存在卖出虚值末日期权套利的机会。

同样，卖出虚值末日期权也面临巨大的风险，要注意以下几点：

（1）要选取卖权评分高、隐含波动率高的期权卖出；

（2）卖出末日期权要严格把控风险，例如设置止损仓；

（3）要控制好仓位数量。

3. 买入末日期权

前文也说到末日期权随着期权到期日的临近，期权的时间价值加速衰减，期权价格比月初较低。若买入后标的大幅度顺向，将获得大额收益。

【例 6-11】 2018 年 9 月 26 日，末日期权当月购 2600 价格是 48 元一张，50ETF 从 2.608 一路上涨最高至 2.665 元，这张末日期权的价格随着上涨至 725 元，是买入价格的 15 倍；50ETF 收盘时回落至 2.638 元，这张末日期权按交收价为 380 元/张，大约为买入价的 8 倍。而当天 50ETF 涨幅 1.46%，振幅 2.23%，并不算特别剧烈的走势。

买入末日期权是一种低胜率、单次大额盈利的投资模式，末日期权的价格要么归零，要么可能翻几倍甚至上百倍。它并不适合作为一个单独使用的策略，不适合将大量资金投入其中，适合小资金参与或者与稳定的现金流和收益配合使用。因此在操作中要注意以下几点：

（1）买入末日期权应选择轻度虚值或平值期权，上下价格最好不超过一档，这样盈利的概率和收益空间都更大一些；

（2）投资者只可用小额资金参与，因为买入的期权有很大概率价格归零，买入末日期权的钱最后可能会亏光；

（3）最好选择买入时间价值小、波动率低的末日期权。

课 后 习 题

1. 打开交易软件，熟悉 T 型期权报价栏上的各项指标及含义。

2. 找到一组具有相同行权日期和行权价格且价格出现偏差的购权和沽权，设计一个平价套利策略并计算出收益率。

3. 找到一个卖权评分高的末日期权，设计一个套利策略并计算出收益率。

第七章　统　计　套　利

统计套利主要是在对历史数据进行统计分析的基础上，估计相关变量的概率分布，并结合基本面数据进行分析以指导套利交易。与传统单边投资方式相比，统计套利多空双向持仓在处理大资金方面可以有效规避一部分风险，股指期货中常用的期现套利和跨期套利以及商品期货中跨品种套利都是常用的统计套利的例子。统计套利的主要思路是先找出相关性最好的若干对投资品种（股票或者期货等），再找出每一对投资品种的长期均衡关系（协整关系），当某一对品种的价差（协整方程的残差）偏离到一定程度时开始建仓——买进被相对低估的品种、卖空被相对高估的品种，等到价差回归均衡时获利了结即可。

本章主要介绍统计套利内容当中的股票配对交易、股指套利、融券套利和外汇套利。

第一节　统计套利与配对交易

一、统计套利的定义

1. 基本概念

摩根士丹利将统计套利定义为一种基于模型的投资过程，在不依赖于经济含义的情况下，运用数量手段构建资产组合，根据证券价格与数量模型所预测的理论价值进行对比，构建证券投资组合的多头和空头，从而对市场风险进行规避，获取一个稳定的 Alpha 收益。股指期货中常用的期现套利和跨期套利以及商品期货中跨品种套利都是常用的统计套利的例子，除此之外还有股票配对交易、融券套利和外汇套利等。

统计套利是指利用证券价格的历史统计规律进行套利，是一种风险套利，其风险在于这种历史统计规律在未来一段时间内是否继续存在。例如，与股指期货有关的期现套利和跨期套利，由于期货的价格在到期时必须收敛于现货价格，价差必然归零，期现套利可看作是无风险套利。尽管不同月份的期货合约价格也存在着均衡关系，但是它们的价格在近月合约到期时并不一定收敛，因此，跨期套利实际上是一种风险套利或者统计套利。

S. Hogen、R. Jarrow 和 M. Warachka 等（2004）对统计套利进行了精确的数学定义，他们强调统计套利是具有零初始成本、自融资的交易策略。用 $V(t)$ 表示在 t 时刻的累计收益，以无风险利率折现的现值为 $v(t)$，$v(t)$ 应满足如下条件：

(1) $V(0)=0$，表示初始成本为零。

(2) $\lim\limits_{t\to\infty} E[v(t)]>0$，表示组合收益均值的极限值大于零。

(3) $\lim\limits_{t\to\infty} P[v(t)<0]=0$，表示组合亏损的概率收敛于零。

(4) 若 $\forall t<\infty$，$P[v(t)<0]=0$，$\lim\limits_{t\to\infty}\dfrac{\operatorname{var}[v(t)]}{t}=0$，表示在有限的时间内，如果损失

的概率为正，那么收益的方差相对于时间收敛于零。

2. 主要方法

统计套利常常根据均值回归、协整以及针对波动率与相关性等理论建立统计模型，并利用历史数据进行验证。因此，统计套利的主要思路是先找出相关性最好的若干对股票组合，再找出每一对股票组合的长期均衡关系（协整关系），当某一对股票组合的价差（协整方程的残差）偏离到一定程度时开始建仓：买进被相对低估的股票组合，卖空被相对高估的股票组合，等到价差回归均衡时获利了结即可。

当残差序列是平稳的，并且服从正态分布时，统计套利就会变得很容易，投资者只需在价差出现在分布的尾部时建仓，在价差出现在零附近时平仓即可。

【例 7 - 1】 假设我们找到了这样一对股票 A 和 B 的序列，它们的差价经过协整检验证明具备稳定性，我们计算出该时间序列的均值和标准差，就可以设定一个稳定阈域，在偏离的时候买入/卖出，等到回归到稳定阈域再平仓。例如过去 6 个月内，A 股票和 B 股票的价差序列为平稳序列，均值为 20，标准差为 2，设定阈域为 1.5 个标准差，那么平稳区间就是 17～23 。

当 A－B ＞ 23 时，我们买入 B，卖出 A；

当 A－B ＜ 17 时，我们买入 A，卖出 B。

等到回归到平稳区间平仓。

在实际情况中，残差序列往往不是服从正态分布的，因此可采用如下方法：

(1) 可以采用混合正态分布或直接用非参数的方法来拟合其收益率的分布。当残差中存在自相关性或异方差性，可以考虑用 ARMA 模型或 ARCH 模型来刻画这些特性。

(2) 还可以采用一些方法滤波来排除噪声干扰，比如 Kalman 滤波等，并利用最新的信息来估计残差的可预测部分，当实际残差与预测值发生较大偏离时入场套利。

(3) 主成分法也可以应用于统计套利。其原理是先找出一些股票的共同驱动因素——主成分，然后根据主成分的系数向量构建主成分组合（类似于市场基准），并将每一只股票的收益率表示为这些主成分组合的线性函数，当残差出现一定的偏离时，做空该成分股并做多主成分组合（或相反），以实现在 β 中性的前提下获取一定的 Alpha 收益。

二、配对交易

1. 基本概念

配对交易（Pairs Trading）是 20 世纪 80 年代中期华尔街著名投行 Morgan Stanley 的数量交易员 Nunzio Tartaglia 成立的一个数量分析团队提出的一种市场中性投资策略。配对交易策略的基本原理是基于两个相关性较高的股票或者其他证券，如果在未来时期保持着良好的相关性，一旦两者之间出现了背离的走势，且这种背离在未来是会得到纠正的，那么就可能产生套利的机会。对于配对交易的实践而言，如果两个相关性较高的股票或者其他证券之间出现背离，就应该买进表现相对较差的，卖出表现相对较好的。当未来两者之间的背离得到纠正，那么可以进行相反的平仓操作来获取利润。

由于配对交易利用配对间的短期错误定价，通过持有相对低估，卖空相对高估，因此其本质上是一个反转投资策略，其核心思想是股票价格均值回复。尽管配对交易策略非常简单，但却被广泛应用。其之所以能被广泛应用的主要原因是：首先，配对交易的收益与市场相独立，即市场中性，也就是说它与市场的上涨或者下跌无关；其次，其收益的波动性相对较小；第三，其收益相对稳定。

在实施配对交易时，也要注意甄别由于某一只股票基本面恶化而造成的配对股票价差扩大带来的操作风险。

2. 配对交易的特点

第一，配对交易利用了两个资产的短暂价格偏离的对称性，进行对冲以获取两个资产的 Alpha 收益。其核心假设是配对资产的价差具有均值回复性，而这种均值回复是与交易者的非理性行为相关的。因为当市场中存在大量这类想法的交易者时，股票价格会产生上升的惯性，但这种上升惯性仅仅由于这一个非理性因素所驱动，并没有具体实际的基本面因素支撑，因而股价很快会跌落。相反，股价下跌的股票也会产生下跌的惯性，当市场的理性因素占据主导时，价格又回复到原先的水平。如果交易者能够采用配对交易策略，就可以获得这两项资产价格偏离的收益了。在实际操作中，其执行过程可以简单地描述为：投资者首先选择相互匹配的两个资产，当配对资产价格差异增加的时候，做多价格偏低的资产，同时做空价格偏高的资产，而当价格差异减小的时候，则结束头寸，完成交易；同时，为了控制风险，当价差进一步扩大时，需要在适当的止损点结束头寸。

第二，配对交易是一种市场中性的交易策略。当观察到配对的资产价格差异增大到一定程度时，对价格上升的资产建立空头，对价格下跌的资产建立多头。在一价定律的作用下，配对资产的价格差异将很快减小。这时，再买入价格下跌的资产对冲之前建立的空头头寸，同时卖出价格上涨的资产，获取两项资产的收益。就整个过程来看，配对交易在单一资产上都有系统风险和个别风险，但由于头寸始终是相反的，因此系统风险完全对冲，配对交易整体上只承担了配对资产的个别风险。在一价定律下，价格对于价值的回复使得配对资产的个别风险直接转换为个别收益。这种收益是与市场无关的。

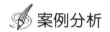 **案例分析**

股票配对交易

我们来看 A 股市场上一对比较常见的配对股票：美的集团（000333），格力电器（000651），时间为 2014 - 01 - 01 至 2017 - 12 - 31，中间有一段时间格力电器停牌，数据缺失，如图 7 - 1 所示。

经计算，两者相关性系数为 98.73%，可以说相关性相当高，这也就是为什么两者经常被用来做配对交易。在 2014 - 01 - 01 至 2017 - 12 - 31 期间，二者表现为同涨同跌，且幅度相近，说明两者在较长时间内，存在着稳定关系。

我们再来看 2018 - 03 - 01 至 2018 - 09 - 01 期间，两者的相关性，如图 7 - 2 所示。从短期来看，两者相关性依然很高，相关性系数达到 94.18%。

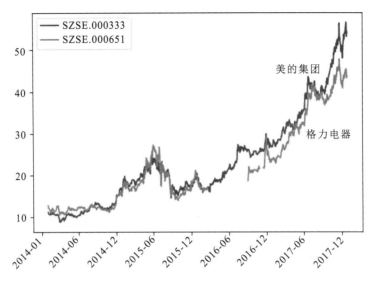

图 7 - 1　美的集团与格力电器股票价格走势

图 7 - 2　美的集团与格力电器股票价格短期走势

接下来，我们来看一下配对交易的一般策略思想，如图 7 - 3 所示。

将回测参数均设置为：

时间：2015 - 01 - 01 至 2018 - 08 - 01。

调仓频率：1 天。

基准指数：沪深三百指数（SHSE.000300）。

标的：美的集团（000333），格力电器（000651）。

滑点：0.000 1。

手续费：0.000 1。

策略思想：

（1）获取两只股票交易情况，如果停牌，则跳过。

（2）计算前四日，两者收盘价差值，并计算差值的方差及平均值。

（3）依据以上数据，构造差值的布林通道。

（4）当价差上破布林上轨，做空价差(半仓)。

（5）当价差下破布林下轨，做多价差(半仓)。

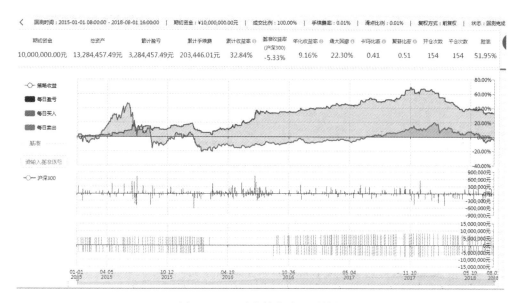

图 7 - 3　配对交易策略回测结果

从结果我们看到，策略取得了较好的收益及稳定性，策略累计收益率达到 32.84%，同期沪深 300 的收益率为－5.33%。

当然，配对交易还有很多策略思想，在这里仅提供一个较为简单的例子便于大家理解。

第二节　股 指 套 利

一、行业指数套利

在我国的经济发展中，很多行业具有很强的相关性，例如，金融和地产，两者之间存在着相互依存的关系，是相辅相成的。一方面，房地产的开发和经营需要金融业的有力支持，房地产的流通和消费同样需要金融业的参与。另一方面，随着房地产的不断增值吸引了金融业的进入，金融业在房地产业拓展了大量金融服务内容。又如，工业和材料之间，工业的发展离不开材料，当工业增速加快的时候，对材料的需求也会很大，所以这两个行业之间同样具有很强的相关性。

本节以工业和材料两个行业为例来说明行业指数间的套利行为。

【例 7 - 2】　图 7 - 4 展示了 2017 至 2020 年间 300 工业指数和 300 材料指数的比价关系。从图中可以看出，这两个指数长期的比价处于 0.95～1.15 之间，因此当比价超过 1.15 时可以采取做空工业指数并做多材料指数的交易策略，当比价恢复到 0.95 以后则平仓并进行反向操作，从而规避系统性风险，赚到其中的波动差。

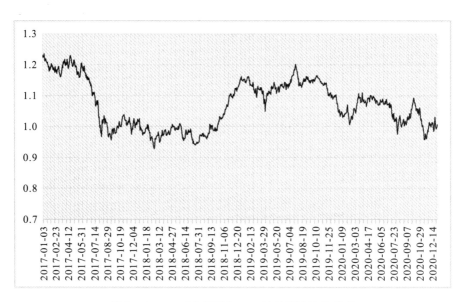

图 7-4　300 工业指数和 300 材料指数比价关系

2017 年 2 月 13 日，工业指数和材料指数的比价为 1.2，超过了 1.15 的区间，我们认为这个比价在未来一段时间会修复，则可以做空工业指数，同时做多材料指数。

2017 年 2 月 13 日，工业指数点位为 2 637，材料指数点位为 2 197。假定在两个指数上分别投资 50 万元，保证金比例为 10%。这里为了计算方便，不考虑每个点位对应的份数，认为每次就根据当前指数点位买入对应的份数，则建仓时：

工业指数空头仓位为 $\dfrac{500\ 000 \div 10\%}{2\ 637} = 1\ 896$（份）

材料指数多头仓位为 $\dfrac{500\ 000 \div 10\%}{2\ 197} = 2\ 276$（份）

到了 2017 年 8 月 9 日，两个指数的比价已经恢复到了 0.96，可以认为已经到达了考察区间内比价的下限区间，则进行平仓操作。此时工业指数点位为 2 598，材料指数点位为 2 688。

工业指数空头盈亏 = (2 637 - 2 598) × 1 896 = 73 944

材料指数多头盈亏 = (2 688 - 2 197) × 2 276 = 1 117 516

总盈亏 = 1 117 516 + 73 944 = 1 191 460

盈利率 = $\dfrac{1\ 191\ 460}{1\ 000\ 000} \times 100\% = 119\%$

当然，在实际的交易中，考虑到追加保证金等因素，不可能将资金全部用满，因此实际的利润率达不到案例中的理想情况，但是依然可以获得丰厚的收益。

二、国家指数套利

一个国家可能存在多个交易市场，例如，中国有上海证券交易所、深圳证券交易所、香港交易所。2020 年是我国资本市场设立 30 周年。30 年来，中国资本市场从无到有，从小到大，破浪前行，如今 A 股已跻身全球第二大证券市场。在 A 股市场蓬勃发展的同时，中国企业赴境外上市的热情依旧不减，其中港股市场是中国企业跨境上市的首选目标。

截至 2019 年 12 月 31 日，在港上市内地企业 1 241 家，占香港全部上市公司 2 449 家的 50.7%。香港 2 449 家上市公司的总市值为 38.165 万亿港元（2018 年为 29.909 4 万亿），其中来自内地民营企业的市值占比为 73.3%（2018 年为 67.5%）。正是因为这些中资股占据了香港大盘指数很大的份额，因此中资股指数和恒生指数之间具有比较强的相关性。

从图 7-5 中可以看出，在 2017 至 2020 年间恒生指数和中资指数的比价总的来说在 6～7 之间震荡。如果向上突破 7，则可以做空恒生指数并做多中资指数；如果向下突破 6，则可以做多恒生指数并做空中资指数的方式进行对冲交易。

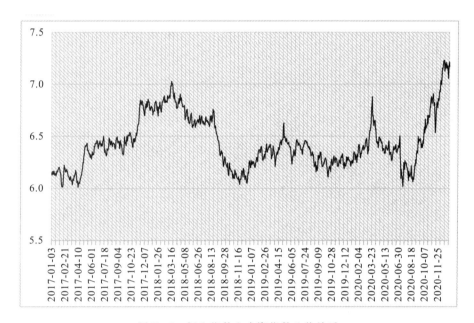

图 7-5　恒生指数和中资指数比价关系

【例 7-3】　在 2018 年 3 月 16 日，恒生指数和中资指数的比价突破区间上界 7，我们认为这个比价在未来一段时间可能会修复，则可以做空恒生指数，同时做多中资指数。

2018 年 3 月 16 日，恒生指数点位为 31 502，中资指数点位为 4 499。假定在两个指数上分别投资 50 万元，保证金比例为 10%。这里为了计算方便，不考虑每个点位对应的份数，认为每次就根据当前指数点位买入对应的份数，则建仓时：

恒生指数空头仓位为 $\dfrac{500\,000 \div 10\%}{31\,502} = 159$（份）

中资指数多头仓位为 $\dfrac{500\,000 \div 10\%}{4\,499} = 1\,111$（份）

到了 2018 年 11 月 20 日，两个指数的比价已经恢复到了 6.04，我们认为已经到达了考察区间内比价的下限区间，则进行平仓操作。此时恒生指数点位为 25 840，中资指数点位为 4 279。

恒生指数空头盈亏 =（31 502－25 840）×159 = 900 258

中资指数多头盈亏 =（4 279－4 499）×1 111 = －244 420

总盈亏 = 900 258－244 420 = 655 838

盈利率 = 655 838÷1000 000×100% = 65.58%

三、洲域指数套利

随着全球经济一体化进程的不断加快，世界各国和地区之间的经贸交流愈加频繁，经济活动相互依存、相互关联。这就使得在一个大洲内部的很多国家、地区之间的经济体具有很强的相关性，比如中国香港和中国台湾，在经济结构、发展阶段、外贸情况等各方面都比较像，因此恒生指数和台湾加权指数之间具有明显的相关性，是可以进行对冲交易的。

从图 7-6 中可以看出，恒生指数和台湾加权指数在 2017 至 2019 年间的比价大体上在 2.4～2.8 之间震荡。如果向上突破 2.8，则可以做空恒生指数，做多台湾加权指数；如果向下突破 2.4，则可以采取做多恒生指数、做空台湾加权指数的方式进行对冲交易。

图 7-6　恒生指数和台湾加权指数比价关系

【例 7-4】 在 2018 年 2 月 21 日，恒生指数和台湾加权指数的比价突破区间上界 2.8，达到 3，我们认为这个比价在未来一段时间可能会修复，则可以做空恒生指数，同时做多台湾加权指数的组合。

在 2018 年 2 月 21 日，恒生指数点位为 31 432，台湾加权指数点位为 10 421。假定在两个指数上分别投资 50 万元，保证金比例为 10%。这里为了计算方便，不考虑每个点位对应的份数，认为每次就根据当前指数点位买入对应的份数，则建仓时：

$$恒生指数空头仓位为 \frac{500\ 000 \div 10\%}{31\ 432} = 159（份）$$

$$台湾加权指数多头仓位为 \frac{500\ 000 \div 10\%}{10\ 421} = 480（份）$$

到了 2018 年 9 月 6 日，两个指数的比价已经恢复到了 2.47，我们认为已经到达了考察区间内比价的下限区间，则进行平仓操作。此时恒生指数点位为 26 975，台湾加权指数点位为 10 924。

$$恒生指数空头盈亏 = (31\ 432 - 26\ 975) \times 159 = 708\ 663$$

中资指数多头盈亏=(10 924－10 421)×480=241 440

总盈亏=708 663＋241 440=950 103

$$盈利率=\frac{950\ 103}{1\ 000\ 000}×100\%=95\%$$

四、全球指数套利

在经济全球化的今天，各大经济体之间的合作与交流越来越密切，这就使得很多国家之间的经济具有很强的关联性，特别是西方发达经济体之间、新兴经济体之间等股票指数的相关性很强，从而成为对冲交易的好选择，比如德国法兰克福 DAX 指数和伦敦金融时报 100 指数。

从图 7-7 中可以看出，德国法兰克福 DAX 指数和英国金融时报 100 指数在 2017 至 2019 年间的比价大体上在 1.6～1.75 之间震荡。如果向上突破 1.75，则可以做空德国法兰克福 DAX 指数，做多英国金融时报 100 指数；如果向下突破 1.6，则可以采取做多德国法兰克福 DAX 指数、做空英国金融时报 100 指数的方式进行对冲交易。

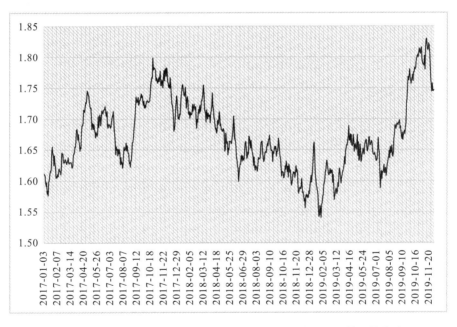

图 7-7 德国法兰克福 DAX 指数和英国金融时报 100 指数比价关系

【例 7-5】 2017 年 11 月 1 日，德国法兰克福 DAX 指数和英国金融时报 100 指数的比价突破区间上界 1.75，达到 1.79，我们认为这个比价在未来一段时间可能会修复，则可以做空德国法兰克福 DAX 指数，同时做多英国金融时报 100 指数的组合。

2017 年 11 月 1 日，德国法兰克福 DAX 指数点位为 13 466，英国金融时报 100 指数点位为 7 488。假定在两个指数上分别投资 50 万元，保证金比例为 10%。这里为了计算方便，不考虑每个点位对应的份数，认为每次就根据当前指数点位买入对应的份数，则建仓时：

$$德国法兰克福 DAX 指数空头仓位为\frac{500\ 000}{10\%}÷13\ 466=371（份）$$

英国金融时报 100 指数多头仓位 $=\dfrac{500\ 000}{10\%}\div7\ 488=668$（份）

到了 2018 年 6 月 28 日，两个指数的比价已经恢复到了 1.6，我们认为已经到达了考察区间内的比价的下限区间，则进行平仓操作。此时德国法兰克福 DAX 指数点位为 12 177，英国金融时报 100 指数点位为 7 616。

德国法兰克福 DAX 指数空头盈亏 $=(13\ 466-12\ 177)\times371=478\ 219$

英国金融时报 100 指数多头盈亏 $=(7\ 616-7\ 488)\times668=85\ 504$

总盈亏 $=478\ 219+85\ 504=563\ 723$

盈利率 $=\dfrac{563\ 723}{1\ 000\ 000}\times100\%=56.37\%$

第三节　融 券 套 利

融券，也称为出借证券，是证券公司将自有股票或客户投资账户中的股票借给做空投资者进行抛售的一种交易行为。证券公司出借证券给客户出售，客户到期返还相同种类和数量的证券并支付利息，客户向证券公司融券卖出称为卖空。融券对冲就是利用融券进行做空交易的同时，买入现货做多，从而规避系统性风险的一种交易方式，主要包括股票-融券套利、可转债-融券套利、股指期货-融券套利和封闭式基金-融券套利这几种方式。

一、股票-融券套利

相对于融资做多而言，融券做空的收益并不低。与此同时，融券做空机制的出现，使得利用融券业务进行做空套利备受关注。虽然融资融券业务规则中对融券卖空做了保护，规定单只标的证券的融券余量达到该证券上市可流通量的 25% 时，交易所可以在次一交易日暂停其融券卖出。该标的证券的融券余量降低至 20% 以下时，交易所可以在次一交易日恢复其融券卖出。

由于在同一交易日中，投资者可以无限次地偿还、借入，因此该规则很难被触及。正是因为融券业务没有单日买卖次数的限定，因此出现了进行个股"T+0"操作的契机。

【例 7-6】 以鱼跃医疗 2022 年 3 月 25 日的走势为例，假设某投资机构判断鱼跃医疗今日走势下跌，券商向其锁定了 300 万股的鱼跃医疗的股票。从早上开始从券商借入鱼跃医疗 100 万股，以开盘价格 26.76 元/股卖出，在当日第一个低点 26.55 元/股进行买券还券，获得了当日内的第一次价差收益 21 万元；然后再向券商借入 100 万股，于当日的最高点 26.8 元/股卖出，在午市收盘前 26.26 元/股进行买券还券，获得了当日内的第二次价差收益 54 万元；第三次交易在午后产生，当鱼跃医疗股价再次上升至 26.37 元/股时，机构向券商再借入 100 万股卖出，并于当日最低价 25.99 元/股进行买券还券，获得了当日内的第三次价差收益 38 万元。在这一天的三次交易过程中，该投资者共赚得 113 万元。因此，在理论上，如果投资者能准确判断个股日内走势，就可以做无限次对倒交易并从中获利。

二、可转债-融券套利

可转债是可转换公司债券的简称，兼具股性和债性的特点，在可转债的有效期限内，债权人有收取本息的权利。而进入转换期限后，债权人可选择按照约定的转股价格将债券转换成股票。可转债与融券组合套利策略也是一种受益于融券交易的策略。当可转债的市场价格低于转股价值时，即转股溢价为负，则存在着套利机会，投资者可以买入可转债并及时将可转债转换成股票并卖出，获取转股价格高于市场价格的差额。

在可转债套利的实际操作中，存在着一些交易和转股的规则限制。例如，投资者买入的可转债存在锁定期，在此期间不能转股；可转债转换的股票在转股后的下一个交易日才能够卖出。融资融券推出前，这些规则使得套利策略存在障碍，隐藏较大风险，导致套利收益难以顺利实现，但融券交易使得这些问题迎刃而解。

套利机会出现时，投资者在买入可转债的同时融券卖出相应数量的标的股票，构建可转债多头与股票空头的组合，等到可转债进入转股期后进行转股，将转股获得的标的股票归还融券负债；或者在可转债市场价格再次高于转股价值，套利空间消失时，买券归还融券负债，同时卖出可转债，提前实现套利。

【例 7-7】　现在 A 股市场，可转债数量较多，我们就以宁波银行可转债，即宁行转债（128024.SZ）为例。

2019 年 6 月 20 日 14:30，宁行转债盘中价 132.50 元，转股数量 5.55 股（100 元/18.01 元），可转债折合为股票价格仅为 23.86 元每股，但该时点宁波银行（002142.SZ）正股价格 24.40 元，存在 0.54 元价差，即有 2.26% 的套利空间。似乎看起来套利很容易，要注意虽然可转债买入当天（T 日）即可换为相应股票，但是投资者只能在第二天（T+1 日）将股票卖出。因此上述所说的套利空间可能会由于第二天股票价格波动而消失。为防止这种市场风险，最常用的方式就是融券卖出锁定套利收益。

2019 年 6 月 20 日 14:30，买入 10 000 张宁行转债（花费 1 324 990 元）并在当日转股，融券卖出 55 500 股宁波银行（获得 1 354 200）。6 月 21 日，买券还券，了结融券负债，同时卖出转股所得 555 000 股，实现套利收益 29 210 元（1 354 200－1 324 990）。当时的融券利率为 8.35%，还需扣除融券 1 日应付的利息 1 354 200×8.35%×1/360＝314（元）。最后的日收益率仍能达到 2.18%。

三、股指期货-融券套利

在融券交易中，券商如果用自营的股票作为融券标的，借给融券者卖出后，如果未来股票价格下跌，投资者买券还券后的收益即为券商的损失。如果这个损失大于融券所获利息，则券商就会出现净损失，这对于券商提供融券的积极性是一个重大打击。由于股指期货的出现，券商可以利用股指期货对冲系统风险，从而实现低风险套利交易。

具体的做法是，当券商向投资者融券后，通过做空股指期货来规避所融出证券股价下行的风险，即如果所融出证券股价下跌，由此产生的损失可以通过做空股指期货的获利得到一定的弥补，进而锁定相对稳定的融券利息收益。通过股指期货的套期保值交易，能够有效对冲融券交易带来的风险，同时激活两种金融创新业务。

【例 7-8】　假定 2021 年 1 月 14 日股指期货开通的当天，有一客户向券商融券卖出贵州茅台 10 000 股，总价值为 2 136 万（1 月 14 日的开盘价 2 136×10 000 股），约定 3 个月后（2021 年 4 月 14 日）归还，融券利息 3%。

如果在这 3 个月中，贵州茅台的跌幅超过 3%，则该融券的利息不足以覆盖股票损失，券商的这笔交易则会出现亏损。为了降低系统性风险，券商可以于 2021 年 1 月 14 日当天以开盘价(沪深 300 指数当天的开盘价为 5 556 点,这里为了计算简便,就用沪深 300 的现货指数来代替股指期货)做空相应市值的股指期货 12 手[股指期货手数＝2 136 万÷(5 556×300)]。

到了 2021 年 4 月 14 日,大盘果然出现下跌,沪深 300 指数从 2021 年 1 月 14 日的 5 556 点跌到了 4 980 点,贵州茅台的价格也从 2021 年 1 月 14 日的 2 136 元跌到 2 028 元。

贵州茅台收益＝(2 028－2 136)×10 000＝－108(万),即亏损 108 万元。

股指期货收益＝(5 556－4 980)×300×12＝207.36(万),即盈利 207.36 万。

融券利息收益＝2 136×3‰＝64.08(万),即盈利 64.08 万元。

总收益＝207.36＋64.08－108＝163.44(万)

总投入＝贵州茅台市值＋股指期货保证金＝2 136＋2 136×20％＝2563.2(万)(20％为股指期货的保证金比例)

$$收益率＝\frac{163.44}{2\ 563.2}×100％＝6.38％$$

如果没有利用股指期货对冲的话,这笔交易的收益＝64.08－108＝－43.92(万)

$$收益率＝\frac{-43.92}{2\ 136}×100％＝-2.06％$$

从上面的案例中可以看出,利用股指期货可以在一定程度上对冲系统性风险,从而确保了融券可以减少损失以获得正收益。

四、封闭式基金-融券套利

封闭式基金属于信托基金,是指经过核准的基金份额总额在基金合同期限内固定不变,基金份额可以在依法设立的证券交易所交易,但基金金额持有人不得申请赎回的基金。

由于封闭式基金不能申请赎回,只能在二级市场上进行买卖,因此,封闭式基金的价格一般会以低于其单位净值进行交易,即折价交易。通过买入折价的封闭式基金,同时构建一个与封闭式投资组合完全一样的股票组合,执行融券卖出,可实现以折价率为收益的套利。

【例 7 - 9】 假设 2020 年 9 月 1 日封闭式投资组合的单位净值为 1 元,其折价率为 30％,每份价格 0.7 元,到期日为 2020 年 12 月 1 日。

步骤 1:2020 年 9 月 1 日,买入封闭式基金 10 万份,即 7 万元;同时融券卖出与封闭式投资组合一致,价值却为 10 万元的股票。

步骤 2:2020 年 12 月 1 日,封闭式基金到期,价格和净值回归一致,也就是说,买入的 10 万份封闭式投资组合价格与融券卖出的一揽子股票净值达到一致。此时,分别对封闭式投资组合与融券交易进行平仓,不管封闭式投资组合净值如何变化,套利锁定折价率 30％的收益,盈利 3 万元。

情形一:假设到期封闭式基金净值为 1.5 元。

(1)封闭式基金平仓:卖出封闭式基金 15－7＝8(万),即盈利 8 万元。

(2)融券平仓:买入一揽子股票归还融券,10－15＝－5(万),即亏损 5 万元。

(3)总盈亏:8－5＝3(万)。

情形二:假设到期封闭式基金净值为 0.8 元。

(1)封闭式基金平仓:8－7＝1(万),即盈利 1 万元。

（2）融券平仓：买入一揽子股票归还融券，10－8＝2（万），即盈利2万元。

（3）总盈亏：1＋2＝3（万）。

情形三：假设到期封闭式基金净值为0.5元。

（1）封闭式基金平仓：5－7＝－2（万），即亏损2万元。

（2）融券平仓：买入一揽子股票归还融券，10－5＝5（万）。

（3）总盈亏：－2＋5＝3（万）。

从市场现状来看，这些融券的套利策略的实现存在以下局限：标的证券及其关联权益证券数量少，融资融券交易期限短，套利技术要求较高。不过，随着融资融券业务的不断拓展，未来标的证券范围的扩大，以及转融通业务的适时推出，必将扫清套利道路上的障碍，促使融资融券套利交易成为投资者保值增值的一种重要投资方式。

第四节　外　汇　套　利

一、外汇交易概述

1. 基本概念

外汇交易就是一国货币与另一国货币进行交换。与其他金融市场不同，外汇市场没有具体地点，也没有中央交易所，而是通过银行、企业和个人间的电子网络进行交易。"外汇交易"是同时买入一对货币组合中的一种货币而卖出另外一种货币。外汇是以货币对形式交易，例如欧元/美元（EUR/USD）或美元/日元（USD/JPY）。

在外汇交易市场，货币成对进行交易，货币对的两个组成币种相互关联、不可分割，货币对的两个组成币种在交易中互相兑换。它们的交换价格称为汇率，汇率受货币的供求关系影响。市场中交易最为常见的货币被称为主要货币，大部分货币的买卖相对于美元（USD）进行，美元（USD）是交易次数最多的货币。另外6种频繁交易的货币是：欧元（EUR）、日元（JPY）、英镑（GBP）、澳大利亚元（AUD）、加元（CAD）和瑞士法郎（CHF）。

2. 外汇的表示

在外汇交易市场，主要的货币对价格用汇率表示，市场的供求决定了货币的价值，外汇市场上一种货币的价值由另一种货币表示。在一个货币对中，第一种货币称为基准货币，第二种货币称为计价货币或相对货币。当投资者进行货币交易时，买入基准货币，卖出计价货币。汇率告诉买家买入一单位基准货币要花费多少计价货币。货币对的顺序通常不变，这是行业的普遍做法。例如，货币对 EUR/USD（EUR 是基准货币，USD 是计价货币）。投资者所见的货币对顺序不会发生改变，所以投资者是买还是卖取决于交易方向，对于 EUR/USD 而言，投资者可以用 EUR 买入 USD，或者是用 USD 买入 EUR。

例如，EUR/USD 1.1800 意味着投资者需用 1.18 美元来买入 1 欧元，也可以说，若投资者卖出 1 欧元就会得到 1.18 美元。所有的交易都同时涉及买入一种货币和卖出另一种货币。如果在第二天，欧元对美元升值，汇率变为 1.20，那么投资者当初买入的每一欧元都将带来 2 美分的收益。如果进行反方向交易，那么投资者当初卖出的（在 1.18 卖出）每一欧元都将带来 2 美分的损失（因为此时的 1 欧元需要投资者拿 1.20 美元来回购）。

3. 外汇的套利原理

在外汇市场中，交易商通过买卖货币获利。货币有两个价格：买价称为"出价"，卖价称为"叫价"，叫价和出价之间的差额就是价差，它代表着做市商从交易商处买入卖出的不同。

例如，EUR/USD 的买价/卖价是 1.1800/1.2000。市场做市商用 1.18 美元从交易商手中买入 1 欧元，但以 1.20 美元的价格把这 1 欧元卖给交易商。如果交易商在汇率无变化的情况下快速买卖，他们将遭受损失，这是由价差造成的。因为交易商的买入价要高于他们的卖出价。事实上，价差是市场做市商的主要收入来源，和其他市场一样，商家的卖价要比买价高。

由于不同的货币之间存在相关性，以及不同的货币的利息等不同，因此存在套利交易及对冲交易的可能性。

二、利差套利

当我们去银行存款和贷款的时候会产生利息，而每个国家的存贷款利率是不同的，称为利差，比如日本的利率几乎为零，而俄罗斯的利率为 9.5%，如果在日本有日元存款，那就不如把它换成卢布存款，以获得更高的利息，甚至可以大量向银行贷入日元并变成卢布存款，获取更高的收入。在理论上，这种套利是存在的，但在实际操作中存在诸多问题。

一是汇率的波动。一般来说，利率水平过高的国家，通货膨胀水平也很高，汇率不稳定。以上例来说，如果这一年卢布贬值了很多，已经远远超过了卢布存款利息的收入，这样就会产生亏损。

二是国家对外汇的管制。各个国家对外来资金都会进行控制，甚至有些国家的金融是封闭的，这也给利差套利在实际操作上带来巨大阻碍。

因此这种跨币种的利差套利对普通投资者很难实现，只有专业的国际投资机构能够运作。

三、货币对套利

在经济全球化的今天，由于很多国家和地区的货币之间存在较强的相关性，因此利用货币对进行对冲交易，可以在降低系统性风险的同时获得相对稳健的收益。目前世界外汇市场都以美元做计算单位，所有外币的升跌都以美元作为相对的汇价。美元强，即外币弱；外币强，则美元弱。美元的升跌影响所有外币的升跌，所以，若看好一种货币，但要降低风险，就需要同时沽出一种看淡的货币。买入强势货币，沽出弱势货币，如果估计正确，美元弱，所买入的强势货币就会上升；即使估计错误，美元强，买入的货币也不会跌太多。沽空了的弱势货币却跌得重，做成亏少赚多，整体来说仍可获利。

【例 7-10】　下面以人民币/港币为例，说明该货币对进行对冲交易的方法。纵观中国内地和香港地区的经济合作史，可以发现二者之间在各个发展阶段都是密不可分的，因此人民币和港币这两个货币的相关性也非常强。从图 7-8 中可以看出，在 2017 年 1 月至 2021 年 6 月期间，人民币和港币的比价总的来说在 1.1~1.25 之间震荡。如果向上突破 1.25，则可以做多港币、做空人民币；如果向下突破 1.1，则可以以做空港币、做多人民币的方式进行对冲交易。

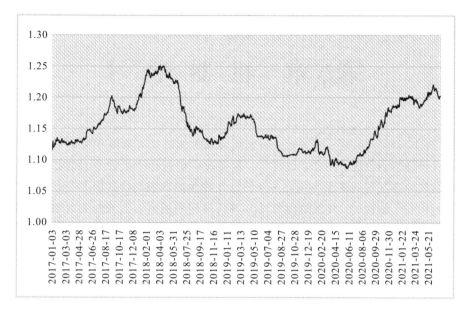

图 7-8 人民币和港币比价

在 2020 年 6 月 1 日，人民币和港币的比价突破区间下界 1.1，达到 1.08，我们认为这个比价在未来一段时间可能会修复，因此可以采用做多人民币、同时做空港币的组合。

2020 年 6 月 1 日，人民币/美元点数为 0.140 5，港币/美元点数为 0.128 9。假定在货币上分别投资 5 000 美元，保证金比例为 1%，则建仓时：

人民币/美元多头仓位为 $\dfrac{5\ 000 \div 1\%}{0.140\ 5} = 3\ 558\ 718$（份）

港币/美元空头仓位为 $\dfrac{5\ 000 \div 1\%}{0.128\ 9} = 3\ 878\ 975$（份）

到了 2021 年 2 月 10 日，两种货币的比价已经恢复到了 1.2，我们认为已经接近了考察区间内比价的上限区间，因此进行平仓操作。此时人民币/美元点数为 0.155 3，港币/美元点数为 0.129。

人民币/美元多头盈亏 $= (0.155\ 3 - 0.140\ 5) \times 3\ 558\ 718 = 52\ 669$

港币/美元空头盈亏 $= (0.128\ 9 - 0.129) \times 3\ 878\ 975 = -388$

总盈亏 $= 52\ 669 - 388 = 52\ 281$

盈利率 $= (\dfrac{52\ 281}{10\ 000} - 1) \times 100\% = 422.81\%$

课 后 习 题

1. 在 A 股市场中找出 3 对相关性较好的股票，并从中选取一对设计一个配对交易策略。

2. 观察 A 股市场中各个行业的走势，并找出一对相关性较强的行业，设计一个行业间的指数套利策略。

3. 在融券套利的方式中选取一种，设计一个套利策略。

第八章　机 器 学 习

随着互联网和大数据的迅速发展，人们可以获得的数据的量级和覆盖面远远超出了人工可以处理和总结的范畴，结合了统计学、数据库科学和计算机科学的机器学习已成为人工智能和数据科学发展的主流方向之一，特别是在金融领域，数据量更是远超人工所能处理的范畴，因此机器学习在金融量化研究上的应用越来越多，相关的文章也越来越多。从金融投资的角度看，这些文章可能缺乏一定的理论基础支撑，大都基于数据挖掘角度；但从量化实践的角度看，有很多值得我们学习和参考的地方，尤其是 Python 的深入应用、数据可视化、机器学习模型的评估与优化等。

本章主要介绍机器学习的基础知识、基本流程以及在量化上的基本应用。

第一节　机器学习的基本介绍

一、机器学习的概念

卡内基梅隆大学的汤姆·米切尔教授在他 1997 年出版的《机器学习》中认为机器学习是任何计算机程序通过经验来提高某任务处理性能的行为。更准确地讲，对于某类任务 T 和性能标准 P，如果一个计算机程序在任务 T 上以 P 衡量的性能标准随着训练经验 E 而自我完善，那么我们称这个计算机程序在从训练经验 E 中学习，如图 8-1 所示。

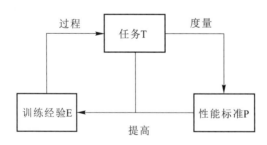

图 8-1　机器学习定义图

伊恩·古德费洛、约书亚·本吉奥、亚伦·库维尔在合著的《深度学习》中，对机器学习是这样定义的：机器学习本质上属于应用统计学，更关注如何用计算机统计估计复杂函数，不太关注为这些函数提供置信区间。H. A. 西蒙认为，学习是系统所做的适应性变化，使得系统在下一次完成同样或类似的任务时更为有效。R. S. 迈克尔斯基认为，学习是构造或修改对于所经历事物的表示。

机器学习致力于研究怎样通过计算的手段，利用经验来改善系统自身的性能。而在计算机系统中，"经验"一般以"数据"的形式存在，因此，机器学习所研究的主要内容是关于在计算机上从数据中产生"模型"的算法，即"学习算法"。有了学习算法，我们把经验数据提供给它，它就能基于这些数据产生模型；在面对新的情况时，模型会给我们提供相应的判断。可以说，机器学习是研究"学习算法"的学问。

机器学习的三要素分别为数据、算法、模型。机器学习研究的是从数据中通过选取合适的算法，自动归纳逻辑或规则，并根据这个归纳的结果（模型）与新数据来进行预测。

通俗地讲，机器学习就是通过算法（数学、统计手段）对一些样本提取特征，再根据这些特征对新的样本进行判断。它主要应用于归纳、综合，而不是演绎。所以，机器学习不是某种具体的算法，而是很多算法的统称。

【例 8-1】 如果我们想买苹果，但是担心这个苹果不甜，于是我们将过去买的苹果都统计下来（历史数据），并根据这些统计结果进行简单的归纳总结（算法），得到一个判断系统（模型），以后再去购买苹果就按这个判断系统来判别挑选，见表 8-1。

表 8-1 苹果分类

编 号	颜 色	尺 寸	甜 度
0	红	大	甜
1	红	小	甜
2	青	小	不甜
3	青	大	甜
4	红	大	不甜
5	红	小	甜

根据前面对机器学习的定义，买苹果学习问题可划分如下：

任务 T：购买苹果。

性能标准 P：购买到的苹果的甜度。

训练经验 E：吃苹果。

颜色与尺寸是属于苹果的特征。当然，我们也可以将编号视作苹果的特征，但是这个编号一般与苹果本身无关，我们就不计入苹果的特征。甜度就是我们的性能标准，也就是标签。从表 8-1 中我们可以清楚地看出，四个红色的苹果有三个是甜的，一个是不甜的，两个青色的苹果中，一个甜，一个不甜。按照颜色分类，可以清楚地看出，红色的苹果是甜的其概率为 75%，青色的苹果是甜的其概率只有 50%。因此，单纯看颜色买苹果时，一定要购买红苹果。如果从尺寸来分类，有三个大的，三个小的，它们是甜的其概率都是 66.7%，没有任何区别。最后将两个特征都算进来不难发现，红色的小苹果 100% 甜。下次再去买苹果时，将一个小的、红苹果这两个属性输入我们的系统，最终会跳出一个结果——甜。这就是一个最简单的机器学习。

二、机器学习的分类

机器学习根据训练方法，大致可以分成以下三类：监督学习、非监督学习和强化学习。表 8-2 就是几个经典算法的分类。

表 8 - 2　算法分类

算　法	训 练 方 式
线性回归	监督学习
逻辑回归	
线性判别分析	
决策树	
朴素贝叶斯	
K 邻近	
学习向量量化	
支持向量机	
随机森林	
AdaBoost	
高斯混合模型	非监督学习
K-means 聚类	
最大期望算法	
DQN	强化学习
Double DQN	

　　监督学习与非监督学习的区别在于训练模型时是否给出正确答案。如果训练时给出正确答案，那就是监督学习；如果训练时没有给出正确答案，那就是非监督学习。监督学习在实际生活中有许多例子，如图像已经拥有了标记信息，银行已经积累了一定的客户信息和他们的信用卡的信用情况，医院已经积累了一定的病人信息和他们最终确诊是否患病的情况，市场积累了房屋的基本信息和最终成交的金额等。又如，前面提到的苹果的例子就是一个监督学习。下面将要提到的利用聚类算法合成行业就是一种非监督学习的例子。强化学习是从动物学习、参数扰动自适应控制等理论发展而来的。其基本原理是：如果模型的某个行为策略导致了一个正反馈（强化信号），那么模型以后产生这个行为策略的趋势便会加强。模型的目标是在每个离散状态发现最优策略，以使期望的折扣奖赏的总和最大。强化学习是一个有反馈的学习系统，可以动态地调整参数。例如，2019 年 1 月 25 日，打败了星际争霸的职业选手"TLO"和"MANA"的 AlphaStar 就采取了强化学习方法。

　　下面我们简单介绍几种常见的算法。

1. 线性回归模型

　　线性模型形式比较简单，方便建模，但是蕴含着机器学习中一些重要的基本思想。线性回归模型中的最小二乘法是一种非常实用的方法，在金融的计量中被广泛使用。线性法即建模线性模型，而最小二乘法可以最小化该线性模型的误差，具体构建思想如图 8 - 2 所示。

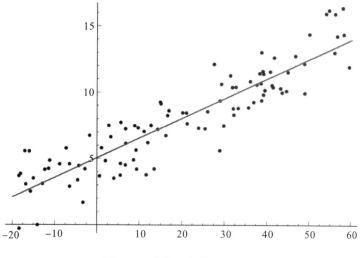

图 8-2 线性回归模型示意图

2. 决策树

决策树是一种监督学习算法，在使用该算法前需要先用训练数据集训练模型。决策树根据不同的问题来做判断，如这个水果是不是红色，是则转到下一个问题，不是则转到相应的问题，直到结束，最后得出一个结论——这个红色、长在树上、可直接食用的水果是苹果。

在构造决策树时，我们需要解决的第一个问题是：当前数据集上哪个特征在划分数据分类时起决定性作用。对苹果来说，红色肯定不能对它起决定性作用。为了找到决定性的特征，划分出最好的结果，我们必须评估每个特征。信息熵就是用来评估特征的指标。决策树就是用最少的"是与否"问题，尽可能地做出一个正确的决策。

例如，我们要判断 a、b、c 三者的关系，从最初输入的 $a<b$ 开始，经过一系列条件判断，最终得到 a、b、c 的四种关系，如图 8-3 所示。

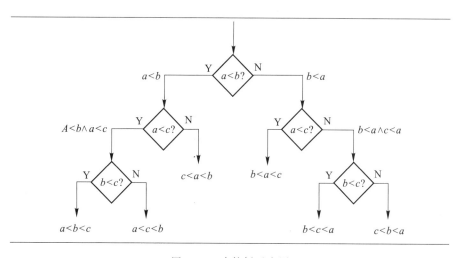

图 8-3 决策树示意图

3. 支持向量机(SVM)

支持向量机可能是最流行和最受关注的机器学习算法之一。SVM 的基本思想是在 SVM 中选择一个超平面将变量空间中不同类别的样本分开。在二维空间中，超平面可以看作一条线。距离超平面最近的两个或多个不同类别的样本的间距应该最大化。SVM 可以解决高维问题(即大型特征空间)、小样本下的机器学习问题，能够处理非线性特征的相互作用并且无须依赖整个数据。

如图 8-4 所示，平面中有两种点：一种是 X 点，另一种是圆点。我们现在要将这两种点分开，存在多种划分方法。我们要取一条最优的分界线，既能把两类样本点分开，还要使得两类样本点中离分界线最近的点离分界线的距离尽可能远。所以我们的目标就是找到图 8-4 中的最优分界线。

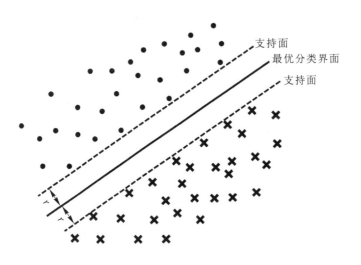

图 8-4　支持向量机示意图

在二维空间中，分界线是一条直线，但在高维空间中分界线不再是一条直线，而是一个面，我们将其称为超平面。另外，我们也可以看到，虽然两类样本点都有很多点，但是真正起作用的是那些离得比较近的点，它们位于超平面上，由于这些点真正起到了决定分割超平面的作用，所以我们把这些点称为支持向量，具体见图 8-4。

4. 集成学习

集成学习，顾名思义，通过将多个单个学习器集成/组合在一起，使它们共同完成学习任务，具体见图 8-5。集成学习有时也被称为多分类器系统(Multi-classifier Systems)、基于委员会的学习(Committee-Based Learning)。

集成学习吸纳了很多算法，构建了一个分类器集合，然后给它们的预测带权重进行投票，从而进行分类。最初的集成方法是贝叶斯平均法(Bayesian Averaging)，但是最近的算法集还包括了纠错输出编码(Error-Correcting Output Coding)、Bagging 和 Boosting。

集成学习可以根据学习器是否相同分为同质集成和异质集成。多个学习器是相同学习器的情况称为同质集成，多个学习器是不相同的学习器的情况称为异质集成。集成学习也

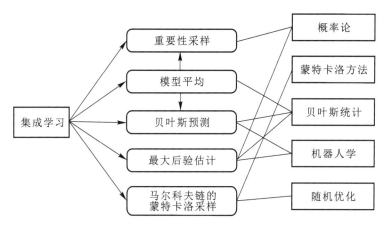

图 8-5 集成学习示意图

可以根据学习器的生成方式分为串行和并行，前者的代表是 Boosting，后者的代表是 Bagging 和"随机森林"。串行集成的基本动机是利用基础模型之间的依赖，通过给错分样本一个较大的权重来提升性能。并行集成的基本动机是利用基础模型的独立性，因为通过平均能够较大地降低误差。

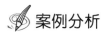 案例分析

利用支持向量机预测股票涨跌

在利用支持向量机进行预测之前，先将数据集分为训练集和测试集。常用的分类方法是将数据集进行 8∶2 分解，0.8 部分是训练集，0.2 部分是测试集。用训练集训练模型，再用测试集评价模型的准确率等指标。

在利用支持向量机预测时，还有很重要的一步是进行参数优化。SVM 的参数如表 8-3 所示。

表 8-3 支持向量机 SVM 模型参数说明

参数符号	参数说明
C	罚函数，错误项的惩罚系数，默认为 1。C 越大，对错误样本的惩罚力度越大，准确度越高，但泛化能力才弱（泛化能力是指拓展到测试集中的准确率）。C 小时，允许样本增加一点错误，使泛化能力提高
Kernel	核函数，包括 linear（线型核函数）、poly（多项式核函数）、rbf（高斯核函数）、sigmod（sigmod 核函数）
Degree	当核函数选成多项式核函数时对应的阶数
Gamma	核函数系数

另外还有一些其他参数，因为本示例不对其进行优化，所以这里不再赘述了。

本示例采用网格搜索算法优化参数，训练好的参数为 $C=0.6$，Gamma＝0.001，训练后的准确率为0.5。这个准确率虽然看起来很低，但在现实生活中准确率都处于较低水平，这里暂时用这个优化后的参数进行建模。

1. 策略思路

第一步：获取原始数据，这里获取 2016 - 04 - 01 到 2017 - 07 - 30 的数据。

第二步：计算 SVM 模型的输入变量。

输入的特征值共7个，见表8 - 4。

表 8 - 4　变量解释

参 数 符 号	计 算 方 法
x_1	最新收盘价/15 日收盘价均值
x_2	现量/15 日均量
x_3	最新最高价/15 日均价
x_4	最新最低价/15 日均价
x_5	现量
x_6	15 日区间收益率
x_7	15 日区间标准差

y 表示5个交易日后收盘价是否上涨，具体见表8-5。

表 8 - 5　参数含义

参 数 符 号	含 义
$y=1$	表示股价上涨
$y=0$	表示股价下跌

第三步：利用训练好的模型预测股价的未来走向。若股价上涨（$y=1$）则开仓。

第四步：设置止损止盈点。若已经持有仓位则在盈利大于10％的时候止盈，在星期五损失大于2％的时候止损。

回测时间：2017 - 07 - 01 09:00:00 到 2017 - 10 - 01 09:00:00。

回测初始资金：1 000 万。

回测标的：SHSE.600000。

2. 回测结果与稳健性分析

设定初始资金为1 000 万，手续费率为0.01％，滑点比例为0.01％。回测结果如图8 - 6所示。

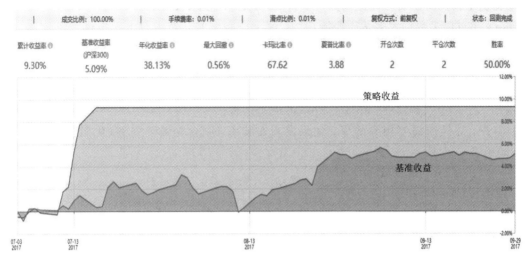

图 8 - 6 策略回测图

回测期累计收益率为 9.30％，年化收益率为 38.13％，沪深 300 指数收益率为 5.09％，策略收益率跑赢指数，策略最大回撤为 0.56％，胜率为 50.00％。

为了检验策略的稳健性，改变回测时间，得到的结果，见表 8 - 6。

表 8 - 6 不同时期策略回测情况

回测期	时长	年化收益率	最大回撤
2017-07-01—2017-10-01	3 个月	38.13％	0.56％
2017-07-01—2017-12-31	6 个月	18.85％	0.56％
2017-07-01—2018-07-01	12 个月	9.38％	0.56％
2017-07-01—2019-07-01	24 个月	2.84％	3.07％
2017-07-01—2020-07-01	36 个月	1.89％	3.07％

由表 8 - 6 可知，改变回测时间后，策略整体收益均大于 0，但随着回测时间变长，收益率不断下降，策略的最大回撤能控制在一个合理水平内。

第二节 机器学习的基本流程

机器学习在实际运用中的基本流程为：数据收集、数据清洗、模型选择和模型学习（包括训练模型、评价模型、调参）。

一、数据收集

对于有志学习机器学习的人来说，国外的 Kaggle、国内的天池都是非常重要且好用的网站。对于一般的数据集，Kaggle 里有超过 50 000 个数据集，足够用来学习机器学习算法，同时也可参与其中的竞赛并观摩学习其他人的算法。天池是阿里云推出的一个数据建模和数据分析平台，与 Kaggle 的功能相差不大，可以下载里面的数据集来学习。

对于金融从业者以及金融爱好者来说，金融数据显得更为重要。一些专业的数据库很好地提供了我们所需要的各种数据，如 Wind 数据库、国泰安数据库、锐思数据库、iFind、Choice。不过以上数据大多是需要购买的。网上也有一些开源的数据库可供大家使用，如 Tushare、Baostock、Akshare、Pandas_datareader、JoinQuant。以上几个是开源免费的数据库，提供了接口供用户获取数据，但需要用户具有一定的编程能力。

下面利用 Python 获取同花顺概念行业中的参股银行行业交易数据（以 Tushare 数据库为例）。注：以下代码都在 Jupyter Notebook 上运行。

首先，导入所需要用到的库。如果没有安装库，则首先需要安装（代码为 pip install tushare）。

1. import tushare as ts
2. token＝′xxxxxxxxxxxxxxxxxxxxx′♯输入自己的 token
3. pro＝ts. pro_api(token)
4. ♯先引入后面可能用到的库
5. import pandas as pd

其次，通过查询行业分类找到参股银行的行业代码。下面所涉及的代码都可以在 Tushare 官网中查询。

1. df_industry＝pro. ths_index()

df_industry 里面已经存储了不同行业的代码及相关内容，我们查看其中的内容。

1. df_industry

得到的结果，如图 8-7 所示。

	ts_code	name	count	exchange	list_date	type
0	885835.TI	参股银行	126.0	A	20190416	N
1	875189.TI	抗疫	10.0	HK	20200622	N
2	875004.TI	智能医疗	6.0	HK	20180108	N
3	875026.TI	双十一	10.0	HK	20180108	N
4	885472.TI	上海自贸区	42.0	A	20130813	N
...	...	...	...	...	...	...
1016	881162.TI	通信服务	38.0	A	20070801	I
1017	881120.TI	电气设备	244.0	A	20070801	I
1018	861036.TI	烟草	8.0	US	20181127	I
1019	861065.TI	复合型公用事业	11.0	US	20181127	I
1020	884147.TI	水电	21.0	A	20181030	I

1021 rows × 6 columns

图 8-7　行业分类

从图 8-7 中可以发现，参股银行的行业代码为 885835.TI。如果需要查询其他行业，我们也可以利用 Pandas 库的 loc 方法。例如，查找电气设备行业：

1. df_industry. loc[df_industry['name']=='电气设备']

即可得到如图 8-8 所示的结果。

	ts_code	name	count	exchange	list_date	type
955	871011.TI	电气设备	28.0	HK	20181127	I
996	861011.TI	电气设备	36.0	US	20181127	I
1017	881120.TI	电气设备	244.0	A	20070801	I

图 8-8 电气设备行业

从图 8-8 中可以看到，一共有三个电气设备行业，分别是港股市场、美股市场以及 A 股市场。我们可以选取自己需要的代码。

得到行业代码之后，开始查询该行业的交易数据，我们在这里选择查询从 2020 年 1 月到 2021 年 1 月的数据。

1. df_data = pro. ths_daily(ts_code='885835.TI', start_date='20200101', end_date='20210101', fields='ts_code,trade_date,open,close,high,low,pct_change')

所得到的结果被存储在 df_data 这个变量中，我们查看具体的内容：

1. df_data

即可得到如图 8-9 所示的结果。

	ts_code	trade_date	close	open	high	low	pct_change
0	885835.TI	20201231	988.236	976.156	988.738	976.156	1.2577
1	885835.TI	20201230	975.961	970.198	979.952	967.454	0.4316
2	885835.TI	20201229	971.767	977.587	981.386	970.421	-0.5130
3	885835.TI	20201228	976.778	980.625	982.026	973.404	-0.2718
4	885835.TI	20201225	979.440	967.809	982.463	966.027	0.6470
...	...	...	...	...	...	...	...
238	885835.TI	20200108	913.100	923.535	924.961	911.114	-1.3640
239	885835.TI	20200107	925.727	915.040	925.727	915.040	1.0470
240	885835.TI	20200106	916.135	906.660	921.644	904.157	0.5996
241	885835.TI	20200103	910.675	907.992	912.482	905.782	0.3638
242	885835.TI	20200102	907.374	898.994	908.661	898.480	1.6331

243 rows × 7 columns

图 8-9 交易数据

图 8-9 中的第一列是该行业的行业代码，第二列为交易时间，第三列为收盘价，第四列为开盘价，第五列为日内最高价，第六列为日内最低价，第七列为涨跌幅。左下角的 243

代表行数，即这一年一共有 243 个交易日，7 代表列数，也就是变量个数。

最后我们可以把以上数据保存到电脑上：

1. df_data. to_excel(r'D：\\参股银行 . xlsx')

以上数据最终将以 Excel 格式保存在 D 盘，具体路径可以自己改动。保存的部分结果如图 8－10 所示。

	A	ts_code	trade_date	close	open	high	low	pct_change
1		ts_code	trade_date	close	open	high	low	pct_change
2	0	885835.TI	20201231	988.236	976.156	988.738	976.156	1.2577
3	1	885835.TI	20201230	975.961	970.198	979.952	967.454	0.4316
4	2	885835.TI	20201229	971.767	977.587	981.386	970.421	-0.513
5	3	885835.TI	20201228	976.778	980.625	982.026	973.404	-0.2718
6	4	885835.TI	20201225	979.44	967.809	982.463	966.027	0.647
7	5	885835.TI	20201224	973.144	992.248	992.248	970.283	-2.176
8	6	885835.TI	20201223	994.791	991.028	999.501	990.543	0.3174
9	7	885835.TI	20201222	991.644	1006.749	1010.641	990.627	-1.8291
10	8	885835.TI	20201221	1010.12	997.292	1011.107	993.619	1.1571
11	9	885835.TI	20201218	998.566	999.548	1005.125	995.93	-0.2974
12	10	885835.TI	20201217	1001.545	989.285	1002.177	981.374	0.8685

图 8－10 存储结果

上面的例子简单介绍了如何利用 Python 通过开放数据库查找收集数据。专业的收费数据库较为简单，这里不再介绍。

二、数据清洗

数据清洗(Data Cleaning)是对数据进行重新审查和校验的过程，目的在于删除重复信息，纠正存在的错误，提供数据一致性。举例来说，有些股票会面临停牌，像盐湖股份(000792)从 2020 年 4 月 30 日开始停牌一直到 2021 年 8 月 10 日才复牌重新交易。这一年多的交易时间里盐湖股份的交易数据是空的，如果我们分析的股票里面存在盐湖股份，那么我们就需要对盐湖股份进行数据清洗，可能会删除这一年多的交易数据或者将停牌前的最后一个交易日的数据填补，还有就是极值处理，是否进行中心化、归一化处理等。

下面我们同样举个例子。上文中我们收集了参股银行的行业交易数据，在这里我们使用申万一级行业分类交易数据，具体的收集过程就不再赘述。

首先，还是把需要的库安装好。

1. import pandas as pd

2. import numpy as np

其次，将数据导入。

1. df_1＝pd. read_excel('D：\\行业指数周频数据 . xlsx')

上述代码的含义是将本地 D 盘的行业指数周频数据导入到 Jupyter 中使用。我们先看看数据的大致情况，如图 8－11 所示。

1. df_1

从图 8－11 中可以清楚地看到，一共有 15 570 行，4 列，其中第一列是序号，跟我们的数据无关，可以删除。最后两行可以清楚地看到 NaN，即这里没有数据。接着我们对它进行一些简单的处理，把空值删除，把第一列删除。

	number	time	thscode	close
0	15568	2020-11-10	801890.SL	1479.436
1	15567	2020-11-06	801890.SL	1469.840
2	15566	2020-10-30	801890.SL	1416.590
3	15565	2020-10-23	801890.SL	1422.340
4	15564	2020-10-16	801890.SL	1479.820
...	...	...	...	...
15565	3	2010-01-22	801010.SL	2030.020
15566	2	2010-01-15	801010.SL	2112.890
15567	1	2010-01-08	801010.SL	2018.810
15568	NaN	NaT	NaN	NaN
15569	数据来源：同花顺iFinD	NaT	NaN	NaN

15570 rows × 4 columns

图 8 - 11　数据导入

1. df_1 = df_1. dropna()

2. df_1 = df_1. drop(['number'], axis = 1)

上述第一行代码的含义是把空值的行删除，第二行代码的含义是把 number 这一列删除。我们来看一下最终结果，如图 8 - 12 所示。

	time	thscode	close
0	2020-11-10	801890.SL	1479.436
1	2020-11-06	801890.SL	1469.840
2	2020-10-30	801890.SL	1416.590
3	2020-10-23	801890.SL	1422.340
4	2020-10-16	801890.SL	1479.820
...	...	...	...
15563	2010-02-05	801010.SL	1994.810
15564	2010-01-29	801010.SL	2021.480
15565	2010-01-22	801010.SL	2030.020
15566	2010-01-15	801010.SL	2112.890
15567	2010-01-08	801010.SL	2018.810

15568 rows × 3 columns

图 8 - 12　数据清洗

从图 8-12 中可以直观地看到，原来的 15 570 行数据变成了现在的 15 568 行，原来的 4 列变成了现在的 3 列。由于申万一级行业有 28 个，这个表格中的 28 个行业并没有区分开来，统一在一列上，我们对它稍加划分。

    1. df_2=df_1. pivot('time','thscode','close')

将 time 这一列当作索引，通俗地说就是纵坐标，thscode 作为列，也就是横坐标，close 作为值填入这个坐标系，结果如图 8-13 所示。

thscode time	801010.SL	801020.SL	801030.SL	801040.SL	801050.SL	801080.SL	801110.SL	801120.SL	801130.SL	801140.SL	...	801720.SL	801730.SL	801740.SL
2010-01-08	2018.810	6558.020	3037.13	3698.08	4265.360	1554.580	2297.50	4605.04	2085.13	1951.460	...	2044.220	4564.360	957.720
2010-01-15	2112.890	6269.920	3104.69	3614.51	4211.160	1638.970	2382.64	4849.58	2237.08	2074.780	...	2076.090	4740.510	1014.990
2010-01-22	2030.020	5747.810	2911.10	3356.56	3918.640	1513.790	2269.93	4656.65	2156.24	1984.960	...	2013.670	4584.120	944.630
2010-01-29	2021.480	5501.200	2753.59	3225.82	3638.960	1475.860	2234.91	4629.78	2068.86	1892.150	...	1920.200	4429.870	917.460
2010-02-05	1994.810	5323.090	2648.45	3133.63	3532.200	1428.130	2204.49	4586.58	2053.76	1849.840	...	1917.490	4265.510	884.410
...	...	...	...	...	...	...	...	...	...	...	...	...	...	...
2020-10-16	4017.330	2346.610	3442.93	2063.61	3267.200	4575.730	8789.51	23952.75	2048.86	2656.200	...	2101.800	7019.400	1601.840
2020-10-23	3782.720	2255.140	3343.25	2041.18	3247.610	4460.760	8779.15	23843.18	1961.03	2596.680	...	2076.610	6705.000	1528.140
2020-10-30	3727.040	2185.870	3304.31	2029.60	3201.790	4509.420	8989.39	23838.89	1882.96	2599.670	...	2036.880	6960.140	1485.040
2020-11-06	3740.610	2280.620	3453.57	2174.81	3497.290	4802.930	10145.54	24527.81	1900.92	2701.240	...	2083.010	7227.400	1497.140
2020-11-10	3773.969	2331.248	3546.74	2214.30	3546.576	4908.095	10072.89	25160.80	1913.96	2721.397	...	2084.507	7368.716	1505.099

556 rows × 28 columns

图 8-13　转换数据表现格式

如上就可以得到一个横坐标为行业，纵坐标为日期的表格。由于这些行业之间有很大的相关性，同时 28 个行业过于臃肿，我们参照华泰证券的行业研报对这些行业进行合并并进行了一些微调，合并成 7 大行业，分别为上游、中游、下游、成长、消费、大金融和国防军工。华泰的具体合并方式如表 8-7 所示。

表 8-7　华泰行业分类

上游	石油石化、煤炭、有色金属
中游	电力及公用事业、钢铁、基础化工、交通运输
下游	建筑、建材、汽车、机械
成长	计算机、传媒、通信、电力设备、电子元器件
消费	轻工制造、商贸零售、餐饮旅游、家电、纺织服装、医药、食品饮料、农林牧渔
大金融	银行、非银行金融、房地产
国防军工	国防军工

我们以上游为例。

    1. df_shangyou=df_2[['801020. SL','801040. SL','801050. SL',]]

    2. df_shangyou['mean']=df_shangyou. mean(1)

    3. df_shangyou

我们新建一个 DataFrame(可以理解为一个新的表格)将这三个行业编入上游这个 DataFrame 中,并新建一列,这一列的内容为这三个行业收盘价的均值。我们来看一下最后的结果,如图 8 - 14 所示。

thscode time	801020.SL	801040.SL	801050.SL	mean
2010-01-08	6558.020	3698.08	4265.360	4840.486667
2010-01-15	6269.920	3614.51	4211.160	4698.530000
2010-01-22	5747.810	3356.56	3918.640	4341.003333
2010-01-29	5501.200	3225.82	3638.960	4121.993333
2010-02-05	5323.090	3133.63	3532.200	3996.306667
...	...	...	...	...
2020-10-16	2346.610	2063.61	3267.200	2559.140000
2020-10-23	2255.140	2041.18	3247.610	2514.643333
2020-10-30	2185.870	2029.60	3201.790	2472.420000
2020-11-06	2280.620	2174.81	3497.290	2650.906667
2020-11-10	2331.248	2214.30	3546.576	2697.374667

556 rows × 4 columns

图 8 - 14 上游行业取均值

这里我们合成的新的上游这个行业是按等权重合成。同样地,我们合成另外 6 个行业,并取其均值汇成一个 DataFrame。

1. df_3＝pd. DataFrame()
2. df_3['上游']＝df_shangyou['mean']
3. df_3['中游']＝df_zhongyou['mean']
4. df_3['下游']＝df_xaiyou['mean']
5. df_3['成长']＝df_chengzhang['mean']
6. df_3['消费']＝df_xiaofei['mean']
7. df_3['大金融']＝df_dajinrong['mean']
8. df_3['国防军工']＝df_gf['801740. SL']
9. df_3

我们新建了一个 DataFrame,把 7 个行业的数据统一汇集到这里,看一下最后的结果,如图 8 - 15 所示。

time	上游	中游	下游	成长	消费	大金融	国防军工
2010-01-08	4840.486667	3134.16250	2765.6050	1547.42750	2978.75250	2606.383333	957.720
2010-01-15	4698.530000	3247.91250	2827.6425	1677.46750	3136.56000	2565.870000	1014.990
2010-01-22	4341.003333	3135.45250	2691.9725	1560.34000	3031.00250	2522.363333	944.630
2010-01-29	4121.993333	3003.54250	2596.6250	1530.92750	2970.13375	2378.550000	917.460
2010-02-05	3996.306667	2932.67750	2559.1725	1472.77250	2946.34000	2373.746667	884.410
...	...	...	...	...	...	...	...
2020-10-16	2559.140000	3719.21500	4165.3075	3378.23000	8409.74625	3308.340000	1601.840
2020-10-23	2514.643333	3591.19500	4056.1575	3279.22750	8207.03625	3311.076667	1528.140
2020-10-30	2472.420000	3617.16250	4090.7525	3212.14750	8261.08875	3162.470000	1485.040
2020-11-06	2650.906667	3748.53500	4346.6100	3346.60750	8492.45750	3255.346667	1497.140
2020-11-10	2697.374667	3831.50925	4340.8945	3400.53025	8561.69950	3295.689000	1505.099

556 rows × 7 columns

图 8-15 七大行业交易数据汇总

7 个行业的指数按时间顺序排列，和原来未处理过的数据图相比更加简洁直观。

为了能更直观地查看这 7 个行业在这 10 年时间内各自的涨跌幅，我们把这些指数转换成涨跌幅。

1. df_3＝df_3. pct_change()
2. df_3＝df_3. dropna()
3. f_3 ＝lambda x：x＊100
4. df_3prcent＝df_3. applymap(f_3)
5. df_3prcent

上述第一行代码的含义是将两行相邻的数值之间的涨跌幅计算出来；第二行则是将 NaN 删去；第三行是 Lambda 表达式，也称匿名表达式，相当于一个函数，x 为自变量，x＊100 是函数式；第四行就是将这个函数应用到这个 DataFrame 中；第五行是查看 df_3prcent。最终结果如图 8-16 所示。

此时的数据被我们转换成了每周的涨幅，单位是百分比。单纯地这样看不能直观地看出这些数字之间的联系以及比较，而且由于这个 DataFrame 的限制，只能看到头尾各 5 行数据，因此我们对它做一个描述性统计。

1. df_describe＝pd. DataFrame()
2. df_describe['最大值']＝df_3prcent. max()
3. df_describe['最小值']＝df_3prcent. min()
4. df_describe['均值']＝df_3prcent. mean()
5. df_describe['标准差']＝df_3prcent. std()
6. df_describe

time	上游	中游	下游	成长	消费	大金融	国防军工
2010-01-15	-2.932694	3.629359	2.243180	8.403625	5.297771	-1.554389	5.979827
2010-01-22	-7.609330	-3.462532	-4.797990	-6.982401	-3.365391	-1.695591	-6.932088
2010-01-29	-5.045147	-4.207048	-3.541920	-1.885006	-2.008205	-5.701531	-2.876258
2010-02-05	-3.049172	-2.359381	-1.442353	-3.798678	-0.801100	-0.201944	-3.602337
2010-02-12	5.915212	2.224588	2.283160	2.425867	2.265650	2.309289	3.595617
...							
2020-10-16	1.992986	1.620812	1.632403	0.374000	1.960742	2.772416	1.344435
2020-10-23	-1.738735	-3.442124	-2.620455	-2.930603	-2.410418	0.082720	-4.600959
2020-10-30	-1.679098	0.723088	0.852901	-2.045604	0.658612	-4.488167	-2.820422
2020-11-06	7.219108	3.631921	6.254534	4.185985	2.800705	2.936839	0.814793
2020-11-10	1.752910	2.213511	-0.131493	1.611266	0.815335	1.239264	0.531614

555 rows × 7 columns

图 8 - 16　涨跌幅计算

上述第一行代码是新建一个 DataFrame，命名为 df_describle，然后将之前的最大值、最小值、均值和标准差计算出来，汇聚到一起，结果如图 8 - 17 所示。

	最大值	最小值	均值	标准差
上游	14.065718	-18.762448	-0.036683	3.686064
中游	11.469307	-18.362371	0.094308	3.386487
下游	10.408522	-18.234853	0.147588	3.616882
成长	12.648247	-16.841974	0.228724	4.145271
消费	11.442453	-15.562701	0.244388	3.266433
大金融	13.129623	-11.867768	0.097140	3.313256
国防军工	24.038189	-26.629634	0.192308	4.697976

图 8 - 17　描述性统计

从图 8 - 17 可以看出，这 7 大行业中，国防军工上涨幅度最大，同时也是下跌幅度最大。从标准差也可以看出，国防军工的标准差最大，消费类的标准差最小，同时消费类的均值最高。

我们再对这些数据可视化一下。以国防军工收益图为例。

```
1. plt. figure(figsize=[7,5])
2. plt. plot(df_3prcent['国防军工'])
```

3. plt. title('国防军工')

4. plt. savefig(r'D:\\pic2. jpg')

第一行我们设置了一块画布，大小是(7，5)，以 df_3prcent 中国国防军工这列数据画图，图的标题为国防军工，最后保存，如图8-18所示。

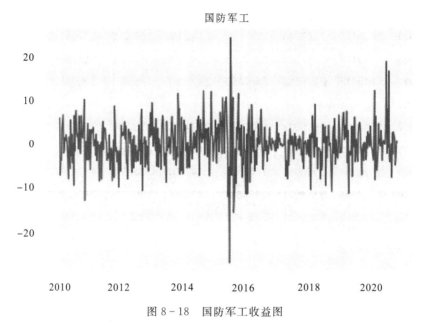

图 8-18 国防军工收益图

同理可画出另外六大行业的涨跌幅图，我们把这 6 个图放在同一个画布里，可以更明显地对照，如图8-19所示。

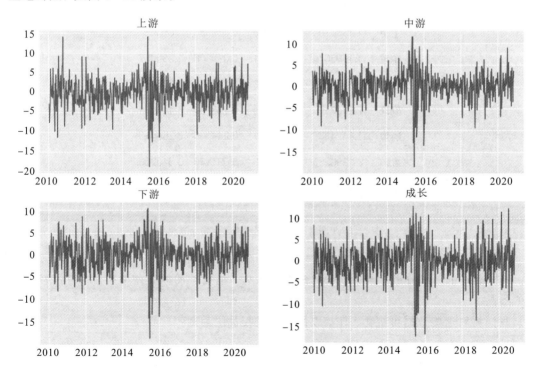

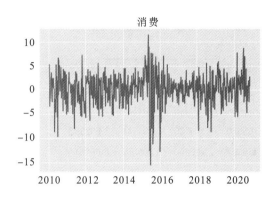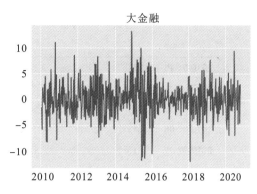

图 8 - 19 六大行业收益图

从上述的图 8 - 18 和 8 - 19 可以看出，每个行业 2015 年波动幅度都是最大，其他年份大致接近，围绕着 0 轴上下波动。我们对这些数据做一些去极值处理。此处采用"中位数去极值法"。

$$X = \begin{cases} x_m + n\ \text{DMAD}, & x_i > x_m + n\ \text{DMAD} \\ x_m - n\ \text{DMAD}, & x_i < x_m - n\ \text{DMAD} \\ x_i, & \text{其他} \end{cases}$$

式中：x_m 为序列 x_i 的中位数；DMAD 为序列 $|x_i - x_m|$ 的中位数；X 为 x_i 去极值修正后的值。

此处我们取 n 为 2，但是这个 n 也可以取别的数字，具体数字看对这些波动性的要求。具体代码实现如下。

1. df_3prcent. median()

首先，我们可以直接求出其中位数，如表 8 - 8 所示。

表 8 - 8 行业中位数

上游	0.014 609
中游	0.392 084
下游	0.324 781
成长	0.364 875
消费	0.534 449
大金融	0.088 301
国防军工	0.187 624

其次，我们以上游为例。我们为了之前的数据安全性起见，先把数据复制到一个新的 DataFrame 中，然后对上游数据进行上述操作，最终得到图 8 - 20 所示的结果。

1. df_3copy＝df_3prcent. copy(deep＝True)

2. df_3copy["上游"]＝abs(df_3copy["上游"]－0.014609)

3. f_shang_extremehigh ＝ lambda x：6.485231 if x＞6.485231 else (－6.456013 if x＜－6.456013 else x)

4. df_5['上游']＝df_5['上游']. apply(f_shang_extremehigh)

time	上游	中游	下游	成长	消费	大金融	国防军工
2010-01-15	-2.932694	3.629359	2.243180	5.740872	5.297771	-1.554389	5.979827
2010-01-22	-6.456013	-3.462532	-4.797990	-5.011122	-3.365391	-1.695591	-5.720126
2010-01-29	-5.045147	-4.207048	-3.541920	-1.885006	-2.008205	-5.701531	-2.876258
2010-02-05	-3.049172	-2.359381	-1.442353	-3.798678	-0.801100	-0.201944	-3.602337
2010-02-12	5.915212	2.224588	2.283160	2.425867	2.265650	2.309289	3.595617
...	...	...	...	...	...	...	...
2020-10-16	1.992986	1.620812	1.632403	0.374000	1.960742	2.772416	1.344435
2020-10-23	-1.738735	-3.442124	-2.620455	-2.930603	-2.410418	0.082720	-4.600959
2020-10-30	-1.679098	0.723088	0.852901	-2.045604	0.658612	-4.488167	-2.820422
2020-11-06	6.485231	3.631921	5.821060	4.185985	2.800705	2.936839	0.814793
2020-11-10	1.752910	2.213511	-0.131493	1.611266	0.815335	1.239264	0.531614

555 rows × 7 columns

图 8 - 20　最终数据汇总

　　简单的数据清洗与数据预处理的大致流程就是这样，根据实际要求，我们可以在后面继续进行中心化、标准化、归一化等处理，这里就不再一一介绍。

三、模型选择

　　在上一节中，我们将 28 个行业按照券商研报的划分标准对这几个行业进行划分，那么如果不想按照他们的标准来，想通过这些行业自身的关联程度划分不同的行业，那该怎么去实现呢？

　　这个时候我们就需要一个模型来替我们解决这个问题。我们先来明确一下我们的目的。我们需要通过对 28 个行业的每周收盘价来区分它们之间的不同与相同点。我们发现这样描述还是有些困难，既然我们能得到收盘价，同样我们也能得到它们的每周涨跌幅。股票市场往往存在着一定的共振现象，表现出来就是同涨同跌。那么我们能不能利用它们的波动性来划分呢？

　　如果大家之前学到过聚类，那一定会想到这一算法。聚类分析是根据在数据中发现的描述对象及其关系的信息，将数据对象分组。目的是，组内的对象相互之间是相似的（相关的），而不同组中的对象是不同的（不相关的）。组内相似性越大，组间差距越大，说明聚类效果越好。这个算法较好地帮我们解决了该问题。

　　具体的代码实现如下。

```
1. variation＝df_2prcent. dropna(). values
2. names＝np. array(df_2prcent. columns). T
3. ♯ 相关系数
4. edge_model＝covariance. GraphicalLassoCV()
5. X＝variation. copy()
6. X /= X. std(axis＝0)
```

7. edge_model. fit(X)

8. _, labels＝cluster. affinity_propagation(edge_model. covariance_)

9. n_labels＝labels. max()

10. for i in range(n_labels ＋ 1)：

11. print('Cluster %i：%s' % ((i ＋ 1)，'，'. join(names[labels ＝＝ i])))

最后得到结果如图 8 - 21 所示。

Cluster 1: 801020.SL, 801040.SL, 801050.SL
Cluster 2: 801120.SL
Cluster 3: 801010.SL, 801030.SL, 801130.SL, 801140.SL, 801150.SL, 801200.SL, 801210.SL, 801230.SL
Cluster 4: 801080.SL, 801750.SL, 801760.SL, 801770.SL
Cluster 5: 801780.SL, 801790.SL
Cluster 6: 801110.SL, 801160.SL, 801170.SL, 801180.SL, 801710.SL, 801720.SL, 801730.SL, 801740.SL, 801880.SL, 801890.SL

图 8 - 21　行业聚类结果图

我们将上述代码转成行业名称并整理得表 8 - 9。

表 8 - 9　行业分类

组一	采掘、钢铁、有色金属
组二	食品饮料
组三	农林牧渔、化工、纺织服装、轻工制造、医药生物、商业贸易、休闲服务、综合
组四	电子、计算机、传媒、通信
组五	银行、非行银金融
组六	家用电器、公用事业、交通运输、房地产、建筑材料、建筑装饰、电气设备、国防军工、汽车、机械设备

我们将其与华泰的划分即表 8 - 7 相对照，发现相当相似，除去一些一级行业划分不同，两张表格相似度极高。

四、模型学习

数据集的分布对于机器学习效果影响很大，最好的情况是同样特征的样本数据是分散排布的。

我们以从市场中挑选好股票这样的场景为例，如果主板股票全部放到训练数据集，创业板、科创板股票全部放到测试数据集，那么这样的数据就没有代表性，因为主板股票属性跟创业板、科创板的股票属性相差很大，用相同一套标准去衡量是很难做到的。因此构建的模型也没有通用性，无法用于预测。

通常需要对样本数据按照不同的比例分割，多次切分打散后，形成类别分布合理的训练数据集和样本数据集，这样训练出的模型才会有实用价值。

模型性能的评估有多种方法。回归任务中最常用的性能度量是"均方误差"。错误率与精度是分类任务中最常用的两种性能度量，不论是二分类任务还是多分类任务。错误率是分类错误的样本数占样本总量的比例，精度则是分类正确的样本数占样本总量的比例。错误率和精度虽然常用，但是也还无法满足我们全部的任务需求。比如我们选股时，我们更关心的是选出来的股票中好股票的比例是多少。这个时候错误率与精度就不是很适用了。我们需要其他的性能指标，查全率与查准率则是更适用此类问题的指标。刚刚提到的问题就是查准率所体现的，预测正例正确的样本数与所有被预测为正例的数量的比例。查全率则是被预测正确的正例与全部正例的比例。

每个算法模型缺省都有输入参数，在机器学习领域称为超级参数。

这些参数应该根据实际情况进行调整和优化。这个比较好理解，如果我们把算法比作二元一次方程，自变量有两个，那么自变量对应的常量参数就相当于算法模型超级参数，对其进行调优才能让模型有更强的预测能力。例如随机森林模型中，需要对 Mtry 和 Ntree 参数进行调参。Mtry 为训练的随机 Marker 数目，Ntree 为决策树数目。

如果将预测模型想象成直角坐标系上的一条斜线，自变量对应的常量决定了直线的斜度，而斜度决定了分类(预测)的能力。

第三节　机器学习与量化

量化交易是指借助现代统计学和数学的方法，利用计算机技术来进行交易的证券投资方式。

20 世纪 50 年代，马科维茨提出了投资组合理论，将投资从经济学问题转化成了数学问题，为量化交易推开了大门。1969 年，爱德华·索普利用他发明的"科学股票市场系统"(实际上是一种股票权证定价模型)，成立了第一个量化投资基金，索普也被称为量化投资的鼻祖。1988 年，詹姆斯·西蒙斯成立了大奖章基金，从事高频交易和多策略交易。基金成立 20 多年来收益率达到了年化 70% 左右，除去报酬后达到 40% 以上，西蒙斯也因此被称为"量化对冲之王"。

1991 年，彼得·穆勒发明了 Alpha 系统策略等，开始用"计算机＋金融数据"来设计模型，构建组合，量化交易开始繁荣。

国内量化交易规模远不如国外。2018 年美国市场的量化对冲基金资产管理规模有望突破 1 万亿美元，相比对冲基金行业管理 3.5 万亿美元的总规模，约占总量三分之一。而国内截至 2018 年 6 月底，市场上共有近 250 只公募量化产品，规模约 900 亿元，在公募基金总规模中的占比不到 1%。国内的量化交易发展空间巨大。

机器学习在量化领域逐步兴起主要有以下几个原因：一是市场微观结构发生变化，如电子交易逐渐流行以及资产类别和地域之间的市场整合。二是计算能力、数据生成和管理以及统计方法有了许多新的突破，其中就包括深度学习。三是量化交易的先驱公司赚的钱比普通交易要多。前两点原因是量化交易的基础，第三点是主要原因，当量化交易具有超额收益时，会有越来越多的人加入其中。机器学习则为量化提供了一项有利的武器。近年来，基金已转向真正的机器学习，在这种机器学习中，人工智能系统可以快速分析大量数据，并通过这种分析来改善自身，如 Rebellion Research，Sentient 和 Aidyia，它们依靠进化算法和深度学习来设计全自动人工智能(AI)驱动的投资平台。

机器学习是基于计算机算法和统计模型，在数据越来越多的情况下，直接从数据中挖掘信息，找出其中的关联。金融市场的数据比一般行业的数据多得多，投资者从中要找出投资信息越发困难，因此机器学习在金融领域中的运用越来越多。机器学习在量化中的一种应用便是在海量的数据中挖掘数据之间的关联，找到它们的特征，将该特征作为因子，再将该因子纳入多因子模型中进行选股或者择时。

一些学者对机器学习与量化提出了一些建议。

一、研究动机

模型是否有可靠的经济含义解释？在进行研究之前是否存在经济解释或假设？如果没有可靠的经济解释或假设，考虑模型或变量时效率很低下，很多都是无用功。并且如果没有一个可靠的经济含义解释，将模型应用到真实交易中时，失效的可能性会很大，这是机器学习的缺点之一。

二、多重检验和统计方法

研究人员是否有跟踪所有尝试过的模型和变量（包括成功的和不成功的），是否意识到多重检验的问题？如果使用了互动变量，是否对所有可能的互动变量进行了完整的统计？研究人员是否检验了列出的所有变量，还是一旦找到一个好的模型，他们就立即停止了研究？

三、数据和样本选择

确保数据质量，对数据的任何统计分析都只取决于输入数据的质量，如果数据质量一开始就有问题，那么怎么也得不出正确结果。一些学者认为需要排除异常值，以提高模型的准确性。也有的学者认为不要随意排除异常值，因为异常值是有影响力的数值，人们应该要给这个异常值寻找一个可靠的经济解释。

四、交叉验证

对于预留出来的样本外数据，它们所在的时间点也是过去的历史。尽管模型将它们视作样本外，但由于我们经历了那段历史，知道在那段时间市场是如何发展的（什么时候涨、什么时候跌），会不可避免地把领先变量和这些历史经验联系起来。正是由于这个原因，历史数据中并没有真正的样本外，只有实盘交易才是真正的样本外。

五、Model Dynamics

Model Dynamics 直译为动力学模型，因与原文所想要表达的含义不太符合，故直接采用英文。在金融领域，人们在和他人打交道，和不断变化的偏好与规范打交道。由于可用数据的数量是有限的，因此随着时间的推移，发生过拟合关系的风险是很高的。如果模型运行时效果不及预期，这种情况也是很正常的，因为回测时很可能存在过拟合，此时不要去过度调整参数。

六、复杂性

目前的机器学习工具旨在通过广泛使用交叉验证来最小化样本内过拟合。然而，这些工具的使用可能会增加复杂性，使得在样本外的实际交易中表现较差。复杂程度越高，对非直观关系的依赖程度越高，回测和实盘结果之间可能出现的偏差就越大。

了解机器学习的本质是很重要的。我们使用机器学习时应该知道基于该算法的交易系统会发生什么，不要把机器学习的算法视为一个黑箱。

七、研究文化

如果单纯为了钱去研究，那可能造成策略造假的风险。

目前机器学习在量化交易中存在一些不足，机器学习更像是一种工具，在数据繁多的现在，机器学习无疑能帮助人们更好地处理这些数据，但是人们还是需要以经济解释为基础去做交易，这能让交易策略更加稳定，减少因为数据以及算法而引起的波动与误差。

课 后 习 题

1. 从 Akshare 或者 Tushare 上下载 10 只股票的历史数据，并使用聚类方法对其分类。
2. 查找资料并简述支持向量机的原理。
3. 使用最简单的 Linear Regression（线性回归）对一只股票进行分析预测。

第九章　算　法　交　易

《打开量化投资的黑箱》一书中对量化投资做了一个拆分。量化策略最基本的结构中，最底层主要分为三个模型：阿尔法模型、风险控制模型以及交易成本模型。阿尔法模型负责策略的收益，是该策略中最重要的一部分；风险控制模型负责规避风险，减少损失，提高回报的质量与持续性；交易成本模型背后的思想是任何交易都需要成本，如何控制这个成本甚至减少成本就是这个模型的作用。算法交易的作用就是通过计算机程序发出交易指令，由程序决定交易时间、交易价格等，最终达到减少交易成本的目的。

Preqin 发布的《2019 Q3 对冲基金报告》显示，中国的量化基金规模不断增加，2019 年达到了 4 570 亿元，近三年的规模平均年复合增长率达到了 24%。目前，我国股票算法交易约占总交易量的 20%～30%。

本章首先介绍算法交易的基本知识和几种经典算法，其次介绍了算法交易设计，最后对算法交易的未来进行了展望与总结。

第一节　算法交易简介

一、算法交易的概念及发展

算法交易（Algorithmic Trading）又称自动交易、黑盒交易或者机器交易，它指的是通过使用计算机程序来发出交易指令。在交易中，程序可以决定的范围包括交易时间的选择、交易的价格，以及最后需要成交的证券数量。

算法交易专注于订单的执行过程。在执行过程中，根据数学模型、统计数据、市场实时信息等多方面的信息通过预先设计好的算法进行下单，核心目标是又好又快地完成交易订单，以控制及减少交易成本，寻找最优交易方式。

算法交易最早在 20 世纪 80 年代末起源于美国。美国证券市场的全面电子化成交和电子撮合市场的发展是最开始的算法交易的基础。纽约证券交易所（NYSE）和纳斯达克证券交易所（NASDAQ）将最小报价单位下调到 0.01，减少了做市商的交易优势，并降低了市场的流动性。这一改变促使投资者使用计算机来分割交易指令，从而得到更加优惠的均价。

借助于计算机技术的飞速发展，算法交易更加受欢迎了。Trade News 公布了 2021 年国际对冲基金算法交易服务的使用情况。调查显示，2021 年有 11.21% 的对冲基金因为算法服务的易用性和降低市场冲击等原因选择了第三方算法交易，共有 20.37% 的对冲基金的 80% 的交易是由算法交易完成的，相对于 2020 年的 10.29% 有大幅的提升。这说明对冲基金越来越依赖算法交易了。

最开始的算法交易是将大单拆分成小单，以减少市场冲击，隐藏下单痕迹。减少市场冲击的主要目的是降低交易成本。之所以隐藏下单痕迹，主要是由于随着相关技术的完善,市场上的其他交易者会通过监控市场异动寻找其他交易者痕迹,如果被发现你的下单痕迹并通过算法推出交易策略,那么就可能会有策略失效甚至被针对的危险。使用算法交易还有另一个优点,特别是对机构投资者而言,它可以降低传统交易部门的人力成本,即只需要雇用少量交易员对整个算法交易过程进行监控和维护即可。

算法交易的发展过程主要分为四代。

第一代算法注重交易的执行效率,是基于历史交易模式进行的,主要依据历史交易记录对现在的交易进行指导,包括成交量加权平均价格算法(VWAP)和时间加权平均价格算法(TWAP)。

第二代算法注重提高交易质量,降低交易成本。它以最大限度地贴近某一特定价格为目标。这一特定价格可以是开盘价、收盘价或者某一市场价格。它的代表算法为执行差额算法(Implementation Shortfall)。该算法按照执行价格和期望价格的价格差来拆分大单。

第三代算法的主要特点是从单只股票到多只股票组合同时搜寻隐藏流动性。为了隐蔽投资者的订单,引入冰山算法(Iceberg Order),按给定的比例逐步暴露订单直至全部成交;之后又引入了反侦察算法,比如用来发现潜在冰山算法的嗅探算法(Sniffer)。

第四代算法更趋向于智能交易,通过各种模型处理市场突发信息,比如新闻交易(News Trading)等。

第三代与第四代算法交易更多的是针对不同投资者所面临的实际需求而开发的。

二、交易成本

算法交易的作用就是通过计算机程序发出交易指令,由程序决定交易时间、交易价格等,最终达到减少交易成本的目的。交易成本主要由三个方面组成,佣金和费用、滑点以及市场冲击。

1. 佣金和费用

目前我国的佣金和费用主要是由以下三项费用构成的:

(1)交易佣金。一般资金量小的散户其佣金是万分之三,双边收取,单笔交易佣金最低收取 5 元。

(2)过户费。目前深交所和上交所都要双边收取过户费,收取的费率是万分之 0.2,按照卖出价格计算。

(3)卖出印花税。股票交易会收取印花税,仅卖出收取,收取的比例是卖出价格的千分之一。这笔费用占交易成本较小,费用固定,易于计算。虽然该项费用较少,但是如果交易策略是高频的且低利润,那么该项费用就可能是决定策略是否有效的重要一点。

佣金和费用中,过户费与印花税是由交易所收取的,这两笔税费除非国家政策变更,否则投资者无法降低;佣金是各个券商收取的费用,大型投资者可以与券商协商,获得一个更优的价格。

2. 滑点

滑点是指在进行交易时交易者下达的指定交易价格与实际成交价格存在差别的一种现象。不论是外汇交易、期货交易还是股票交易,都可能会碰到这种现象。市场是在时刻变化的,但是做出交易决定则是在一个时点上。在做出交易决策与完成交易之间,金融产品的价格很有可能已经发生了变化，产品价格可能已经远离了做决策时的价格，相隔的时间越长，价格波动的幅度可能就越大。价格可能向上变化，导致交易无法完成；也可能向下变化，以更低的成本完成交易（以上两种可能特指做多买入）。

例如，交易者做出决策买入中国平安，此时价格为 50.71 元，当程序响应准备执行时，价格可能来到了 50.82 元。这 0.11 元每股的价差就是滑点。此时的滑点给交易带来了额外的成本。但是也可能此时价格来到 50.60 元，此时的滑点也是 0.11 元每股，但这 0.11 元带来的是正向收益。

滑点产生的原因主要有三个：

（1）行情剧烈波动；

（2）报价断层，流动性不足；

（3）网络数据传输延迟。

针对行情剧烈波动和报价断层比较好的方法是采用下限价单，而非市价单。限价单是一种以等同或低于指定价格买进特定数量证券的委托单，或一种以等同或高于指定价格卖出证券的委托单。市价单是以当时市场价格成交的订单，不需要自己设定价格，可以使得订单快速成交。限价单以成交时间（甚至无法成交）为成本来获取一个更优的价格。为了解决网络数据传输延迟而产生的滑点问题，大型的高频交易投资者会选用运行速度更快的语言编写程序，如 C＋＋，并把服务器放置在交易所附近，甚至放在交易所内。

做出交易决定到执行交易决定的响应时间长短及交易的金融产品的流动性是影响滑点最重要的两个因素。

策略的频度越高，滑点带来的影响也就越大。同时，滑点带来的成本影响与策略的类别也有关系：若是趋势型策略，则滑点的影响较大；若是均值回归型，则滑点带来的影响很可能是正面的。但不论好还是坏，滑点本身就是不可控的。

除了交易决定到交易执行的响应时长以外，交易的标的也是影响滑点的一个重要因素。该股票是否活跃，流动性是否充足也是影响滑点的关键因素。以股票为例，大市值股与小市值股相比，通常情况下小市值股的滑点更大；银行股与互联网股相比，通常情况下互联网股的滑点更大。

影响响应时间长短的因素主要是网速和策略的运行速度。专业量化机构的网速基本相差不大，决定时间长短的主要是策略的运行速度。因此高频交易策略使用的语言更加底层，如 C＋＋。金融产品的流动性不足，则可能造成报价的断层，直接导致滑点。

3. 市场冲击

市场冲击是指在交易中迅速而且大规模地买进或者卖出证券而导致的价格快速上涨或下跌。市场冲击的大小与市场的流动性和投资者所买卖的证券数量大小有关。

例如，某机构投资者想以 2 041.00 元买入 200 手贵州茅台，但此时 2 041.00 元处只有 139 手，即使 139 手全部买入，也不到 200 手。此时可以选择以更高的价格买入剩余的 61 手，或者选择更长的买入时间，以得到更优的买入价格。如果选择更高的价格买入，则还会造成其他缺乏信息的参与者或者投机者买入，使得价格更高。以降低市场冲击成本为主，从而减小交易成本是算法交易的最主要的目的。

市场冲击成本度量的是由于执行市价指令而造成的不利价格变动。更确切地说，市场冲击成本就是由于市价指令交易消耗了流动性而导致的投资价值的损失。市场择时成本通常和市场冲击成本呈负相关关系，这是因为由于择时成本会因为价格波动、信息泄露而不断变大，也就是说，执行时间越长，其择时成本越高；相反，对于市场冲击成本，执行时间越短，则成本越高，如图9-1所示。通过权衡折中，通常我们选取的最优下单时间在两条线的交点处。

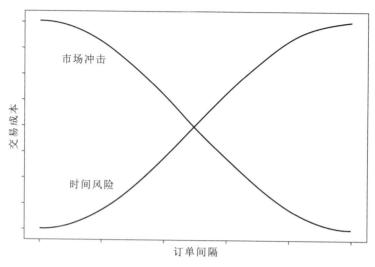

图9-1 时间风险与市场冲击成本

　　以股票为例，一般来说，临近收盘时和开盘时流动性最高，中午流动性最低。股票的日内成交量曲线图应当是一条微笑型曲线。人们通常可以用日内成交量曲线、当天的交易量百分比、一段时间内每日平均交易量的百分比、日内累积交易量曲线以及订单相对大小来检测产品的流动性，如图9-2所示。

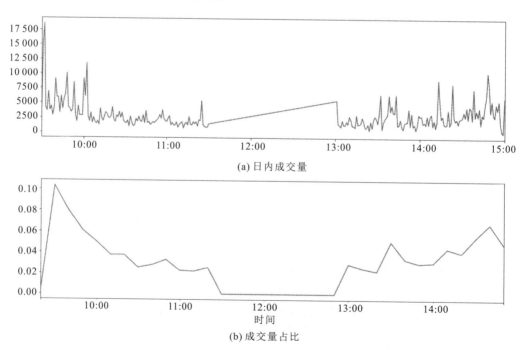

(a) 日内成交量

(b) 成交量占比

图9-2 平安银行成交量

　　图 9-2 选取的是 2021 年 8 月 25 日平安银行(000001)的日内数据。图 9-2(a)所示的日内成交量图由 8 月 25 日平安银行的每分钟成交量的点连线而成，中间的 11：30 到 13：00 是休盘时间，不进行交易。图 9-2(b)所示的是每 10 分钟内的交易量占当日总交易量的百分比。我们能很清楚地看出开盘时和收盘时的交易活动最为活跃。

　　市场冲击一般会分为临时影响和永久影响。其中，临时影响主要由于交易的急促性所导致，而永久影响则由于信息或者交易所产生的短期阿尔法所导致。

　　市场冲击的基本思想是供需关系。当交易者在市场上执行某个规模的交易时，必须要有相同规模的另一方作为对手。交易者交易的规模越大，所需要的对手盘也就越大，流动性要求就越高，交易就会变得越贵。也就是说，供给不变，需求增加，价格上升。

三、算法交易的分类

　　按算法的主动程度不同，算法交易分为被动型算法交易、主动型算法交易和综合型算法交易三类。

1. 被动型算法交易

　　被动型算法交易也称结构型算法交易。被动型算法交易策略假设市场是有效的。在这一假设下，人们不需要关心市场的均衡价格是如何形成的，也不需要尝试判断交易者的行为或者试图主动影响市场，使得算法交易的设计与评价过程被大大简化了。这类交易算法除了用历史数据估计交易模型的关键参数外，不会根据市场的情况主动选择交易的时机和交易的数量，而是按照一个既定的交易方针进行交易。该策略的核心是减少滑点。虽然交易决策过程被简化了许多，同时市场上很多信息都没有被充分利用，但是被动型算法交易仍是最常用的算法交易策略。

　　目前市场上广泛使用的成交量加权平均价格算法(VWAP)、时间加权平均价格算法(TWAP)等都是被动型算法交易。2021 年 Trade News 调查显示，VWAP 的被使用率是 58.64%，较 2020 年的 62.14% 有所下降；TWAP 的被使用率是 27.16%，较 2020 年的 36.63% 也有所下降。尽管近年来这两种算法的使用率有所下降，但目前仍然是市场上最为广泛使用的算法。

2. 主动型算法交易

　　主动型算法交易也称机会型算法交易。这类算法交易根据市场的状况做出实时的决策，判断是否交易、交易的数量、交易的价格等。主动型算法交易除了减少滑点外，还预测价格的趋势。如果价格的趋势不利于交易者的交易，则推迟交易；如果利于交易，则加快交易速度。但是该算法容易在市场上呈现一定的规律而被其他交易者发现。

3. 综合型算法交易

　　综合型算法交易是前两者的结合。这类算法交易的主要实现方式是：先把交易指令拆成小交易单，分布在各个时间段，每个时间段内如何交易由主动型算法交易决定。

四、算法交易的流程、运用及优点

1. 算法交易的流程

　　算法交易的流程包括交易前分析、算法交易和交易后分析。虽然算法交易的主要过程是通过计算机下单来处理的，但是分析工作是需要人工设定的。

交易前分析的因素包括股票、行业、买方与卖方，潜在的交易成本，划分和鉴别局外人，调参等等。交易后分析主要是对算法交易的结果进行研究，将日度、月度、季度、年度交易的审查报告与基准进行对比，从而对算法进行总结反馈。

2. 算法交易的运用

算法交易的主要应用场景有大额交易、篮子交易、回购交易等。

在进行大额交易时，直接向市场下单容易造成严重的市场冲击，且易于被交易对手发现交易意图。算法交易的拆单功能可以很好地平滑市场冲击，防止被交易对手发现。

在进行篮子交易（也称组合交易）时，通过交易员一只证券一只证券地去交易已不太现实，需要通过自动化交易的方式交易。算法交易给交易员提供了极大的便利性，使得交易员一次可以交易上百只证券，同时降低了交易成本。

对于回购交易，交易时间长，交易金额大，极度耗费交易员的精力。使用算法交易可以把交易员从繁重的键盘敲击下单的过程中解放出来，使得交易员专注择时，以提高工作效率。

在投资决策和执行的任何一个阶段，算法交易信号都能够提供良好的技术支持，甚至整个投资决策和执行可以完全依靠算法交易自动运行。

算法交易的主要用户是经纪商、对冲基金、养老基金、共同基金等。对冲基金的投资期限普遍较短，往往使用高频交易模型对新闻警告或者短期价格波动做出反应，十分重视短期交易模型。只要这些交易者有降低交易成本和风险的需求，就有采用算法交易的需求。

3. 算法交易的优点

首先，使用算法交易可以减小市场摩擦，有效降低交易中的冲击成本，从而使得整个交易可以以最优价格完成。

其次，算法交易可以提高交易执行的效率。伴随着大单拆分，不同的小单按照不同的价格进行动态成交，这些复杂而频繁的交易对于人工来说是非常烦琐的。一方面，交易员在进行交易时总是需要进行思考和判断，这将有可能错过最佳的交易时机，增加等待风险或交易成本，而程序化交易的整个流程则仅需要计算机经过非常短暂的计算，就可以将指令发出，并且在这一过程中可以避免由于人的不理性而出现的一些非正常交易；另一方面，拆分后复杂的下单指令，特别是对于组合投资来说，容易使交易者手忙脚乱，而计算机程序化交易则可以在准确的时点对交易系统完成准确的下单指令，避免忙中出错。

再次，对于机构投资者而言，使用算法交易可以降低传统交易部门的人力成本，即只需要雇用少量的交易员对整个算法交易过程进行监控和维护即可。

最后，使用算法交易，对于大规模交易而言，是一种很好的隐蔽自己交易行为的方式。对于进行大规模交易的投资者，特别是机构投资者，一般情况下都希望能够将自己的交易行为隐蔽起来，从而避免对手根据自己的"套路"出牌。通过将大单拆细进行交易，类似于一片平静海面下暗涌着的激流，对手只能看到成交量的放大，却看不出有少数人在大量买入或卖出，整个交易过程表现出的仅仅是一种大众行为。当然，在隐蔽大规模交易方面仅仅依靠传统的算法交易还是不够的，这个过程可能还需要一些其他策略的配合，如在细分的下单量上附加一些噪声或者使用随机算法对大单进行拆分等。

第二节 经典算法介绍

算法交易的主要目的是减小交易成本，最主要的是控制市场冲击成本。在学习算法模型前，了解一下冲击模型是很有必要的。

一、冲击模型

交易形成后的冲击成本可以分为两部分：一是永久性冲击成本，二是暂时性冲击成本。永久性冲击成本是由于交易造成的永久性的不利偏移，可以理解为交易者在交易过程中造成的信息泄露；暂时性冲击成本指由于市场流动性不足造成的市场价格的暂时性偏离，在流动性恢复以后价格会回到原来的位置。

市场冲击模型理论试图使用订单属性来估计订单的交易成本。以下是几个经典的市场冲击模型：Kissell 模型（2004）、Almgren 模型（2005）、J. P. 摩根市场冲击模型（2010）、Quantopian 成交量滑价模型。这些模型具有一些共同点，比如都包含股票订单大小、股票波动率等因素。但是模型间也存在显著差异，例如，Kissell 模型给出了几个临时性和永久性冲击的具体参数，Almgren 模型考虑了每日交易的流通股比例，J. P. 摩根市场冲击模型给出了交易冲击的精确显式表达式，Quantopian 成交量滑价模型没有考虑股票波动率。

在制订算法交易时，既要建设冲击成本，也需考虑时间风险。一般两者存在此消彼长的关系，时间越长，冲击风险越小，而时间风险则越大。

决定时间风险的因子包括价格的波动率、流动性风险、市场冲击成本估计的误差等。目前，股票价格的波动率的预测已经具备很成熟的方法了，即 GARCH 类模型估计。具体方法是：将订单拆分，把一部分订单推迟到之后交易，希望之后市场的流动性能吸收掉此交易订单。但是之后的交易量只能预测与估计，而预测的结果可能与实际的成交量不符。成交量的波动率我们同样可以使用 GARCH 类模型来预测。

时间风险可以用以下公式表示：

$$\text{Risk} = \sqrt{\sum r_i \text{Var}_i} \tag{9-1}$$

式中：r_i 为第 i 期剩余的股数，Var_i 为第 i 期股票价格的不确定性。

算法交易的目标就是在冲击成本和时间风险之间进行平衡。下面介绍几个经典的冲击模型。

1. Kissell 模型

Kissell 模型假设如果所有订单一下被释放在市场，理论上会存在由投资者引起的瞬间冲击成本，即

$$\text{MI}_{\text{bp}} = b_1 I^* \text{POV}^{a_4} + (1 - b_1) I^* \tag{9-2}$$

$$I^* = a_1 \left(\frac{Q}{\text{ADV}} \right)^{a_2} \sigma^{a_3} \tag{9-3}$$

$$\text{POV} = \frac{Q}{Q + V} \tag{9-4}$$

其中：b_1 为暂时性冲击参数，I^* 为瞬时冲击，POV 为交易量比率的百分比形式，ADV 为三十日平均日交易量，Q 为订单大小，σ 表示波动率，V 为交易时间内预计的成交量。

我们对 Kissell 模型进行复现。其中的主要参数 $a_1 \sim a_4$ 及 b_1 可参考前人研究者对美股市场的拟合数据。一般取 $a_1 = 750$，$a_2 = 0.5$，$a_3 = 0.75$，$a_4 = 0.5$，$b_1 = 0.8$。

```
1. def kissell(adv, annual_vol, interval_vol, order_size):
2.     b1, a1, a2, a3, a4 = 0.8, 750, 0.5, 0.75, 0.5
3.     i_star = a1 * ((order_size/adv) ** a2) * annual_vol ** a3
4.     POV = order_size/(order_size + adv)
5.     return b1 * i_star * POV ** a4 + (1 - b1) * i_star
```

定义好 Kissell 模型后，我们模拟一串数据，不同的 σ 面对订单冲击的成本不同，具体如图 9-3 所示。从图 9-3 中可以看出，波动率越大的股票在面对订单冲击时，订单越大，冲击成本也越高。

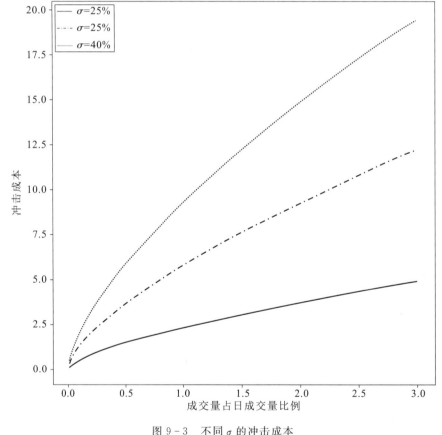

图 9-3　不同 σ 的冲击成本

2. Almgren 模型

Almgren 模型假设初始订单 X 在一段时间区间 T 内以统一的交易速率完成，也就是说，交易速率 $v = X/T$，且在交易完成前一直保持不变，并由永久和临时冲击两部分组成，即

$$\text{tcost} = 0.5\gamma\sigma\frac{X}{V}\left(\frac{\theta}{V}\right)^{\frac{1}{4}} + \eta\sigma\left|\frac{X}{VT}\right|^{\frac{3}{5}} \qquad (9-5)$$

式中：tcost 为市场冲击成本，σ 为股票的日波动率，X 为希望交易的股票数，V 为标的平均每日成交量，θ 为所有发行的股票数，θ/V 为每日换手率的倒数，T 为交易的时间长度。

此外，γ 和 η 为市场冲击的公共系数，主要是由模型提出者通过大量机构交易数据训练得出。

上述公式中第一部分除去 0.5 就是永久性冲击，第二部分是暂时性冲击。

该模型最大的问题是 Almgren 等人的论文发布时间较早，没有经历过这些年的金融危机。自论文发表之后金融市场微观结构已经有了许多发展变化。

对模型复现[①]一下：

```
1. def perm_impact(pct_adv, annual_vol_pct=0.25, inv_turnover=200): # pct_adv: X/V annual_vol_pct:年波动率 inv_turnover:每日换手率倒数
2.     gamma=0.314
3.     return 10000 * gamma * (annual_vol_pct / 16) * pct_adv * (inv_turnover) ** 0.25
4.
5. def temp_impact(pct_adv, minutes, annual_vol_pct=0.25, minutes_in_day=240): # minutes_in_day:每天的交易时间
6.     eta=0.142
7.     day_frac=minutes / minutes_in_day
8.     return 10000 * eta * (annual_vol_pct / 16) * abs(pct_adv/day_frac) ** 0.6
9.
10. def tc_bps(pct_adv, minutes, annual_vol_pct=0.25, inv_turnover=200, minutes_in_day=240):
11.     perm=perm_impact(pct_adv, annual_vol_pct=annual_vol_pct, inv_turnover=inv_turnover)
12.     temp=temp_impact(pct_adv, minutes, annual_vol_pct=annual_vol_pct, minutes_in_day=minutes_in_day)
13.     return 0.5 * perm+temp
```

以上是对 Almgren 模型复现的代码。对一些变量进行解释，pct_adv：X/V annual_vol_pct 为年波动率；inv_turnover 为每日换手率倒数；annual_vol_pct 为年波动率；annual_vol_pct 需要除以年交易日的平方根（近似为 16），是将年波动率转为日波动率。这里的 gamma 和 eta 分别是 γ 和 η，其参数是以前研究者所拟合出来的数据，不一定适用中国市场。

```
1. print('市场冲击成本：'+
2.     str(round(tc_bps(pct_adv=0.005, minutes=30, annual_vol_pct=16 * 0.016), 2))
       +'bps')
```

---

① 该小节的模型复现代码参考聚宽量化交易对 Quantopian 系列教程 *Market Impact Models* 的译文，https://www.joinquant.com/view/community/detail/cb1d89c7e88ecfce44f72abfc6257ca5? type=1。

上述代码举例了一个日波动率(σ)为 1.57%，交易时间 30 分钟，交易量为日成交量 0.5% 的交易行为。最终得出的结果是市场冲击成本为 3.77bps。

3. J. P. 摩根市场冲击模型

J. P. 摩根市场冲击模型是 J. P. 摩根全球交易服务部所使用的，是比较知名的冲击成本模型。其算法公式如下：

$$\mathrm{MI(bps)} = I \times \omega \times \frac{2 \times \mathrm{POV}}{1 + \mathrm{POV}} + (1 - \omega) \times I + S_c \qquad (9-6)$$

式中：

$$I = \alpha \times \mathrm{POV}^{\beta} \times \mathrm{Volatility}^{\gamma}$$

$$\mathrm{Volatility} = \sigma_x \sqrt{\frac{1}{N} \sum_{i=1}^{N} (x_i - \bar{x})^2}$$

ω 为临时性冲击所占的比例（流动性成本），POV 为订单相对规模，α 为一个缩放参数，S_c 为买卖价差，γ 为市场冲击的公共系数，x_i 为对数收益，$\bar{x}$ 为 x_i 的均值，σ_x 为对数收益率的标准差。

我们对模型进行复现。

```
1. def jpm_mi(size_shrs, adv, day_frac=1.0, spd=5,
2.             spd_frac=0.5, ann_vol=0.25, omega=0.92,
3.             alpha=350, beta=0.370, gamma=1.05):
4.     PoV = (size_shrs/(adv * day_frac))
5.     I = alpha * (POV ** beta) * (ann_vol ** gamma)
6.     MI = I * omega * (2 * POV)/(1+POV) + (1-omega) * I + spd * spd_frac
7.     return MI
8. print (str(round(jpm_mi(size_shrs=10000, adv=1e6),2))+' bps')  # 1% pct ADV order
```

最终得到结果 3.96 bps。这是 J. P 摩根市场冲击模型所计算得出购买 10 000 股对日均成交量为 1 000 000 股的股票的影响。

4. Quantopian 成交量滑价模型

与上述其他模型不同之处是，Quantopian 成交量滑价模型不涉及波动率因素。其算法公式如下：

$$\mathrm{tcost} = 0.1 \left| \frac{X}{VT} \right|^2 \qquad (9-7)$$

其中，X 为想要交易的股票数量，V 为一只股票的日平均交易量，T 为交易时间长度占一天的百分比。

该模型的代码如下。

```
1. def tc_Q_vss_bps(pct_adv, minutes=1.0, minutes_in_day=240):
2.     day_frac = minutes / minutes_in_day
```

```
3.    tc_pct＝0.1 * abs(pct_adv/day_frac)**2
4.    return tc_pct * 10000
```

假设今天要分别在一分钟和五分钟内交易占全天交易总数的 0.1% 的股票，以及 0.2% 的股票。

```
1. print('一分钟0.1%：'＋str(round(tc_Q_vss_bps(pct_adv＝0.001，minutes＝1)，2))
   ＋'bps')
2. print('一分钟0.2%：'＋str(round(tc_Q_vss_bps(pct_adv＝0.002，minutes＝1)，2))
   ＋'bps')
3. print('五分钟0.1%：'＋str(round(tc_Q_vss_bps(pct_adv＝0.001，minutes＝5)，2))
   ＋'bps')
4. print('五分钟0.2%：'＋str(round(tc_Q_vss_bps(pct_adv＝0.002，minutes＝5)，2))
   ＋'bps')
```

最终得到如下结果：

一分钟 0.1%：57.6 bps

一分钟 0.2%：230.4 bps

五分钟 0.1%：2.3 bps

五分钟 0.2%：9.22 bps

最后我们将上述 4 种模型汇总，查看 7 条对市场冲击的曲线，如图 9-4 所示。

```
1.  x＝np.linspace(0.0001，0.01)
2.  plt.figure(figsize＝(16,16))
3.  plt.plot(x * 100,tc_bps(x,30,0.20)，label＝"Almgren $\sigma$＝20%");
4.  plt.plot(x * 100,tc_bps(x,30,0.40)，label＝"Almgren $\sigma$＝40%");
5.  plt.plot(x * 100,tc_Q_vss_bps(x,minutes＝30),label＝"Q VSS");
6.  plt.plot(x * 100,jpm_mi_pct(x,ann_vol＝0.2)，label＝"JPM MI1 $\sigma$＝20%");
7.  plt.plot(x * 100,jpm_mi_pct(x,ann_vol＝0.4)，label＝"JPM MI1 $\sigma$＝40%");
8.  plt.plot(x * 100,kissell(5 * 10 * * 6,0.20,2000 * 10 * * 3,x * 2000 * 10 * * 3)，label＝"
    Kissell $\sigma$＝20%");
9.  plt.plot(x * 100,kissell(5 * 10 * * 6,0.40,2000 * 10 * * 3,x * 2000 * 10 * * 3)，label＝"
    Kissell $\sigma$＝40%"，color＝'black');
10. plt.grid(True)
11. plt.ylabel('tcost in bps')
12. plt.xlabel('Trade as % of ADV')
13. plt.savefig('D:\\all.jpg')
14. plt.legend();
```

我们可以观察到，Quantopian 成交量滑价模型这条曲线的斜率最特殊，它的二阶导大于零，也就是斜率是逐渐增大的；同时可以看出在成交量占比较小的时候，该模型所得出的成本是最小的。

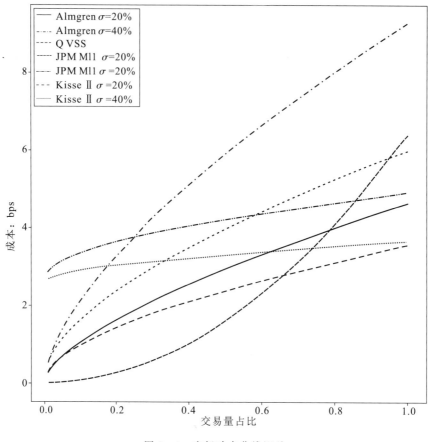

图 9 - 4　市场冲击曲线汇总

二、常用的交易策略

1. TWAP 策略

　　TWAP 策略即时间加权平均价格算法，是最为简单的一种传统算法交易策略。该模型将交易时间进行均匀分割，并在每个分割节点上将均匀拆分的订单进行提交。

　　例如，A 股市场一个交易日的交易时间为 4 小时，即 240 分钟。首先将这 240 分钟均匀分为 N 份(或将 240 分钟中的某一部分均匀分割)，如 240 份。TWAP 策略会将该交易日需要执行的订单均匀分配在这 240 个节点上去执行，从而使得交易均价跟踪 TWAP。

　　假设有投资者想制订策略，购买 1 000 手股票 A。在制订策略的过程中，可以选择两种可能的策略。策略一：直接购买 1 000 手股票 A；策略二：交易者可以发出每 30 分钟购买 125 手股票 A，一共 4 小时的订单。TWAP 策略就是将策略一变为策略二。

　　TWAP 策略的公式如下。

$$\mathrm{TWAP} = \frac{\sum_{i=1}^{n} p_i}{n} \tag{9-8}$$

其中，p_i 为某个时间点的价格。

我们这里使用 2021 年 8 月 31 日平安银行(000001)的分钟级数据来计算这天的 TWAP。此处的数据来源于 akshare 的 tick 级数据。

首先安装 akshare。

pipinstall akshare —i http://mirrors. aliyun. com/pypi/simple/

然后导入后面可能用到的库。

```
1. import akshare as ak
2. import numpy as np
3. import matplotlib. pyplot as plt
4. import pandas as pd
5. import time
6. from datetimeimport datetime
```

接着从该数据库下载平安银行的分钟级数据并查看结果，如图 9-5 所示。

```
1. stock_pa＝ak. stock_zh_a_hist_pre_min_em(symbol＝"000001")
2. print(stock_pa)
```

	时间	开盘	收盘	最高	最低	成交量	成交额	最新价
0	2021-08-31 09:15	17.72	17.72	17.72	17.72	0	0.0	17.720
1	2021-08-31 09:16	17.64	17.72	17.73	17.64	0	0.0	17.720
2	2021-08-31 09:17	17.72	17.89	17.89	17.72	0	0.0	17.720
3	2021-08-31 09:18	17.89	17.75	17.89	17.75	0	0.0	17.720
4	2021-08-31 09:19	17.75	17.75	17.75	17.75	0	0.0	17.720
...	...	...	...	...	...	...	...	...
251	2021-08-31 14:56	17.79	17.80	17.81	17.79	6179	10997555.0	17.633
252	2021-08-31 14:57	17.80	17.79	17.80	17.78	6170	10980285.0	17.633
253	2021-08-31 14:58	17.80	17.80	17.80	17.80	40	71172.0	17.633
254	2021-08-31 14:59	17.80	17.80	17.80	17.80	0	0.0	17.633
255	2021-08-31 15:00	17.80	17.80	17.80	17.80	19261	34284580.0	17.636

256 rows × 8 columns

图 9-5 平安银行交易数据

从图 9-5 中可以看出，一共 256 条数据，为 2021 年 8 月 31 日即当前交易日(编者查询数据的日期为 8 月 31 日)的一分钟数据，包含的数据有时间、每分钟开盘价、每分钟收盘价、每分钟最高价、每分钟最低价、成交量(单位：手)、成交额和最新价。图中的数据从集合竞价开始，但我们不需要集合竞价的数据，只需要连续竞价时间段的数据。我们只需要选取除最上面的 15 条数据之外的数据即可。

```
1. stock_pa＝stock_pa. iloc[16:256,:]
2. stock_pa＝stock_pa. set_index(['时间'])
```

我们将前240条数据筛选出来，并让第一列的时间作为索引，得到如图9-6所示的结果。

时间	开盘	收盘	最高	最低	成交量	成交额	最新价
2021-08-31 09:31	17.68	17.65	17.70	17.56	18454	32576004.0	17.669
2021-08-31 09:32	17.64	17.70	17.70	17.63	14085	24864945.0	17.663
2021-08-31 09:33	17.68	17.68	17.73	17.68	11138	19719604.0	17.673
2021-08-31 09:34	17.70	17.77	17.78	17.70	14392	25513573.0	17.685
2021-08-31 09:35	17.78	17.75	17.79	17.75	14235	25292910.0	17.700
...	...	...	...	...	...	...	...
2021-08-31 14:56	17.79	17.80	17.81	17.79	6179	10997555.0	17.633
2021-08-31 14:57	17.80	17.79	17.80	17.78	6170	10980285.0	17.633
2021-08-31 14:58	17.80	17.80	17.80	17.80	40	71172.0	17.633
2021-08-31 14:59	17.80	17.80	17.80	17.80	0	0.0	17.633
2021-08-31 15:00	17.80	17.80	17.80	17.80	19261	34284580.0	17.636

240 rows × 7 columns

图 9-6 数据筛选

最后开始计算这一日的 TWAP 值。计算这个数值时，有些机构只采用最高价和最低价，有些机构采用的是开盘价、收盘价、最高价和最低价四个价格，这里我们都尝试一下。

```
1. # 只使用最高价和最低价
2. def calc_twap2(stockdata):
3.     n1 = len(stockdata)
4.     price_sum = 0.0
5.     for i in range(0, n1-1):
6.         high_price = stockdata.iloc[i,2]
7.         low_price = stockdata.iloc[i,3]
8.         price = (high_price + low_price) / 2
9.         price_sum += price
10.    return price_sum / n1
11. # 开盘价、收盘价、最高价、最低价
12. def calc_twap4(stockdata):
13.     n2 = len(stockdata)
14.     price2_sum = 0.0
15.     for i in range(0, n2-1):
16.         open_price2 = stockdata.iloc[i,0]
```

```
17.        close_price2＝stockdata.iloc[i,1]
18.        high_price2＝stockdata.iloc[i,2]
19.        low_price2＝stockdata.iloc[i,3]
20.        price2＝(high_price2 ＋ low_price2 ＋ open_price2 ＋ close_price2) / 4
21.        price2_sum ＋＝ price2
22.    return price2_sum / n2
23.
24. a1＝calc_twap2(stock_pa)
25. a2＝calc_twap4(stock_pa)
26. print('只使用最高价和最低价的 TWAP：%f'%a1)
27. print('使用最高价、最低价、开盘价、收盘价的 TWAP：%f'%a2)
```

得到如下结果：

只使用最高价和最低价的 TWAP：17.558167。

使用最高价、最低价、开盘价、收盘价的 TWAP：17.558750。

以上两者得出的结果基本相同。平安银行 2021 年 8 月 31 日的 TWAP 约为 17.56。

TWAP 模型设计的目的是使交易对市场影响减小的同时提供一个较低的平均成交价格，从而达到减小交易成本的目的。在分时成交量无法准确估计的情况下，该模型可以较好地实现算法交易的基本目的。但是使用 TWAP 过程中的一个问题是，在订单规模很大的情况下，均匀分配到每个节点上的下单量仍然较大，当市场流动性不足时仍可能对市场造成一定的冲击。另一方面，真实市场的成交量总是在波动变化的，将所有的订单均匀分配到每个节点上显然是不够合理的。因此，算法交易研究人员很快建立了基于成交量变动预测的 VWAP 模型。不过，由于 TWAP 操作和理解起来非常简单，因此其对于流动性较好的市场和订单规模较小的交易仍然适用。

2. VWAP 策略

VWAP 策略即成交量加权平均价格算法策略，是目前市场上最为流行的算法交易策略之一，也是很多其他算法交易模型的原型。VWAP 交易的目标是找到一种拆单方式，使交易实现的总均价最接近交易时段内的市场 VWAP。交易者开始使用 VWAP 策略只是因为机构投资者希望他们的成交均价接近或低于市场均价；后来，交易者发现 VWAP 拆单是期望成本最小的方式；同时，VWAP 算法立足于以平均的比例参与市场每一时间段的交易，因此不会出现某个时间段交易过多的现象，这使得由于大单可能造成的信息泄露程度降到了最低；最后，就是 VWAP 对计算机硬件的要求较低。

VWAP 是指一段时间内证券价格按成交量加权的平均值：

$$\mathrm{VWAP} = \frac{\sum_{i=1}^{n} p_i v_i}{\sum_{i=1}^{n} v_i} \tag{9-9}$$

式中：p_i 为某个时间点的价格，v_i 为某个时间点的成交量。

VWAP 算法交易策略的目的就是尽可能地使订单拆分所成交的 VWAP 盯住市场

VWAP。从 VWAP 的定义公式来看，若希望跟住市场的 VWAP，则需要将拆分订单按照市场真实的成交量分时按比例进行提交，这就需要对市场分时成交量进行预测。

TWAP 和 VWAP 之间主要有以下区别：

计量：TWAP 是根据时间计算的，而 VWAP 是根据成交量和时间计算的。

过程：与 VWAP 相比，TWAP 值比较容易计算，因为 VWAP 涉及一个较复杂的过程来计算加权平均价格的价值。

小交易量：使用 TWAP，比较容易计算小交易量，但 VWAP 不适合。

接着我们用上面相同的数据集计算 VWAP 值。

```
1. def calc_vwap(stockdata):
2.     n=len(stockdata)
3.     total_sum=0.0
4.     volume_sum=0
5.     for i in range(0, n − 1):
6.         high_price=stockdata.iloc[i, 2]
7.         low_price=stockdata.iloc[i, 3]
8.         price=(high_price + low_price) / 2
9.         volume=stockdata.iloc[i, 4]
10.        total_sum += price * volume
11.        volume_sum += volume
12.
13.    return total_sum / volume_sum
14. a3=calc_vwap(stock_pa)
15. print('VWAP:%f'%a3)
```

最终得到以下结果：

VWAP:17.633432

3. MVWAP 策略

MVWAP 策略即成交量加权平均价格优化算法策略。VWAP 有很多优化和改进的算法，最为常见的一种策略是根据市场实时价格和 $VWAP_{市场}$ 的关系，对下单量的大小进行调整与控制，这一类算法统称为 MVWAP。当市场实时价格小于此时的 $VWAP_{市场}$ 时，在原有计划交易量的基础上进行放大，如果能够将放大的部分成交，则有助于降低 $VWAP_{成交}$；反之，当市场实时价格大于此时的 $VWAP_{市场}$ 时，在原有计划交易量的基础上进行缩减，也有助于降低 $VWAP_{成交}$，从而达到控制交易成本的目的。

例如，假设某机构需要在今天购买股票 A10 000 手。为了降低购买的成本，该机构决定采用 MVWAP 策略拆分合计 10 000 手的买单。首先根据过去的历史数据计算得到一个 $VWAP_{市场}$，假设该值为 15，同时计算出一个按照成交量大小分布的购买计划，成交量大的时间段，购买量也更大。当股票价格为 14.2 元时，该机构应该放大这一时间段的成交量，直至股票的成交价逼近 15 元；当股价由于大量跟风盘涌入而上升突破 15 元到 15.3 元，机构应该在原基础上削减该时间段的购买量，使得最后的均价在 15 元附近。

在 MVWAP 策略中，除了成交量的预测方式之外，同样很重要的是对于交易量放大或减小的定量控制。一种简单的办法是在市场实时价格低于或高于 VWAP$_{市场}$时，将下一时段的下单量按固定比例放大或缩小，那么这个比例参数就存在一个最优解的问题。如果考虑得更为复杂和细致，这个比例还可以是一个随价格偏差（市场实时价格与 VWAP$_{市场}$之差）变化的函数。

4. PEG 策略

PEG 策略即盯住盘口策略。PEG 策略每时每刻都根据市场盘口的现状下达交易指令，并只下达限价单。

PEG 策略一般按照以下步骤进行：

（1）买入时按照当时价格最低的卖价发出一定数量的限价交易指令，并等待结果；卖出时则按照当时最高的买价发出一定数量的限价交易指令，并等待结果。

（2）如果交易指令未完成且市场成交价格逐渐远离我们下达的指令，则撤销指令重新按现有市场情况执行第一步。

（3）如果所有限价交易指令交易完成，重复第一步，直至所有计划交易完成或到达交易执行的最后期限。

当指令执行的需求比较迫切时，可以不在现有的盘口，而是选择市场的买卖中间价下达交易指令，以使我们的交易能够尽快完成。该策略的优点在于对市场的冲击可以做出较好的定量控制，而缺点在于跟踪盘口价格时容易出现偏离，并且每个交易日的成交量不可控。

例如，股票 A 此时的买一价为 21.43 元，卖一价为 21.45 元，但是存在一些大额卖单将前面的几档买单成交，最低价在 21.22 元。当投资者需要购买时，按照 PEG 策略将采取以 21.22 元为指定价的限价买入单。当 21.22 元的限价单被成交后，投资者可以根据当时盘口情况继续发出限价单，直到所有买单都被成交。但是如果 21.22 元的限价单还未被成交，价格就已经被推上去，到 21.84 元，严重偏离 21.22 元时，就需要撤单重新根据盘口发出限价单。至于相差多少才算严重偏离需要撤单重新报单，就根据每个投资者的标准决定。

5. IS 策略

IS 策略即执行落差策略。执行落差是实际交易金额与交易前决策确定的目标成交金额的差值。这种交易按照当前价格与目标价格选择交易的时机进行交易。IS 策略的最终目标如下：

$$\min: \sum_i x_i (p_i - p_0)$$

其中，x_i 为对应购买的股票数量，p_i 为实际交易价格，p_0 为目标交易价格。

IS 策略一般按以下步骤进行：

（1）确定目标交易价格 p_0，作为交易基准，该价格可以是开盘价、收盘价或者五日均价等；再设定一个容忍价格 p_r，作为交易的边界条件。

（2）当市场实际价格低于或高于 p_0 时，按一定的策略下单进行买入或卖出交易。

（3）当市场实际价格高于或低于 p_r 时，不进行买入或卖出交易。

（4）当市场实际价格处于 p_0 和 p_r 之间时，可以按照介于积极和消极交易策略之间的策略进行交易。

（5）该算法在所有的交易完成或到达交易最后期限时结束。

IS 策略比较全面地分析了交易成本的各个部分，在冲击成本、时间风险、价格增长等因素之间取得了较好的平衡，更加符合最优操作的目标。

由于算法的作用是用于以后的交易，所以必须要预测出未来的成交量，然后在未来的成交量预测上进行拆分订单实现交易。成交量的变化有很强的自相关性，可以利用加权平均历史成交量来简单预测未来的成交量。美国市场通常使用 30 日移动平均成交量作为下一交易日成交量的估计，实证显示更长时间的成交量数据对提高预测效果没作用。某个交易日内每个时间段的成交量可以通过使用过去若干交易日同一时段成交量占那一交易日总成交量比例的平均数估计。

$$E\left(\frac{v_i}{V}\right) = \frac{1}{n}\sum_{j=1}^{n}\frac{v_{ij}}{V_j} \tag{9-10}$$

式中：$E\left(\dfrac{v_i}{V}\right)$ 为下一日的预期成交量比率，v_{ij} 为之前第 j 天同一时刻的成交量，V_j 为之前第 j 天的日成交量。

第三节　算法交易设计、展望与总结

一、算法交易设计

算法交易的第一步工作就是建立一个冲击模型。该模型是所有交易算法的基础，我们已在上一节中介绍了几种。算法交易除了冲击成本风险还有时间风险，时间越长则冲击风险越小，相对应的时间风险越大。

如果仅依赖于冲击成本模型，利用算法优化冲击成本与时间成本之和得到最优比例就得到了被动型算法。如果再加入对资产价格的短期趋势判断，就可以进一步改善算法，得到主动型算法交易。

判断一个算法是否有效率、是否合适，需要一个判断的标准。这个标准就是一个合适的业绩标杆，常见的指标有开盘价格、收盘价格、时间加权平均价格、成交量加权平均价格、实现价差等。具体的选择由投资者根据自己的交易风格、交易目标等因素决定。

如果以交易开始时的开盘价作为策略的业绩基准，那么对应的交易成本应该表示如下：

$$\text{Cost} = \sum_{j=1}^{n} x_j \sum_{i=1}^{j} \Delta P_i + \frac{1}{X}\sum_{j=1}^{n}\left[\frac{b_1 I_j x_j^2}{x_j + 0.5 v_j} + (1 - b_1)x_j I_j\right] \tag{9-11}$$

式中：x_j 为第 j 期交易的股票数，ΔP_i 为 i 时刻不受我们影响的价格变动（客观价格变动，剔除了交易者参与市场对价格的冲击），X 为要交易的股票总数，b_1 为临时冲击成本占总冲击成本的比例，v_j 为第 j 期除投资者外其他交易者的总交易量。

如果以收盘价为基准，则交易成本如下：

$$\text{Cost} = \sum_{j=1}^{n} x_j \sum_{i=1}^{j} \Delta P_i + \frac{1}{X}\sum_{j=1}^{n}\left[\frac{b_1 I_j x_j^2}{x_j + 0.5 v_j}\right] \tag{9-12}$$

在确定了比较基准以后，可以测试不同参数的效果，并选择合适的参数，也就是调参。

先在整个历史时期各个阶段以不同的参数测试策略，判断不同参数效果的稳定性，以及结果对参数的敏感度。重点关注稳定性和敏感性随时间变化的情况，如果变动过于频繁，则不适合投入实际应用。因为过于频繁则说明这个参数的普适性不够，举个不是很恰当的例子就是"过度拟合"。这时就可以选择某一个特定的市场状况较为稳定的历史时期，使用同样的方法用各种不同的参数进行测试，检验不同参数的稳定性及策略效果对参数的敏感性。选择最优参数，判断的标准可以是夏普比率等。估计参数所用的市场时间段主要根据经验判断，可以是最近的市场数据，也可以是以前出现过未来很可能出现的市场数据。然后根据特定市场的状况选择最优参数，进行样本外测试，确定算法交易的效果是否满意。在合乎标准的情况下，即可确定策略及最优参数。

对算法交易进行回测是困难的，如果使用历史数据回测，会面临一个无法解决的问题，我们不知道策略是否会改变市场本身。算法交易最合理的测试方式是实盘测试，该方式最大的问题就是投入与风险极大。现在最常用的方法是利用证券交易仿真系统来测试策略。证券交易仿真系统指的是通过使用计算机模拟交易者的交易行为，让模拟交易者在一个虚拟的市场中进行交易。该方面最早进行研究的是美国圣塔菲研究所。最后根据仿真系统的测试结果决定该策略是否可行，是否需要进一步改进并优化。

算法交易系统的开发往往需要较大的人力物力，因此一般都是由专业的卖方将算法提供给买方。欧美市场的起步较早，技术水平较高，市场也更为成熟。知名的算法交易系统开发者有摩根斯丹利、高盛、摩根大通、美银美林等。国内提供算法交易的机构有国泰安、卡方科技、金纳科技等公司。

二、算法交易展望与总结

算法交易的未来主要将朝着以下几个方向发展：

1. 复杂事件的处理

复杂事件的处理是计算机处理和应对具有多重效应事件数据的能力，如应对市场冲击的能力；能及时利用新闻，发现欺诈行为，管理风险；等等。例如，由于某件不改变基本面的事件导致壳牌与美孚公司的股票价差到达某个水平，则买入壳牌，卖出美孚。

2. 新闻交易

算法并非简单地依据新闻进行交易，而是更复杂地理解新闻。某些公司还会通过算法将新闻分类，然后直接根据分类后的新闻进行交易。同时新闻的报道速度也是决定交易能否盈利的关键因素。

3. 交易单分段运输模型

当资金流难以预测时，订单交易需要统一管理，需要高效处理交易有困难的订单。对于短线交易，交易单分段运输模型策略效果尤为显著。该策略引进了机会目标完成率的概念，此比率根据特定证券的每笔交易核算。

算法交易对市场的影响有好有坏，一项技术的进步需要从正反两方面来考虑。我们应该努力避开不好的一面，吸取好的一面。

上海证券交易所的CTO白硕先生曾谈到，算法交易的催化剂是共同市场的兴起，跨市场、跨品种的瞬间盈利机会，人已经没有办法抓住，只有算法交易才能抓住。业务上出现越来越复杂的关联，不用算法交易也很难把握。既然最后机器可以更好地判断很多事情，决定很多事情，就可以把更多的决策权、临场判断权交给机器。

根据学界和监管机构的研究，算法交易以及高频交易能够为金融机构带来更多的利润，与此同时也能够进一步提升市场发现价格的能力和市场效率。具体而言，此前研究认为算法交易与高频交易的潜在优势主要有以下几个方面：

一是在金融机构层面降低交易成本、提高交易效率。

二是能够提升正常情况下的市场流动性，降低买卖价差。

三是能够提升市场的效率，更为快速和准确地发现价格。

然而，算法交易和高频交易在为金融机构和市场带来潜在好处的同时也带来了相应的风险，具体而言，经过学界和监管部门总结，风险主要集中在以下几个方面：

一是可能加大了系统性风险的影响，并在特定情况下增加市场波动。

二是算法交易和高频交易可能导致非正常波动在不同金融市场间快速传递。

三是若多家机构采取了相同的策略或算法，将会造成单向波动加剧。

四是一旦发生程序错误，将容易在短时间内对金融市场产生负面影响。

五是可能会产生潜在的不公平、违规交易行为。

美国证监会和美国商品期货交易委员会发布的《联合报告》曾谈及算法交易与高频交易对市场崩盘的几点影响：

一是在市场遭遇压力时，自动化执行的大量卖单可能会引发价格剧烈波动，特别是若该算法在执行交易时不考虑成交价格。更为重要的是，压力情况下自动化交易和各类算法交易有可能会进一步侵蚀市场的流动性，并造成整个市场交易秩序的混乱。除此之外，跨市场交易的资产以及各类衍生品可能会造成单一市场波动快速传导至多个市场。

二是如果多个市场重要参与方所设置的交易暂停门槛同时触发，有可能导致整个市场流动性缺失。相应的流动性缺失可能会造成金融市场资产价格扭曲，甚至在极端情况下造成交易以无成交意向报价（Stub Quotes）价格成交。因为做市商（Market Maker）为了履行双边报价义务，只能报出一些远远偏离实际价格的无成交意向报价，若多个做市商都进行如此报价，可能造成这些无成交意向报价最后成交。美国证券交易委员会和金融业监管局联合调研，要求各个交易所之间构建熔断机制（Circuit Breaker），以期在市场发生异常波动时能够联合阻断风险传播。由此可见，算法交易和高频交易的普及使得市场的结构和特性发生了重构，特别是在压力场景下，算法交易和高频交易可能会加剧市场流动性下降和波动率上升，需要引起相应的重视。

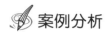 案例分析

海龟交易法

1. 基本原理

海龟交易法将建仓资金按照一定比例划分为若干个小部分，每次建仓头寸和加仓规模

都与波动量 N（又称平均真实波动振幅，Average True Range，ATR）有关。ATR 是日内指数最大波动的平均振幅，由当日最高价、最低价和上一交易日的收盘价决定。

$$TR = Max(H-L, H-PDC, PDC-L) \tag{9-13}$$

其中，PDC 为前一交易日的收盘价，ATR 为 TR 在 N 天内的均值。

利用 N 值来体现价值波动量 DV：

$$DV = N \times 合约每点价值 \tag{9-14}$$

其中，合约每点价值是指每一个指数点数所代表的价格。

每一次开仓交易合约数 Unit 的确定是将总资产的 DV 除以 1% 得到。

$$Unit = \frac{总资产的 DV}{1\%} \tag{9-15}$$

2. 逻辑解析

1）入市信号

海龟交易法使用的是以一个理查德·唐奇安的通道突破系统为基础的入市系统。唐奇安通道分为系统一和系统二，对应短期突破和中长期突破。其中，短期突破系统是以 20 日（最高价或最低价）突破为基础，当价格突破 20 日价格即为入市信号；中长期系统是当盘中价格突破过去 55 日价格为入市信号。

2）加仓和止损

海龟交易法的加仓规则是当捕捉到入市信号后建立第一个交易单位的头寸，市价继续向盈利方向突破 $1/(2N)$ 时加仓。

海龟交易法的止损位为 $2N$，同加仓一样采用平均真实振幅 N 值为止损单位。每加仓一次，止损位就提高 $1/(2N)$。

3）止盈

短期：多头头寸在突破过去 10 日最低价处止盈离市，空头头寸在突破过去 10 日最高价处止盈离市。

中长期：多头头寸在突破过去 20 日最低价处止盈离市，空头头寸在突破过去 20 日最高价处止盈离市。

实 际 操 作

1. 策略思路

第一步：获取历史数据，计算唐奇安通道和 ATR。

第二步：当突破唐奇安通道时，开仓。

第三步：计算加仓和止损信号。

回测标的：DCE.i2012。

回测时间：2020-02-15 至 2020-09-01。

回测初始资金：100 万。

需要注意的是，ATR 值是不断变化的，这就会导致在对期货平仓时，可能出现平仓数量大于持仓数量的现象。比如前一交易日的持仓为 10，今日的 ATR 值为 22。假设当前价格触发平仓条件，平仓 ATR/2。ATR/2＝11＞10，这样就会导致委托失败报错。所以要加入一个变量 volume_hold 用来记录当前持仓量，与 ATR/2 作比较。

2. 回测结果与稳健性分析

设定初始资金为 100 万，手续费率为 0.01%，滑点比例为 0.01%。回测结果如图 9 - 7 所示。

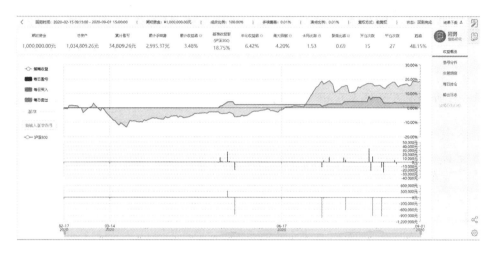

图 9 - 7　策略回测图

回测期累计收益率为 18.75%，年化收益率为 6.42%，沪深 300 收益率为 18.75%，策略跑输沪深 300 指数。最大回撤为 4.20%，胜率为 48.15%。

为了检验策略的稳健性，改变策略标的和计算唐奇安通道的参数 n，回测结果见表 9 - 1。

表 9 - 1　改变标的和参数的回测结果对比

标　　的	唐奇安通道参数	年化收益率	最大回撤
DCE. i2012	20	6.42%	4.20%
DCE. i2012	25	3.45%	4.99%
DCE. i2012	30	−0.35%	4.23%
DCE. m2012	20	−0.28%	1.50%
DCE. m2012	25	1.19%	0.52%
DCE. m2012	30	1.23%	0.47%
SHFE. rb2012	20	−4.48%	2.61%
SHFE. rb2012	25	−2.80%	2.84%
SHFE. rb2012	30	−3.01%	2.39%

由表 9 - 1 可知，不同标的收益结果呈现差异。其中大商所的铁矿石收益情况最好，其他两个品种收益较差，整体收益情况较差。说明该策略在使用上存在一定风险。

课 后 习 题

1. 简述 TWAP 和 VWAP 之间的区别。
2. 计算一只股票使用 TWAP 与不使用 TWAP 之间成本的区别（不考虑滑点）。
3. 计算一只股票一周的 VWAP 的值。

第十章　高　频　交　易

高频交易(High Frequency Trading)是量化交易中的一种，是交易方式的革命。传统交易模式分为基本面模式和技术面模式，但是高频交易不能简单地归纳为其中一种。巴曙松先生在迈克尔·刘易斯的《高频交易员》一书中举了个形象的例子，将高频交易和我们所熟悉的短线交易对比，就如同经典力学与量子力学之间的差异——经典力学是对宏观物体和低速物体进行的力学研究，而量子力学是对微观物体和高速物体的力学研究。

本章主要介绍高频交易的发展历史与特点、高频交易的理论基础——市场微观结构理论以及一些高频交易策略的概览。

第一节　高频交易概述

一、高频交易的起源及发展

1. 高频交易的含义

高频交易按照字面的意思，是指以很高的频率进行交易。但它至今依然没有一个统一定义。美国证券交易委员会和美国商品期货交易委员会对高频交易商的定义是使用高速系统监控市场数据并提交大量订单的自营交易公司；欧洲证券监管委员会认为高频交易是自动化交易的一种形式，利用复杂的计算机和 IT 系统，以毫秒级的速度执行交易并日内短暂持有仓位，通过超高速度交易不同交易平台间的金融工具来获取利润。在外汇市场中，高频交易是指一种伴有高周转率以及高订单率的算法交易。它通过复杂的算法对市场数据进行实时分析，在市场发生变化的时候迅速地执行相应的交易策略。

相比较于传统的低频交易，高频交易在程序的驱动下，对市场的各种变化快速反应。高频交易并不试图去发现那些 100 元大钞，而是不断地捡起随处可见的 1 元。传统投资者持有的头寸从几天到数周、几个月甚至几年，每笔交易的盈利为数个百分点。高频交易者每天多次交易，平均每笔交易的盈利不足一个百分点，而且基本都不持有隔夜头寸，在如今的全球化时代，资金利用率可以提高到最大，24 小时充分利用。

高频交易在近几年经历了强劲的增长。Tabb Group 的数据显示，高频交易目前约占美国贸易额的 55%，欧洲贸易额的近 40%。"高频交易"这个词经常与"算法交易""电子交易""低延迟交易"相混淆。因为高频交易相比较于传统交易而言，大家是比较陌生的。但事实上，"低延迟"不一定是高频交易，高频交易一定是"低延迟交易"。"低延迟交易"指的是交易指令执行的速度，高频交易要求执行速度快，但是非高频交易也可以要求执行速度快，同样地，可以适用在"算法交易"和"电子交易"上。所谓"高频"，并非一定是指成交的频率高，有些系统只是下委托单和修改、回撤委托单的频率高，真正的成交次数可能并不多，也一样可以叫作高频交易系统。

2. 高频交易的发展

1815 年 6 月 19 日清晨，在伦敦的内森·罗斯柴尔德凭借优秀的信息网率先得到滑铁卢战役的结果，他凭借着这一信息差大量买入英国债券，直到 6 月 21 日晚，拿破仑被打败的情报才传到伦敦证券交易所。高频交易并非指交易频率高，而是指交易的响应速度快。从这个角度来看，这或许是最早的高频交易。

1983 年，彭博社运用美林的 3 000 万美元投资资金发明了史上第一台实时市场数据电脑系统，可以进行金融计算和统计。

1998 年，美国证券交易委员会给予电子交易所授权，为高频交易铺平了道路。电子化交易使得证券市场中越来越多的交易通过一些复杂的程序部署得以实现。

2000 年，高频交易已经缩短到秒级了，此时高频交易在美国股票交易订单中所占比例不到 10%。

2010 年，高频交易执行速度已经提高到毫秒和微秒级别，此时高频交易在美国股票交易中占 56% 的比例。

2010 年 3 月 6 日，价值 41 亿美元的电子交易引发了金融市场的闪电崩盘，道琼斯指数在单个交易日内狂跌 1 000 点，市值蒸发近 1 万亿美元。美国证券交易委员会和美国商品期货交易委员会认为高频交易公司应负主要责任。

2012 年，高频交易速度达到纳秒级别。同年 9 月，初创公司 Dataminr 将社交媒体流量转变为可操作的交易信号，其所报道的商业新闻比传统新闻报道平均提前 54 分钟，为高频交易中的事件套利活动提供了基础，此时高频交易在美国股票交易中达到约 70% 的比例。

2013 年 5 月，德国作为全球首个国家颁布实施高频交易法，9 月意大利成为首个对高频交易征税的国家，规定若买入某个股票然后持有不足 0.5 秒就抛出，将按照 0.02% 的税率征收额外税费。

2014 年 1 月，美国高频交易公司 Virtu Financial 提交 IPO 申请，其在招股书中表示，2009—2013 年的 1 238 个交易日，公司只有一天出现亏损，通过从每笔交易获取的微薄利润，公司每天可以获得 130 万到 150 万美元的净利润。

2014 年 4 月 15 日，欧洲议会通过包含一系列限制高频交易措施的《金融工具市场指令 II》，内容包括限制报价货币单位过小、强制对交易算法进行测试、要求做市商每个交易日每小时上报交易额，以及当价格波动超过一定限制时的熔断机制。

2016 年 6 月，美国证券交易委员会批准 IEX(Investors Exchange)成为全国性股票交易所。IEX 是美国首家对股票交易订单施加 350 微秒延迟的交易所。

2018 年 11 月，莫斯科证券交易所宣布将向基金、算法、高频交易者提供更多分析工具。2018 年 11 月，澳大利亚证券投资委员会宣布，高频交易占澳大利亚股票市场交易的四分之一。

同样地，中国股票市场也正在经历高频交易的冲击。2021 年 9 月初，证监会主席易会满提到，量化交易、高频交易在增强市场流动性、提升定价效率的同时，也容易引发交易趋同、波动加剧、有违市场公平等问题。在对中国股票市场的研究中，短线交易的研究对象通常是每个周期的成交价格，这个周期最短可以达到 6 秒；高频交易的研究对象则是每笔订单在 6 秒的短线周期内可以发生多达上百笔订单交易，而最终得到的成交价只是最后一笔订单成交的价格。交易所保留数据的频度是秒，而市场中高频交易主体的数据频度是纳秒级，1 秒＝10 亿纳秒，相差如此悬殊，自然产生了对现有市场结构的冲击。

从高频交易发展史可以看出，这是一段证券交易的硬件发展史。为了提高几毫秒的运行速度，投资者可以修建一条价值几亿美元的光缆。在高频交易中，一毫秒的领先就可能决定你的策略是否有效。速度的竞争是最明显的竞争。谁能运行最快的数量模型，谁就能最先找出并利用市场无效率的瞬间，从而赚取最高的利润。

二、高频交易的特点

美国证券交易委员会给出的高频交易的特点：

（1）采用高性能的计算机和成熟的算法来产生和执行买卖指令。

高频交易面临的交易机会都是转瞬即逝，而且成交量大，通过人工执行搜寻机会、下单等往往难以实现，所以需要使用超高速的复杂计算机系统下单，但恰恰也是对交易系统低延迟的敏感性的需求，高频交易需要专门的硬件设备来保证。

根据最新的行情信息和宏观消息，计算产生交易信号是高频交易系统最核心的功能之一。买卖指令一经产生，便经由自动交易系统通过最优算法将大单拆分，在有利价位以小单进行买卖。此外，另有监控系统对交易策略进行实时监控，当异常事件发生时便实时发出警告。

（2）采用"联席"（Co-location）方法将服务器直接架设在交易所，最小化由网络等原因造成的延时。

一般而言，光纤传输的物理距离每增加 100 千米，传输时间增加 1 毫秒。因此，减少传输距离将提高交易指令的传输速度。高频交易商通过将服务器直接架设在交易所，缩短与交易所的物理距离，并在机构所在地通过工作站来管理远程服务器，以减少外部网络传输造成的数据延迟，获得高频交易的核心竞争优势。

光纤通信中光信号实际传输度大约只有 20 万千米/秒。光纤铺设受地形的限制，使得光纤传输距离大于两地实际距离。但光纤网络的带宽比较大，仍然是长距离高速网络连接的首选。

高频交易公司传输信号也是使用光纤通信，但通常会选择暗光纤（已经铺设但是没有投入使用的光缆）。暗光纤服务一般无须与其他客户共享连接，全球最流行的芝加哥—纽约路线在传输容量充足的情况下，标准的往返延迟是 16 毫秒。

迈克尔·刘易斯在他的《高频交易员》一书中提到了一个案例，2010 年，美国高速网络供应商 Spread Networks 曾经耗资 3 亿美元修建了一条纽约和芝加哥两地间最直的一条光缆，为了让光缆不用绕道，挖通了横穿阿巴拉契亚山脉的光缆隧道，其目的是使得网络连接往返速度只需 13.33 毫秒，比其他网络少了约 3 毫秒。前两百个与其达成协议的客户就给该公司带来了 28 亿美元的收入。

同样地，为了追求更低延迟，高频交易公司通常会把服务器放到交易所撮合引擎服务器所在的数据中心里（Co-location）。交易所数据中心会确保使用 Co-location 的客户无论将机器托管在交易所内的任何位置，都是通过相同长度的电缆传输、相同的延迟时间。国内交易所都有自己的服务器托管中心，如上交所外高桥上证通托管机房、深交所南方中心深圳通托管机房、上交所金桥托管机房。

（3）采用逐笔数据进行计算，程序化交易。

高频交易需要以毫秒级的逐笔数据作为计算基础，以消化最新的市场信息，并以此制订交易决策。与人工交易比起来，程序化交易能够更快、更有效、更理性地决策，这就使得程序化交易成为高频交易不可或缺的一部分。

（4）买卖频繁，持仓时间短。

持仓时间短是高频交易的基本特征之一。一般来说，实时行情的小幅变动足以触发高频交易策略，并即时发出开平仓指令。"高频"一词所指的即是快速建平仓以及由此带来的高资本周转率。

（5）日内交易，不持隔夜仓。

遵守日内交易不留隔夜仓的原则给交易者节省持有成本。持有成本是指持有隔夜头寸所需的保证金。在信贷收紧或是高利率的宏观环境下，持仓过夜所需付出的利息往往会消耗大量的盈利。收盘平仓还能规避隔夜持仓面临的收盘后突发利空所带来的风险。

高频交易中当日开平仓的特点可以在很大的程度上降低隔夜持仓成本，加上现在全球二十四小时的市场，资金可以做到无休眠地运转，更使隔夜持仓成本降到了最低。持仓时间短可以降低因持仓时间过长带来的风险暴露，风险暴露的降低又能有效增加风险调整收益。

三、高频交易系统

一个典型的高频交易系统一般具有六个板块。这六个板块彼此独立又相互承接，形成一个完整的高频交易系统，具体如图 10-1 所示。

板块一接收数据，即接收并保存所关注证券的实时分笔数据。

板块二处理数据，即使用数学模型处理数据。

板块三发出指令，即发出交易指令并记录持仓量和盈亏。

板块四监控实况，即与预先设定的参数相比较，并利用实时结果来管理交易风险。

板块五评估交易，即与基准收益相比较，对交易进行评估。

板块六确定费用，即确定交易过程中发生的各种费用在可接受范围内。

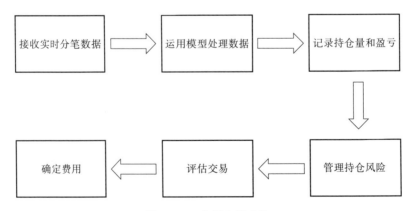

图 10-1　高频交易系统

以上六个板块构成的就是一个典型的高频交易系统。但现实情况中远远没有这么简单。例如上面的第二个板块，运用模型处理数据。投资者该选取什么样的模型？这是需要经过回测实证的。确定这一模型在过去的时间里是有效的，才能运用于实战当中。

目前存在两种主要的建模方法，第一种是通过计算机算法，从海量的数据中发现它们的数据特征，并把它们提取出来，最后通过这些特征去判断股票，进行交易，并不需要知晓这些因子背后的经济学逻辑。第二种是先建立理论模型，再根据理论模型建立计量模型处理数据。

以上两种方法各有利弊，如果只是通过大数据去寻找数据背后的关联而不需要逻辑的话，当市场发生变化，模型很可能会失效，如果止损不及时，可能发生巨额亏损。如果先建立理论模型再去建立计量模型，那很可能是无用功，并不能在市场中稳定盈利。

第二节　市场微观结构与高频交易

经典的经济学理论主要关注的是供需定律。供给量与需求量之间形成一个均衡点，这个均衡点决定了一个均衡价格。根据供需定律，我们可以计算得出市场均衡价格是多少，但我们并不清楚这个价格是怎么形成的。或者说，这种均衡是如何达到的。在实际交易时，显然不会有人在做买卖之前会先拿出一张白纸往上画供需曲线然后求价格，实际上大家是通过一系列的协商和交互才能最终确定价格。市场微观结构就是对交易市场的规则和交易过程的研究，目的是从微观层面上理解价格形成的过程，以及市场规则和结构对交易的影响。市场微观结构理论也是设计高频交易策略的基础。因此，对市场微观结构进行研究，并据此制订交易策略是高频交易的核心所在。

市场微观结构交易的理念就是从观察到的报价数据中提取信息，并根据提取的信息进行交易从而获利。第一次提出市场微观结构这个名字的，应该是 1976 年马克·加曼的论文——《市场微观结构》。但是将市场微观结构真正梳理出来的是康奈尔大学教授莫琳·奥哈拉的经典著作《市场的微观结构理论》。

一、市场微观结构

1. 订单簿

在传统的证券市场，其微观结构的最基础概念是订单簿。订单簿构成了证券价格形成的基石。那么，什么是订单簿呢？要了解这一概念，我们就需要从交易所的发展史开始介绍。

20 世纪 90 年代的美国纽约证券交易所有许许多多的交易员，他们替客户买卖证券，这边有人喊要买入什么股票，那边有人喊要卖出什么股票，当他们买卖的股票相同且价格可以撮合时，这笔交易就成交了。

随着计算机技术的发展，如今的证券交易已经不需要交易员在交易大厅中喊卖了，客户将他们需要买卖的股票、价格和数量通过计算机下单，最后传输到交易所中，交易所将这些数据汇总到一起，汇总的地方就是订单簿，上面有买卖的价格与数量，如图 10 - 2 所示。

图 10 - 2 所显示的是平安银行(000001)在 2021 年 9 月 24 日收盘时呈现的买卖盘口，也就是订单簿，第一列是买卖的方向与顺序，第二列是价格，第三列是数量。这个买卖顺序是按价格优先排列，买价越高，卖价越低，顺序就越靠前。当买入价高于卖出价时，交易

买卖档位 ⚙

5	17.62	2532
4	17.61	499
3	17.60	539
2	17.59	262
1	17.58	517
1	17.57	4870
2	17.56	6362
3	17.55	4856
4	17.54	1745
5	17.53	1348

图 10-2　订单簿

商具体是按买入价成交还是卖出价成交，就需要遵循时间优先原则，也就是谁先报价就按这一方的价格成交。

图 10-3 所示为分笔成交。当买入价大于卖出价时，计算机会自动撮合这笔交易，成功交易后就会在这里显示。

平安银行分时成交

▲表示成交金额大于20万的外盘分时成交
▼表示成交金额大于20万的内盘分时成交

时间	成交价	涨跌	手数	时间	成交价	涨跌	手数	时间	成交价	涨跌	手数	时间	成交价	涨跌	手数
14:51	17.60	-0.12	292	:45	17.61↑	-0.11	269	:12	17.59↑	-0.13	214	:39	17.60↓	-0.12	146
:21	17.61↑	-0.11	423	:48	17.61	-0.11	9	:15	17.58↓	-0.14	514	:42	17.61↑	-0.11	65
:24	17.60↓	-0.12	230	:51	17.60↓	-0.13	580	:18	17.60↑	-0.14	170	:45	17.61	-0.11	89
:27	17.61↑	-0.11	271	:54	17.61↑	-0.11	544	:21	17.58	-0.14	859	:48	17.61	-0.11	90
:30	17.60↓	-0.12	311	:57	17.60↓	-0.12	469	:24	17.59↑	-0.13	157	:51	17.60↓	-0.12	176
:33	17.60	-0.12	259	14:53	17.59↓	-0.13	650	:27	17.59	-0.13	107	:54	17.60	-0.12	335
:36	17.61↑	-0.11	274	:03	17.60↑	-0.12	229	:30	17.58↓	-0.14	28	:57	17.61↑	-0.11	110
:39	17.60↓	-0.12	36	:06	17.60	-0.12	416	:33	17.59↑	-0.13	469	14:56	17.61	-0.11	211
:42	17.60	-0.12	26	:09	17.61↑	-0.11	158	:36	17.58↓	-0.14	106	:03	17.60↓	-0.12	434
:45	17.60	-0.12	569	:12	17.60	-0.11	56	:39	17.59	-0.13	78	:06	17.61↑	-0.11	286
:48	17.61↑	-0.11	383	:15	17.60↓	-0.12	296	:42	17.59	-0.13	36	:09	17.60↓	-0.12	234
:51	17.60↓	-0.12	490	:18	17.61↑	-0.11	43	:45	17.59	-0.13	157	:12	17.61↑	-0.11	170
:54	17.60	-0.12	495	:21	17.61	-0.11	69	:48	17.59	-0.13	110	:15	17.61	-0.11	72
:57	17.61↑	-0.12	568	:24	17.60↓	-0.12	245	:51	17.60↑	-0.12	32	:18	17.61	-0.11	127
14:52	17.61↑	-0.11	413	:27	17.60	-0.12	761	:54	17.60	-0.12	252	:21	17.61	-0.11	98
:03	17.60↓	-0.12	251	:30	17.59↓	-0.13	563	:57	17.59↓	-0.13	95	:24	17.61	-0.11	260
:06	17.60	-0.12	259	:33	17.60	-0.12	758	14:55	17.61↑	-0.11	662	:27	17.61↑	-0.11	234
:09	17.61↑	-0.11	786	:36	17.59	-0.13	1341	:03	17.61	-0.11	1131	:30	17.61	-0.11	71
:12	17.61	-0.11	539	:39	17.61↑	-0.11	70	:06	17.61	-0.11	389	:33	17.61	-0.11	791
:15	17.61	-0.11	409	:42	17.60↓	-0.12	49	:09	17.61	-0.11	56	:36	17.61	-0.11	113
:18	17.61	-0.11	514	:45	17.60	-0.12	76	:12	17.61	-0.11	63	:39	17.61	-0.11	189
:21	17.60↓	-0.12	795	:48	17.60	-0.12	227	:15	17.61	-0.11	108	:42	17.62↑	-0.10	371
:24	17.60	-0.12	176	:51	17.59↓	-0.13	227	:18	17.61	-0.11	27	:45	17.62	-0.10	98
:27	17.61↑	-0.11	705	:54	17.60	-0.12	442	:21	17.61	-0.11	50	:48	17.62	-0.10	83
:30	17.59↓	-0.13	252	:57	17.59	-0.13	198	:24	17.61	-0.11	178	:51	17.61↓	-0.11	126
:33	17.60↑	-0.12	124	14:54	17.58↓	-0.14	1024	:27	17.60↓	-0.12	56	:54	17.60↓	-0.12	112
:36	17.61↑	-0.11	431	:03	17.58	-0.14	562	:30	17.61↑	-0.11	294	:57	17.61↑	-0.11	181
:39	17.60↓	-0.12	101	:06	17.60↑	-0.12	879	:33	17.61	-0.11	23	14:57	17.61	-0.11	35
:42	17.60	-0.12	87	:09	17.58↓	-0.14	187	:36	17.61	-0.11	191	15:00	17.57↓	-0.15	28717

图 10-3　分笔成交图

最后这一笔笔交易达成的价格汇聚在一起就形成了如图 10-4 所示的每日实时交易行情，也就得出了这一节开头所说的市场均衡价格。

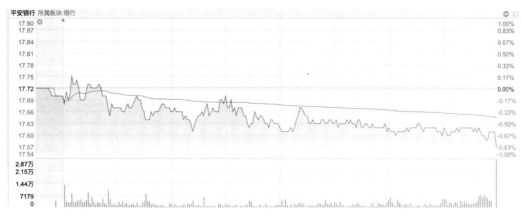

图 10-4　实时交易图

2. 证券交易机制

证券交易制度的核心是证券交易机制，而证券交易机制的基本功能就是通过价格确定的过程使潜在的证券交易成为现实。证券交易机制是指直接或间接将买卖双方的委托撮合成交的方式，其核心是价格决定机制。各个国家和地区的证券交易机制不尽相同，但是总的来说，证券交易机制可以按照以下两种方法进行划分：一种是从时间角度考虑，按照交易是否连续，将证券交易机制划分为连续竞价机制与集合竞价机制（也被称为间断性交易）；另一种是从价格决定的角度考虑，将证券交易机制划分为委托经纪制度下的经纪制和做市商制度。

1）连续竞价机制与集合竞价机制

（1）连续竞价机制。

连续竞价市场也可以称为交易订单驱动市场。在这种市场中，证券交易可以在交易日的各个时点上连续不断地进行，投资者的交易委托通过经纪商进入交易系统后，交易系统立即根据市场上已有的订单情况进行撮合，一旦依据竞价交易规则找到与之匹配的交易委托，则该委托指令将会立刻成交。

在连续竞价过程中，对于新进入交易系统的买入委托来说，若能够成交，即其委托买入限价高于或等于卖出委托队列中的最低卖出限价时，则与卖出委托队列顺序成交，其成交价格取卖方叫价。对于新进入交易系统的卖出委托来说，若能够成交，即其委托卖出限价低于或等于买入委托队列中的最高买入限价时，则与买入委托队列顺序成交，其成交价格取买方叫价。这样循环进行交易，直至收市，所以连续竞价市场的价格具有连续性。连续竞价市场的主要优点是，投资者在交易时间内随时有买卖证券的机会，并且能够根据市场内的瞬息变化进行决策的调整。

连续竞价案例：某股票即时的卖出申报价格和数量及买入申报价格和数量见表 10-1。若此时该股票有一笔买入申报进入交易系统，价格为 10.03 元，数量为 900 股，应如何成交？

由于买入申报价格 10.03 元高于即时的最低卖出申报价格 10.01 元，应以即时的最低卖出申报价格 10.01 元为成交价，成交 300 股，再与接下来成为即时的最低卖出申报价格为 10.02 元成交剩下的 600 股。在没有别的申报、成交发生的情况下，这一笔成交结束后的即时的买卖申报价格和数量见表 10-2。

表 10 - 1　连续竞价案例 1

买卖方向	价格/元	数量/股
卖出申报	10.03	900
	10.02	800
	10.01	300
买入申报	9.99	500
	9.98	1 200
	9.97	700

表 10 - 2　连续竞价案例 2

买卖方向	价格/元	数量/股
卖出申报	10.04	1 000
	10.03	900
	10.02	200
买入申报	9.99	500
	9.98	1 200
	9.97	700

目前纽约、多伦多、东京、中国香港等一些交易所采取这种连续竞价机制,我国的深、沪交易所也采用这种交易机制。

(2)集合竞价机制。

在集合竞价市场中,交易订单由买卖双方交给各自的代理经纪人,再由经纪人经各种渠道呈交到交易中心。但是这些订单并不是被立即竞价撮合,而是被汇总积累起来,到一定的时刻再进行集中竞价成交。

在集合竞价市场中,成交价的确定一般经过以下几个过程:

① 交易中心对所有的有效买入委托按照委托限价由高到低的顺序排列,限价相同者按照进入交易中心的时间顺序排列;所有的有效卖出委托则按照委托限价由低到高的顺序排列,限价相同者也按照进入交易中心的时间顺序排列。

② 交易中心根据成交量最大的原则自动确定集合竞价的成交价,所有可以成交的买入或卖出的委托均以此价格成交。

③ 交易中心依序逐步将排在前面的买入委托和卖出委托配对成交,即按照"价格优先,同等价格下时间优先"的成交顺序依次成交,直到不能成交为止。所谓的不能成交是指没有成交的所有买入委托的限价均低于卖出委托的限价。

集合竞价的优点主要体现在以下几个方面:由此形成的价格可以使市场的成交数量达到最大;结算系统在技术上非常简便,成本也较低,因此交易不活跃的市场或者股票通常采取这一交易机制;采用这种机制发生计算错误的可能性很小,投资者能够得到最佳保护。目前,世界上包括我国深、沪交易所在内的许多交易所都是采取集合竞价的交易方式来确定开盘价。

集合竞价案例：设股票 A 在开盘前分别有 5 笔买入委托和 5 笔卖出委托，根据价格优先的原则，按买入价格由高至低和卖出价格由低至高的顺序将其分别排列见表 10-3。

表 10-3　集合竞价案例 1

序号	委托买入价	数量/手	序号	委托卖出价	数量/手
1	10.80	20	1	10.52	50
2	10.76	60	2	10.57	10
3	10.65	40	3	10.60	20
4	10.60	70	4	10.65	60
5	10.54	60	5	10.70	60

按不高于申买价和不低于申卖价的原则，首先可成交第一笔，即 10.80 元买入委托和 10.52 元的卖出委托，若要同时符合申买者和申卖者的意愿，其成交价格必须是在 10.52～10.80 元之间，但具体价格要视以后的成交情况而定。这对委托成交后其他的委托排序见表 10-4。

表 10-4　集合竞价案例 2

序号	委托买入价	数量/手	序号	委托卖出价	数量/手
1	—	全部成交	1	10.52	30
2	10.76	60	2	10.57	10
3	10.65	40	3	10.60	20
4	10.60	70	4	10.65	60
5	10.54	60	5	10.70	60

在第一次成交中，由于卖出委托的数量多于买入委托，按交易规则，序号 1 的买入委托 20 手全部成交，序号 1 的卖出委托还剩余 30 手。

第二笔成交情况：序号 2 的买入委托价格为不高于 10.76 元，数量为 60 手。在卖出委托中，序号 1～3 的委托的数量正好为 60 手，其价格意愿也符合要求，正好成交，其成交价格在 10.60～10.76 元的范围内，成交数量为 60 手。应注意的是，第二笔成交价格的范围是在第一笔成交价格的范围之内，且区间要小一些。第二笔成交后剩下的委托情况见表 10-5。

表 10-5　集合竞价案例 3

序号	委托买入价	数量/手	序号	委托卖出价	数量/手
3	10.65	40	3	—	—
4	10.60	70	4	10.65	60
5	10.54	60	5	10.70	60

第三笔成交情况：序号 3 的买入委托其价格要求不超过 10.65 元，而卖出委托序号 4 的委托价格符合要求，这样序号 3 的买入委托与序号 4 的卖出委托就正好配对成交，其价

格为 10.65 元，因卖出委托数量大于买入委托，故序号 4 的卖出委托仅只成交了 40 手。第三笔成交后的委托情况见表 10 - 6。

表 10 - 6　集合竞价案例 4

序号	委托买入价	数量/手	序号	委托卖出价	数量/手
3	—	—	3	—	—
4	10.60	70	4	10.65	20
5	10.54	60	5	10.70	60

完成以上三笔委托后，因最高买入价为 10.60 元，而最低卖出价为 10.65 元，买入价与卖出价之间再没有相交部分，所以这一次的集合竞价就已完成，最后一笔的成交价就为集合竞价的平均价格。剩下的其他委托将自动进入开盘后的连续竞价。

在以上过程中，通过一次次配对，成交的价格范围逐渐缩小，而成交的数量逐渐增大，直到最后确定一个具体的成交价格，并使成交量达到最大。在最后一笔配对中，如果买入价和卖出价不相等，其成交价就取两者的平均。在这次的集合竞价中，三笔委托共成交了 120 手，成交价格为 10.65 元，按照规定，所有这次成交的委托无论是买入还是卖出，其成交价都定为 10.65 元，交易所发布的股票 A 的开盘价就为 10.65 元，成交量 120 手。

当股票的申买价低而申卖价高导致没有股票成交时，上海股市就将其开盘价空缺，将连续竞价后产生的第一笔价格作为开盘价。而深圳股市对此却另有规定：若最高申买价高于前一交易日的收盘价，就选取该价格为开盘价；若最低申卖价低于前一交易日的收盘价，就选取该价格为开盘价；若最低申买价不高于前一交易日的收盘价、最高申卖价不低于前一交易日的收盘价，则选取前一交易日的收盘价为今日的开盘价。

2）经纪制与做市商制度

（1）经纪制。

经纪制也称为委托代理制。委托代理是根据被代理人的委托授权而产生的代理关系。证券交易委托是指投资者通过向证券经纪人发出清晰、准确的证券买卖指令，委托证券经纪人代为买卖证券的行为。在委托代理制中投资者和经纪商签订委托代理合同，投资者通过输入交易信息发出委托指令进行交易。经纪制以竞价机制为基础，实行指令驱动机制，投资者的买单和卖单在交易所交易系统内直接撮合成交。

（2）做市商制度。

做市商制度是指合格的证券交易商就某种或某些证券提供买卖双向报价，并以其自有资金和证券按报价与公共投资者进行交易的制度。实际上，做市商制度是一种报价驱动交易机制，是指在一定监管体系下，证券市场的买卖价格均由某些特别的机构（做市商）给出，买卖双方的委托不直接配对成交，而是通过做市商买卖证券，完成交易并产生交易价格。所谓做市商，即承担某一只股票的买进和卖出的交易组织者，相当于合法的庄家。做市商存在于有组织的证券交易所和场外交易市场，但主要存在于场外交易市场。

做市商有两种形式：一种是纽约证券交易所采用的特许交易商制，或称单一做市商制；另一种是美国纳斯达克市场所采用的多元做市商制。

纽约证券交易所的特许交易商身兼经纪人、自营商两个角色，实行单一做市商制。在美国主板市场，交易主要以竞价为基础的最低卖价和最高买价自动撮合的方式进行，由佣金经纪人在交易所内执行客户指令。同时，交易所对一只股票指定一个特许交易商，特许交易商是垄断做市商，接受佣金经纪人无法立即执行的买卖委托，并在条件合适时执行。当公众不愿要价或出价时，特许交易商就得以自己的名义发出要价或出价，以保证市场的连续和稳定。显然，纽约证券交易所实行的是竞价制和做市商制混合的制度。由于主板市场本身就交易活跃，因此维持市场稳定和连续的特许交易商处于配角地位。

　　做市商具有如下特征：所有投资者的订单都必须由做市商用自己的账户买进或卖出，投资者订单之间不直接进行交易；做市商就某只或某几只特定的证券做市，对该类证券给出双向报价，接受客户的订单，并在交易完成后的 90 秒内报告有关的市场情况，以便向公众公布；做市商有义务维护其所做市证券的连续交易、流动性和价格稳定性；做市商与客户进行交易时不收取佣金，而是通过买卖价差来赚取利润；多元做市商的最高买方报价必须低于最低卖方报价。

　　做市商的功能包括：

　　① 有利于保持市场的流动性。投资者可按做市商报价立即进行交易，而不必等待交易对手的买卖指令。因此，做市商保证了市场进行不间断的交易活动，能确保大宗交易在约定时间内迅速完成，这对于市值较低、交易量小的证券尤为重要。

　　② 有利于保持市场的透明度。做市商对各种相关信息进行汇总分析并提供给投资者，以利于其承销股票的销售，客观上提高了市场的透明度。

　　③ 具有价格发现功能，有利于价格回归实际价值。做市商作为专业证券分析者得出报价，并将该报价交由投资者判断，市场对报价的接受程度反过来又促使报价不断向真实价值趋近。同时，多个做市商提供竞争性价格报价，促使做市商不断提高自身的分析研究能力和缩小买卖报价间的差异，使价格趋向一致。

　　④ 有利于维持市场价格的稳定。抑制过度投机和操纵股价，做市商报价要有连续性，价差幅度也有限制。在买卖盘不均衡时，做市商要及时处理大额指令，平抑价格波动。做空机制也有利于稳定价格。多个做市商对做市的股票有一定的持仓量，使得投机炒作者不敢妄为；操纵者因担心做市商抛压、抑制股价，也不愿意"抬轿"。

　　⑤ 有利于分散市场风险。做市商制度下的市场是一种双层网状构造，做市商的利润来源于双向报价相对差额，不在于价格的绝对高低，价格涨跌均可获利；而投资者的目标是获取单向预期差价，价涨才可获利。二者的市场行为是不同质的，这样市场风险冲击被分散在两个层次上。

　　⑥ 有利于保持市场交易的连续性。当市场过于沉寂、持续无市时，做市商可以通过不断地降低报价甚至以低于做市商的买入价来吸引投资者，直至出现成交记录。美国做市商具有维持连续交易、活跃股市、稳定市场的义务。

3. 报价方式

　　订单簿的报价有两种方式：一种是限价委托，另一种是市价委托。

　　限价委托是指投资者委托指定价格，只有市场价格达到或者优于投资者的委托价格时才能进行交易。如图 10-2 所示的订单簿，投资者想买入，但是不想成交价格高于 17.55元，那么投资者就限定在 17.55 元，投资者的订单报上去后就会显示在买三这一行中。同理如果想卖出，但是价格又不想太低，将自己的盈利缩小，或者亏损扩大，那就限定在一个价格卖出，比如 17.62 元，投资者的订单就会出现在卖五这一行。

市价委托则是投资者不考虑价格，只委托数量，目的是希望交易尽快完成，此时卖盘/买盘报什么价格就以什么价格买入/卖出。市价委托时，订单上显示的价格其实为 0，此时计算机会为投资者搜寻该股票是否有人卖出，一旦搜寻到，就以对方的价格买卖。

当报价方式是限价委托时，投资者可以选择撤单，将投资者的订单从订单簿上撤下。一些高频交易公司会选择用高频率挂单、撤单的方法影响股价从而牟利。针对这一现象产生了一种新的金融术语——"幌骗"。"幌骗"指的是在股票市场或者期货市场交易中虚假报价再撤单的一种行为，即先下单，随后再取消订单，借此影响股价。

"幌骗者"（Spoofer）通过假装有意在特定价格买进或卖出，制造需求假象，企图引诱其他交易者进行交易来影响市场。通过这种"幌骗"行为，"幌骗者"可以在新的价格买进或卖出，从而获利。譬如一种做法是，最开始以 17.60 元挂出卖单，然后在不到一秒之内接着挂出相对较多的买单，价格分别为 17.55 元、17.56 元和 17.57 元等逐渐递增的买单，这样就能给市场其他交易者造成价格将要上涨的假象；而当卖单成交之后就迅速撤销所有的买单，然后在相反的交易方向采用相同的策略，以此取得买卖单之间的差价收益。

"幌骗交易"的最著名案例是美股 2010 年 5 月 6 日发生的"闪电崩盘"事件，导致道琼斯工业平均指数瞬间暴泻近千点，美股市值蒸发近万亿美元。美国司法部于 5 年后控告 36 岁的英国高频交易员萨劳，指控他涉嫌以"幌骗交易"，即利用自动化程序，设下大量指数期货沽盘，推低价格后取消交易，让自己能够以低价购买图利。

中国市场上发生的幌骗则是伊世顿案件。该公司一秒最多下单 31 手，通过高频程序化交易非法获利 20 多亿元。该公司账户组平均下单速度达每 0.03 秒一笔，一秒内最多下单 31 笔，而同期国内的高频交易一秒内最多下单 1～2 笔。在如此快的速度下，其他投资者特别是中小投资者损害极大。

一般谈及股票的日内实时行情曲线的形成是每笔交易达成的价格的反应，这句话说对其实也不算全对。在这里我们需要引入两个概念——切片与逐笔。切片数据在时间轴上并非连续，而是有一个时间间隔，每隔一定的时间对当时的订单簿拍照，把那一时刻的情况反映出来。中国的股票市场就是采用 3 秒的切片数据，也就是说我们看到的股票价格曲线并不是每时每刻更新的，而是每 3 秒更新一次，在这 3 秒钟内发生的交易我们并不知晓，也不会在价格曲线上反映出来。中国的期货市场则是采用了 0.5 秒切片数据。逐笔数据则顾名思义，将每笔交易成交的价格数据都反映在价格曲线当中，美国股市就是使用这种方式。对于伊世顿案件，有一些交易从业人员认为，伊世顿利用托管服务器与交易所撮合主机在同一局域网内，从而提前获知其他交易者的报单信息，对市场进行操纵，即了解订单簿在 0.5 秒内的交易情况。

4. 流动性

流动性是订单簿中非常重要的一个概念。流动性的好坏直接关系到这个市场的微观结构的好坏。流动性，即市场在资产或金融产品的价格不受影响的前提下取得交易的能力。

流动性的第一个维度是买卖价差，也就是图 10-5 中所示的广度。买卖价差越小则流动性越好，买卖价差最小能小到一个最小报价单位。在市场微观结构中，最小报价单位也叫 tick，所以一个最小报价单位也叫一个 tick。

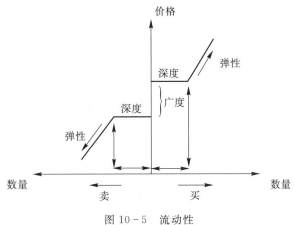

图 10-5　流动性

流动性的第二个维度是每个报价的深度。面对一笔大单的冲击，市场能迅速吸收掉这个冲击的影响，深度的区别就类似于一块石头扔在一个小水坑中，这个小水坑可能直接被砸得水都溅出来，但是仍在一个湖泊里，例如西湖，只有一个小水花，这就是深度的区别。

流动性的第三个维度则是弹性。面对大单的冲击，市场可能瞬间被砸穿几层，但是如果是市场非理性行为的话，价格又会很快恢复，这个时间的长短就是弹性。弹性越好恢复得越快，如图 10-6 所示，2 号曲线就比 1 号曲线更富有弹性。

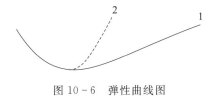

图 10-6　弹性曲线图

流动性的第四个维度则是希望订单簿中的报价能够按照最小报价单位也就是 tick 来增加或者减小。在这种情形下，投资者能够以任何一个市场允许的价格进行交易或者报价。

5. 参与者

学习过金融学的读者都知道，在宏观的金融市场中，将市场参与者按最简单的方式划分，可以分为两大类——资金的借出者以及资金的借入者。微观的金融市场中也有其参与者，而且与宏观金融市场存在着一些不同。第一类最广泛的参与者是客户。客户指的是提交买卖订单的人，比如股票市场上的散户。第二类是经纪人。经纪人指的是为客户提交订单撮合订单的人。第三类是交易者。交易者指的是自营或者为客户交易的人。这似乎与客户的定义相同，他与客户最大的不同在于交易的资金量，交易者的资金量更大，在现实生活中一般指的是基金公司这类交易者。第四类是做市商。做市商是微观市场中非常重要的参与者，他的存在可以替市场提供流动性，市场上的买卖者都是同做市商交易，高频交易发展的一大原因就在于做市商的存在。

二、市场微观结构与高频交易

如前文所述，高频交易的发展与做市商的存在有很大的关系。做市商存在的目的在于为市场提供流动性，在股票市场上买入卖出者的股票，卖给买入者，这样在计算机技术还不是很发达的时候可以有效地增加市场的流动性，因为买卖双方不需要寻找他们的交易对手了，只需要跟做市商交易即可。

做市商的利润从何而来呢？上一小节中我们提到了一个广度的概念，也就是买卖价差，做市商赚取的费用主要就是这一块利润。1994 年 2 月，美国范德堡大学的 William G. Christie 教授和俄亥俄大学的 Paul H. Schultz 教授在研究了 40 只纳斯达克最大的股票交易之后发现，这些股票的做市商几乎从来不放出 1/8，3/8，5/8 或是 7/8 的奇数报价。这种不采用奇数报价的结构允许纳斯达克做市商把最小的价差保持在 0.25 美分以上。如果采用奇数报价，最小的价差则可以缩小到 0.125 美分。两位经济学教授在《金融学期刊》上的报告指出，他们发现的这些模式足以促使他们怀疑纳斯达克的做市商之间存在相互串通并抬高买卖盘价差的嫌疑，涉嫌通过人为地保持不正常的大比例价差和损害投资者利益的行为来确保自身的利润。

在这篇文章发表的时候，做市商市场是个半垄断的市场，市场上大约有二十多家做市商，同时这个市场并不允许其他人进入。该文章发表后，美国的证监会为此重新制定了法案，任何人都可以充当做市商，只要你具备充足的资金。从此高频交易就出现在做市商市场上。如图 10-7 所示，传统的做市商可能以 ask1 的价格卖出，bid1 的价格买入，赚取的差价就是（ask1－bid1），而高频交易的做市商则可能以 ask2 的价格卖出，bid2 的价格买入，赚取的差价就是（ask2－bid2），以价格优先、时间优先的原则出发，完成交易的定然是 ask2 和 bid2。看起来高频交易赚取的利润变少了，但是高频交易的一个特点就是速度极快，可能在传统做市商完成一笔交易的同时已经完成了十笔交易了，因此传统做市商就被高频交易做市商所取代了。

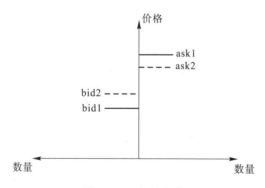

图 10-7　市场差价

同时在美股市场上，高频交易还有助于对比各个交易所之间的价格。由于美国股市上特有的制度，每个交易所都可以对全部的股票进行交易，并不像中国，在上海证券交易所上市的股票只能在上海证券交易所交易，无法在深圳证券交易所交易。不同的交易所对同一只股票的交易价格可能有所不同，借助高频交易形成一个全国最优报价（National Best Bid and Offer，NBBO），这个 NBBO 可以对比不同交易所的报价，最终替交易者寻找到一个最优的价格，从而完成交易。

高频交易给市场带来的并不都是正面影响。高频交易带来的一个负面影响就是虚假的流动性。什么是虚假的流动性？当市场明显朝着一个方向运动时，高频交易做市商为市场提供的流动性挂单很可能会迅速撤单，所以这些在交易发生前看起来很充足的挂单实际上在交易时是不存在的。

2010 年 5 月 6 日，因为受到欧洲方面利空的影响，全球市场本已波动巨大。在 14 时 32 分左右，纽约股市道琼斯工业指数开始下跌，在 14 时 41 分至 14 时 45 分之间的四分钟内，指数突然放量下跌，跌幅达到 9% ~ 10%。但在 14 时 45 分至 15 时之间，大部分股票价格又已基本恢复。这一事件被称为闪电崩盘。

在闪电崩盘的五个月后，美国证监会与美国商品期货交易委员会发布了一份联合报告，试图解释闪电崩盘的成因和高频交易者在其中的影响。这份报告虽未将高频交易视为罪魁祸首，但后者无疑加速了股价上涨和下跌。一家共同基金抛出的高达 41 亿美元的标普 500 迷你 E - mini 期货合约才是计算机"集体行动"的导火索。2010 年 5 月 6 日 14 时 45 分 28 秒，芝加哥商品交易所的熔断机制被触发，该合约交易被暂停五秒钟。抛压暂时消失，五秒钟后，股价便开始回升，不到 20 分钟，几乎恢复到之前的水平。

高频交易提供的流动性在市场快速下降或急剧波动的时候会突然消失，亦即在市场最需要流动性的时候，高频交易者并没有提供流动性。而且，与传统做市商的阶梯式报价不同，高频交易者对价格非常敏感，造成其报价的变化也更快。

关于高频交易对市场造成巨大的不良影响在中国也有发生，例如 2013 年的光大乌龙指事件。

2013 年 8 月 16 日，光大策略投资部按计划开展 ETF 套利交易，部门核定的交易员当日现货交易额度为 8 000 万元，并在交易开始前由审核人员进行了 8 000 万元的额度设定。

9 点 41 分，交易员分析判断 180ETF 出现套利机会，即通过套利策略订单生成系统发出第一组买入 180ETF 成分股的订单（即 177 笔委托，委托金额合计不超过 200 万元）。10 点 13 分，交易员发出第二组买入订单（即 102 笔委托，委托金额合计不超过 150 万元）。11 点 02 分，交易员发出第三组买入订单（即 177 笔委托，委托金额合计不超过 200 万元）。

至 11 点 07 分，交易员通过系统监控模块发现成交金额异常，同时，接到上交所问询电话，迅速批量撤单，并终止套利策略订单生成系统的运行，同时启动核查流程并报告部门领导。策略投资部为对冲股票持仓风险，开始卖出股指期货 IF1309 空头合约。截至 11 点 30 分收盘，股票成交金额约为 72.7 亿元，累计用于对冲而卖出的股指期货 IF1309 空头合约共 253 张。

事件发生后，光大证券相关管理人员召开紧急会议。由于当天增加了 72.7 亿元股票持仓，只能在 $T+1$ 日实现卖出，可行做法是尽量将已买入的 ETF 成分股申购成 ETF 卖出，以实现当天减仓，同时通过卖出股指期货来对冲新增持仓的风险。

为此，下午开盘后，策略投资部开始通过将已买入的股票申购成 50ETF 以及 180ETF 在二级市场上卖出，同时，逐步卖出股指期货 IF1309、IF1312 空头合约。据统计，下午交易时段，策略投资部总共卖出 50ETF、180ETF 约 18.9 亿元，累计用于对冲而卖出的股指期货合约共计 6 877 张，其中 IF1309、IF1312 空头合约分别为 6 727 张和 150 张，加上上午卖出的，全天用于对冲而新增的股指期货空头合约总计为 7 130 张。

对导致事件发生的原因，经初步核查，是所使用的套利策略系统出现问题。其包含订单生成系统和订单执行系统两部分。订单执行系统针对高频交易在市价委托时，对可用资金额度未能进行有效校验控制；而订单生成系统存在的缺陷，则会导致特定情况下生成预期外的订单。由于订单生成系统存在的缺陷，导致在 11 时 05 分 08 秒之后的 2 秒内，瞬间生成 26 082 笔预期外的市价委托订单；由于订单执行系统存在的缺陷，上述预期外的巨量市价委托订单被直接发送至交易所。

第三节　高频交易策略

在上面几节中，我们谈论了高频交易的一些历史、特点、系统的组成以及与微观市场的关系。在这一节中，我们介绍一些常见的高频交易策略。

一、做市商策略

在上一节中我们提到过高频交易最初的目的就是为了做市，因此做市策略也是高频交易中非常重要的一种交易策略。合约做市商（Custom Market Maker，CMM）是与传统市场特征最接近的高频交易从业者。做市商是给市场提供流动性的中介，买卖双方都与他交易。

由于我国 A 股市场并不是做市商制度，我们以美国股票市场为例。对于小于 100 股的订单定义为碎股单，这些订单不会提交到交易所成交。例如，美国股票市场的一般投资者在某些经纪人处拥有一个账户。这位投资者决定购买 20 股 ABC 作为市价单。CMM 已与经纪人达成协议，无论当前市场的最佳报价是多少，它将向该客户出售 20 股 ABC，但是该笔交易并不会进入订单簿中，而是直接在交易所外完成了交易，但是这笔交易引用了交易所内订单簿上的交易活动报价。

对于较大的订单，CMM 一般都有客户的代理权。他们试图让订单在市场上成交，而不是自己拿走整个订单。因此，如果客户想要购买 10 000 股 ABC，做市商会代表客户采取行动，试图完成订单。然而，在这里可能存在不正当的激励。在客户的 10 000 股买入之前，CMM 就知道了这个客户的订单将会推高价格，于是会选择将自己的订单推迟卖出，从而使自己的订单卖出最有利于自己的价格，但是代价是那些最初以较低价格报价卖出的交易者的利益。

做市商策略有两大经典的高频做市模型——AS 模型（M. Avellaneda，S. Stoikov，2008）和 GP 模型（Fabien Guilbaud，Huyen Pham，2011）。

1. AS 模型

AS 模型的理论基础源于 Ho and Stoll（1980）和 Ho and Stoll（1981）这两篇文章的研究结论。前者分析了在竞争环境中，做市商的报价与所有代理商的无差别报价相关；而后者则研究了一个做市商在考虑了存货风险的前提下，单项标的资产报价中的最优决策——在资产的"真实价格"两侧创建最优买卖单。AS 模型在此基础上，研究了市场中单个做市商的最优决策行为，并用市场中间价代表所谓的"真实价格"。

模型建立主要分为两个步骤：首先，做市商在给定库存下，计算出自身对资产的无差异估值，即中间价格；其次，根据报价单与中间价之间的距离推算报价单被执行的概率，在此基础上结合市场环境和做市商的风险承受能力建立效用函数，推导出做市商的最优报价。例如，当做市商积累了一定量的做多头寸时，则可以把买价和卖价同时压低，也就是以更便宜的价格买入新合约，降低多头的平均持仓价格或是以更便宜的价格卖出旧合约，减少库存。这样做市商报出的价格往往就不再围绕中间价，即买一价和卖一价的均值进行了。做市商报出的价格也很可能落入到限价指令簿的二档或者更深的区间，所以做市商在报价前必须考虑自己报价能够成交的概率。更为通俗地讲，就是通过 AS 模型的计算可以得到一个更好的价格，按这个价格报单所产生的利润更高。

该模型的一个缺陷就是没有对存货风险进行有效的管理。做市商策略的风险有两个：一是信息不对称。如果有知情交易者掌握了做市商不了解的信息，那意味着做市商报出的价格是错误的，知情交易者可以借此从做市商身上赚钱。二是存货风险。做市商难免手里会有些多余出来的头寸(称之为存货)，那么这部分存货的价值也会因资产价格的变化而变化，这是一个巨大的风险。因此，做市商在报价时必须兼顾到存货的问题。

华泰期货对比了"围绕中间价进行报价"和"参照 AS 模型围绕无差别价格进行报价"两种策略的效果，如图 10-8 和图 10-9 所示。我们可以发现两种策略在账面上都能产生盈利，但"参照 AS 模型围绕无差别价格进行报价"的策略收益要显著高于"围绕中间价进行报价"的策略收益，并且"围绕中间价进行报价"在限仓后明显产生了收益的下滑，而"参照 AS 模型围绕无差别价格进行报价"的收益则在限仓前后持续上涨。

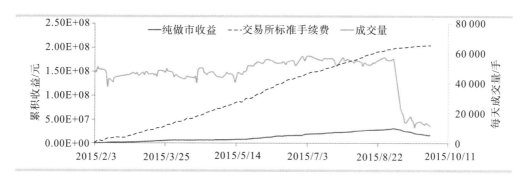

图 10-8 围绕中间价格报价收益

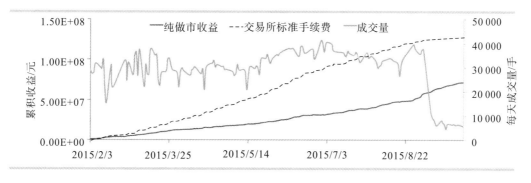

图 10-9 使用 AS 模型报价收益

从表 10-7 中可以明显发现，使用 AS 模型报单比中间价报单产生的交易量与交易费用更低的同时，收益更高。

表 10 - 7　策略收益对比

策　略	日均收益/元	日均交易费/元	日均交易量/手	返佣临界点
中间价报单	225 536	1 456 140	50 278	84.51%
AS 模型	397 348	928 719	31 993	57.22%

注：数据来源华泰期货研究院。

2. GP 模型

AS 模型通过估算不同指令簿深度的限价单成交概率来计算最优买卖报价，但该模型假定了标的的价格是连续的。在报价驱动的市场上，该模型能起到较好的效果，但在订单驱动的市场上，报价都是离散的，效果就需要打折扣了。在离散报价的基础上，Fabien Guilbaud 和 Huyen Pham 根据动态规划原理在不同的库存条件以及成交概率下构造离散报价的做市策略(GP 模型)。在一档挂限价单，对比以最优买价、最优买价加一个跳价(最小跳价就是一个 tick)、最优卖价、最优卖价加一个跳价这四种挂单方式中的最优选择。

GP 模型假设做市商的目标是通过市价单和限价单，控制库存数量，实现在某个短期区间的收益最大化。通过 Markov 过程(马尔可夫过程)模拟中间价的变动，使用 Cox 过程(双随机泊松过程)模拟给定价差和限价时做市商的限价单成交情况，并结合 Calibration 程序估计转移矩阵和价差的密度参数等，最终形成一个以库存和价差变量为基础执行的动态操作系统。

华泰期货对该策略也进行了实证检验，如图 10 - 10 所示，回测图是沪铜在库存惩罚 $\gamma =$ 0.001、最大挂单量为 1 手时的收益情况。这里的库存惩罚是模型里面的一个参数策略。从图 10 - 10 中可以看出，策略总体累计收益稳定增长。

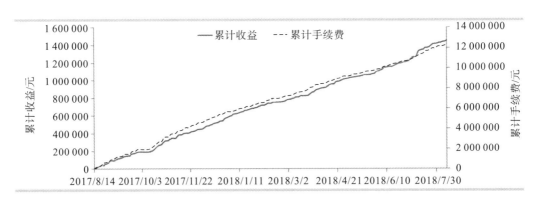

图 10 - 10　使用 GP 模型报价收益

二、套利策略

套利一词意味着无风险的利润。这具有明显的吸引力，并且同样显而易见的是，无风险利润很难获得。金融市场套利按照市场划分，可以大致分为期货套利、股票市场套利、期权套利以及最近几年刚兴起的加密市场套利。

当结构上相关(具备相关性)的工具价格不同时，套利机会就存在。例如，跟踪标准普尔 500 指数的工具，应该都大致相关。如果标准普尔 500 期货合约(ES)今天上涨 1%，而 SPY ETF(也跟踪标准普尔 500 指数)仅上涨 0.6%，存在无风险获利机会，做空期货并做多 ETF。这样，交易者实际上保证了他自己获得 0.4% 的利润。

为了能抓到套利所带来的利润，投资者必须迅速捕捉到市场套利机会，卖出价格相对过高的资产，并购买价格相对较低的资产，这样当它们价格收敛时，投资者反向操作，从而获得利润。

在期货市场中有期现套利、跨期套利、跨市场套利与跨品种套利等策略。

除了以上这些常规的套利方式，还有一些特殊一点的套利策略，如事件套利。在新闻即时发布并且交易分笔进行的情况下，高频交易策略完全可以从消息对市场的影响中获利。这类利用消息公布前后的市场运动进行交易的高频策略统称为事件套利(Event Arbitrage)。

事件套利指的是一类利用市场对事件的反应进行交易的交易策略。事件可以是经济事件，也可以是行业相关事件，这些事件会重复地对所感兴趣的证券产生影响。例如，美国联邦基金利率的意外上升通常会使美元价值上涨，同时提升美元/加元汇率，并降低澳元/美元汇率。因此，美国联邦基金决议的宣布就是一类可以持续的并且有利可图的套利事件。事件套利策略的目标是在每个事件发生的时间窗口内建立能够产生盈利的投资组合。一个时间窗口通常起始于事件发生前的一瞬，在事件发生后的一小段时间内结束。有些事件的发生是能够事先预知的，比如按确定时间表公布经济数据等。在这种情况下，应当在事件公布之前，或者刚刚公布之后就建立投资组合头寸，随后在公布之后的一小段时间之内就清仓了结。

大部分的事件套利策略的开发都遵循如下三个步骤：

（1）对每一类事件，确定历史上这类事件发生的日期和时间。

（2）以合适的频率计算所感兴趣证券在步骤一中事件前后的历史价格变动。

（3）根据历史上事件前后的价格行为估计预期价格反应。

关于每日新闻数据。该类资源网上都有免费的接口可以调用，如 AKshare 的每日快讯接口就提供免费的资讯数据。当然通过这类接口调用数据时，套利的机会很可能已经消失了，高频交易的机构一般都是直接接入大型新闻机构如彭博社、路透社等。图 10-11 所示的是距离当天交易日(2021 年 9 月 29 日)最近的 10 000 条财联社快讯，包括标题和内容。

	时间	快讯信息
0	2021-09-29	【快讯：银行股午后冲高】财联社9月29日电，宁波银行拉升涨逾6%，招商银行、杭州银行、平安银...
1	2021-09-29	【快讯：养殖股异动】财联社9月29日电，晓鸣股份拉升涨逾15%，立华股份、神农集团、牧原股份...
2	2021-09-29	【快讯：深成指跌逾2%】财联社9月29日电，指数走弱，深成指下挫跌逾2.00%，沪指跌2.2...
3	2021-09-29	【快讯：沪指跌逾2% 下跌个股超4000只】财联社9月29日电，指数走弱，沪指下挫跌逾2%，...
4	2021-09-29	【快讯：磷化工板块继续下挫】财联社9月29日电，清水源复牌跌超10%，四川美丰跌停，湖北宜化...
...	...	...
9995	2018-10-10	【快讯】财联社2018年10月11日讯，太平洋海啸预警中心：巴布亚新几内亚金贝东南144公里...
9996	2018-10-10	【快讯】财联社2018年10月11日讯，道琼斯30指数期货日内跌超1000点，跌幅达3.75%。
9997	2018-10-10	【快讯】财联社2018年10月11日讯，美油布油跌幅均超3%，分别报72.51美元/桶和82...
9998	2018-10-10	【快讯】财联社2018年10月11日讯，标普500指数尾盘扩大跌幅至3%，道指780点，纳...
9999	2018-10-10	【快讯】财联社2018年10月11日讯，标准普尔500指数跌幅扩大至2.5%，为4月以来最大。

10000 rows × 2 columns

图 10-11　财联社舆情数据

随着自然语言分析工具的普及、网络爬虫易用性的改善和网络速度的提升,事件套利策略也更受投资者青睐。

经典的金融理论告诉我们,在有效市场中,价格会在消息公布的瞬间立即针对新信息调整到位。实际上,以通货膨胀数据而言,市场参与者在正式统计数据公布之前就已经有了一个预期。很多金融经济学家的任务就是利用其他可连续观测到的市场变量(比如商品期货和其他市场证券的价格等)对通货膨胀数据进行预测。当这些预测公布时,市场参与者根据预测结果交易证券,这就使得市场在实际数据公布之前就将参与者的预期整合到价格中去了。

经典的金融学理论认为,股票价格的改变是由两个因素引起的:上市公司预期股息的改变以及与这些公司相关的贴现率的改变。这两项因素是会受到外部市场环境的影响,例如这几年的新冠疫情就深深地影响了一大批股票的估值。当然这是一件长期事件,股票受其影响也是具有较长的持续期与调整期的;有些新闻则对股价产生瞬时的影响,就具备了套利的可能性。

只有当投资者对新闻事件做出反应的时候市场才会达到新的平衡,因此事件套利策略可利用高频交易来完成。事件套利交易窗口时间短暂,如果我们能正确估计历史信息公布的影响,就能在市场信息公布前后做出有利可图的交易决策。

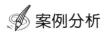 案例分析

R-Breaker 策略

1. 策略概述

R-Breaker 是一种日内回转交易策略,属于短线交易。日内回转交易是指当天买入或卖出标的后于当日再卖出或买入标的。日内回转交易通过标的短期波动盈利,低买高卖,时间短、投机性强,适合短线投资者。R-Breaker 主要分为反转和趋势两部分,空仓时进行趋势跟随,持仓时等待反转信号反向开仓。

由于我国 A 股采用的是"T+1"交易制度,因此以期货为例演示 R-Breaker 策略。

2. 各价位点计算方法

反转和趋势突破的价位点根据前一交易日的收盘价(C)、最高价(H)和最低价(L)数据计算得出,分别为突破买入价、观察卖出价、反转卖出价、反转买入价、观察买入价和突破卖出价。其计算方法见表 10-8。

表 10-8 各价位点计算方法

指标计算方法
中心价位 $P=(H+C+L)/3$
突破买入价 $=H+2P-2L$
观察卖出价 $=P+H-L$
反转卖出价 $=2P-L$
反转买入价 $=2P-H$
观察买入价 $=P-(H-L)$
突破卖出价 $=L-2(H-P)$

3. 触发条件

(1) 空仓时：突破策略。

空仓时：当盘中价格＞突破买入价，则认为上涨的趋势还会继续，开仓做多。

空仓时：当盘中价格＜突破卖出价，则认为下跌的趋势还会继续，开仓做空。

(2) 持仓时：反转策略。

持多单时：当日内最高价＞观察卖出价后，盘中价格回落，跌破反转卖出价构成的支撑线时，采取反转策略，即做空。

持空单时：当日内最低价＜观察买入价后，盘中价格反弹，超过反转买入价构成的阻力线时，采取反转策略，即做多。

策略触发条件如图 10-12 所示。

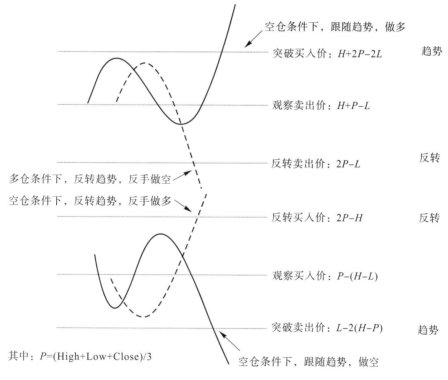

图 10-12 策略触发条件示意图

4. 逻辑解析

首先看一下这 6 个价格与前一日价格之间的关系。

(1) 反转卖出价和反转买入价。

根据公式推导，发现这两个价格和前一日最高最低价没有确定的大小关系。

(2) 观察卖出价和观察买入价。

用观察卖出价 — 前一交易日最高价，发现 $(H+P-L)-H=P-L>0$，说明观察卖出价＞前一交易日最高价；同理可证，观察买入价＜前一交易日最低价。

（3）突破买入价和突破卖出价。

突破买入价＞观察卖出价＞前一交易日最高价，可以说明突破买入价＞前一交易日最高价。做差后可以发现，突破买入价－前一交易日最高价＝$2[(C-L)+(H-L)]/3$。

用 K 线形态表示：

前一交易日 K 线越长，下影线越长，突破买入价越高。

前一交易日 K 线越长，上影线越长，突破卖出价越高。

这样一来就可以解释 R-Breaker 背后的逻辑了。

当今日的价格突破前一交易日的最高点，形态上来看会是上涨趋势，具备一定的开多仓条件，但还不够。若前一交易日的下影线越长，说明多空方博弈激烈，多方力量强大。因此可以设置更高的突破买入价，一旦突破说明多方力量稳稳地占据了上风，那么就有理由相信未来会继续上涨。同理可解释突破卖出价背后的逻辑。

持有多仓时，若标的价格持续走高，则在当天收盘之前平仓获利离场。若价格不升反降，跌破观察卖出价时，此时价格仍处于前一交易日最高价之上，继续观望。若继续下跌，直到跌破反转卖出价时，平仓止损。

持有空仓时，若标的价格持续走低，则在当天收盘之前平仓获利离场。若价格不降反升，升至观察买入价时，此时价格仍处于前一交易日最低价之下，继续观望。若继续上涨，直到升至反转买入价时，平仓止损。

实 际 操 作

1. 策略思路

第一步：根据收盘价、最高价和最低价数据计算六个价位。

第二步：如果是空仓条件下，如果价格超过突破买入价，则开多仓；如果价格跌破突破卖出价，则开空仓。

第三步：在持仓条件下，持多单时，当最高价超过观察卖出价，盘中价格进一步跌破反转卖出价，反手做多；持空单时，当最低价低于观察买入价，盘中价格进一步超过反转买入价，反手做空。

第四步：接近收盘时，全部平仓。

回测标的：SHFE. rb2010。

回测期：2019 - 10 - 01 15：00：00 至 2020 - 04 - 16 15：00：00。

回测初始资金：100 万。

2. 回测结果与稳健性分析

设定初始资金 100 万，手续费率为 0.01％，滑点比例为 0.01％。回测结果如图 10 - 13 所示。

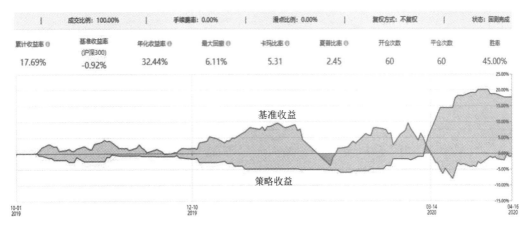

图 10-13 策略回测结果

回测期间累计收益为 17.69%，年化收益率为 32.44%，基准收益率为 -0.92%，整体跑赢指数。最大回撤为 6.11%，胜率为 45.00%。

改变回测期间，观察回测结果如表 10-9 所示。

表 10-9 改变回测期后回测结果

标　的	回　测　期	年化收益率	最大回撤
SHFE. ag2010	2019-10-01—2020-04-16	32.44%	6.11%
SHFE. rb2010	2019-10-01—2020-04-16	0.08%	1.07%
SHFE. sn2010	2019-10-01—2020-04-16	19.59%	2.39%
SHFE. cu2010	2019-10-01—2020-04-16	31.91%	4.80%
SHFE. ni2010	2019-10-01—2020-04-16	-1.98%	6.81%

由表 10-9 可看出，除了 ni2010 合约以外，其他几个合约均能保持正收益率，尤其是 ag2010 合约和 cu2010 合约，年化收益率均达到 30% 以上，最大回撤却只有 10% 以内，远远跑赢大盘指数。

课 后 习 题

1. 简述高频交易的特点，并区分与幌骗的区别。
2. 简述微观市场结构与高频交易的关系。
3. 尝试构建一个高频交易策略。

附录一 常用因子库

因子分类	因子编号	因子名称	因子说明
基础科目及衍生类因子	1	净运营资本	流动资产－流动负债
	2	营业总收入TTM	过去12个月的营业总收入之和
	3	营业利润TTM	过去12个月营业利润之和
	4	经营活动现金流净额TTM	过去12个月经营活动产生的现金流量净值之和
	5	营业收入TTM	过去12个月营业收入之和
	6	带息流动负债	流动负债合计－无息流动负债
	7	销售费用TTM	过去12个月销售费用之和
	8	留存收益	盈余公积金＋未分配利润
	9	营业总成本TTM	过去12个月的营业总成本之和
	10	营业外收支净额TTM	营业外收入(TTM)－营业外支出(TTM)
	11	投资活动现金流量净额TTM	过去12个月投资活动现金流量净额之和
	12	财务费用TTM	过去12个月财务费用之和
	13	管理费用TTM	过去12个月管理费用之和
	14	净利息费用	利息支出－利息收入
	15	价值变动净收益TTM	过去12个月价值变动净收益之和
	16	利润总额TTM	过去12个月利润总额之和
	17	筹资活动现金流量净额TTM	过去12个月筹资活动现金流量净额之和
	18	无息流动负债	应付票据＋应付账款＋预收账款(用预售款项代替)＋应交税费＋应付利息＋其他应付款＋其他流动负债
	19	息税前利润EBIT	净利润＋所得税＋财务费用
	20	净利润TTM	过去12个月净利润之和
	21	经营活动净收益	经营活动净收益/利润总额(%)×利润总额

因子分类	因子编号	因子名称	因子说明
基础科目及衍生类因子	22	息税折旧摊销前利润 EBITDA	营业收入－经营成本－营业税及附加
	23	资产减值损失 TTM	过去 12 个月资产减值损失之和
	24	归属于母公司股东的净利润 TTM	过去 12 个月归属于母公司股东的净利润之和
	25	营业成本 TTM	过去 12 个月营业成本之和
	26	净债务	总债务－期末现金及现金等价物余额
	27	非经常性损益	净利润－扣除非经常损益后的净利润(元)
	28	销售商品提供劳务收到的现金 TTM	过去 12 个月销售商品提供劳务收到的现金之和
	29	总市值	公司总市值
	30	现金流市值比	现金流/市值
	31	营收市值比	营业收入/市值
	32	流通市值	公司上市股票流通市值
	33	经营性资产	总资产－金融资产
	34	金融资产	货币资金＋交易性金融资产＋应收票据＋应收利息＋应收股利＋可供出售金融资产＋持有至到期投资
	35	经营性负债	总负债－金融负债
	36	金融负债	(流动负债合计－无息流动负债)＋(有息非流动负债)＝(流动负债合计－应付账款－预收款项－应付职工薪酬－应交税费－其他应付款－1 年内的递延收益－其他流动负债)＋(长期借款＋应付债券)
质量类因子	37	债务总资产比	负债合计/总资产
	38	净利润与营业总收入之比	净利润/营业总收入
	39	应付账款周转天数	360/应付账款周转率
	40	销售净利率	净利润/营业收入
	41	营业外利润比	营业外收支利润净额/利润总额
	42	固定资产比率	(固定资产＋工程物资＋在建工程)/总资产
	43	应收账款周转天数	360/应收账款周转率
	44	毛利率增长	(今年毛利率/去年毛利率)－1
	45	营业费用与营业总收入之比	销售费用/营业总收入
	46	销售税金率	营业税金及附加/营业收入
	47	存货周转天数	360/存货周转率

续表二

因子分类	因子编号	因子名称	因 子 说 明
质量类因子	48	营业周期	应收账款周转天数+存货周转天数
	49	现金流收益比	经营活动产生的现金流量净额/营业收入－营业成本
	50	净利润现金含量	经营活动产生的现金流量净额/归属于母公司所有者的净利润
	51	速动比率	(流动资产合计－存货)/流动负债合计
	52	无形资产比率	(无形资产+研发支出+商誉)/总资产
	53	市场杠杆	非流动负债合计/(非流动负债合计+总市值)
	54	产权比率	负债合计/归属母公司所有者权益合计
	55	超速动比率	(货币资金+交易性金融资产+应收票据+应收账款+其他应收款)/流动负债合计
	56	存货周转率	营业成本/存货
	57	营业利润增长率	(今年营业利润/去年营业利润)－1
	58	长期负债与营运资金比率	非流动负债合计/(流动资产合计－流动负债合计)
	59	流动比率(单季度)	流动资产合计/流动负债合计
	60	现金流量债务比	经营活动产生现金流量净额/净债务
	61	总资产现金回收率	经营活动产生的现金流量净额/总资产
	62	非流动资产比率	非流动资产合计/总资产
	63	总资产周转率	营业收入/总资产
	64	长期借款与资产总计之比	长期借款/总资产
	65	有形净值债务率	负债合计/有形净值,其中,有形净值=股东权益－无形资产净值,无形资产净值=商誉+无形资产
	66	总资产报酬率TTM	[利润总额(TTM)+利息支出(TTM)]/总资产在过去12个月的平均值
	67	营业利润率	营业利润/营业收入
	68	长期负债与资产总计之比	非流动负债合计/总资产
	69	流动资产周转率TTM	过去12个月营业收入/过去12个月平均流动资产合计
	70	财务费用与营业总收入之比	财务费用/营业总收入
	71	收益利润比	经营活动净收益/利润总额
	72	经营活动产生的现金流量净额与企业价值之比	经营活动产生的现金流量净额/企业价值,其中,企业价值=企业市值+负债合计－货币资金
	73	股东权益与固定资产比率	股东权益/(固定资产+工程物资+在建工程)
	74	现金流负债比	经营活动产生的现金流量净额/负债合计

续表三

因子分类	因子编号	因子名称	因子说明
质量类因子	75	经营活动产生的现金流量净额与营业收入之比	经营活动产生的现金流量净额/营业收入
	76	营业利润与营业总收入之比	营业利润/营业总收入
	77	资产回报率	净利润/期末总资产
	78	管理费用与营业总收入之比	管理费用/营业总收入
	79	固定资产周转率TTM	过去12个月的营业收入/过去12个月的平均值（固定资产＋工程物资＋在建工程）
	80	收益占比	对联营和合营公司投资收益/利润总额
	81	股东权益比率	股东权益/总资产
	82	销售商品提供劳务收到的现金与营业收入之比	销售商品和提供劳务收到的现金/营业收入
	83	现金比率	期末现金及现金等价物余额/流动负债合计的12个月均值
	84	现金流动负债比	经营活动产生的现金流量净额/流动负债合计
	85	现金流资产比和资产回报率之差	现金流资产比－资产回报率，其中现金流资产比＝经营活动产生的现金流量净额/总资产
	86	权益回报率	净利润/期末股东权益
	87	应付账款周转率	营业收入/应付账款平均值
	88	销售毛利率	（营业收入－营业成本）/营业收入
	89	扣非净利比	扣除非经常损益后的净利润/净利润
	90	股东权益周转率	营业收入/股东权益
	91	成本费用利润率	利润总额/（营业成本＋财务费用＋销售费用＋管理费用）
	92	销售成本率	营业成本/营业收入
	93	财务杠杆指数	本期(年报)资产负债率/上期(年报)资产负债率
	94	营业收入指数	本期(年报)营业收入/上期(年报)营业收入
	95	毛利率指数	上期(年报)毛利率/本期(年报)毛利率
	96	应收账款指数	本期(年报)应收账款占营业收入比例/上期(年报)应收账款占营业收入比例
	97	经营资产回报率	销售利润率×经营资产周转率
	98	销售利润率	营业利润/营业收入
	99	销售管理费用指数	本期(年报)销售管理费用占营业收入的比例/上期(年报)销售管理费用占营业收入的比例
	100	盈利能力稳定性	10年净利润增长率标准差
	101	投资资本回报率TTM	权益回报率＝归属于母公司股东的净利润(TTM)/前四个季度投资资本均值；投资资本＝股东权益＋负债合计－无息流动负债－无息非流动负债；无息流动负债＝应付账款＋预收款项＋应付职工薪酬＋应交税费＋其他应付款＋1年内的递延收益＋其他流动负债；无息非流动负债＝非流动负债合计－长期借款－应付债券

续表四

因子分类	因子编号	因子名称	因子说明
每股指标因子	102	每股留存收益	留存收益/股本
	103	每股营业总收入	营业总收入/总股本
	104	每股盈余公积金	盈余公积金/股本
	105	每股未分配利润	未分配利润/股本
	106	每股营业收入	营业收入/总股本
	107	每股净资产	归属母公司所有者权益合计/总股本
	108	每股现金及现金等价物余额	现金及现金等价物余额/股本
	109	每股经营活动产生的现金流量净额	经营活动产生的现金流量净额/股本
	110	每股营业利润	营业利润/总股本
	111	每股收益 TTM	过去 12 个月归属母公司所有者的净利润/总股本
	112	每股现金流量净额，根据当时日期来获取最近变更日的总股本	现金流量净额/总股本
	113	每股资本公积金	资本公积金/总股本
风格类因子	114	杠杆因子	资产负债率
	115	动量因子	股价与成交量的比值
	116	市净率因子	每股净资产与每股股价的比率
	117	流动性因子	股票日、月、年度换手率
	118	现金流量市值比	过去 1 年的净经营现金流/当前股票市值
	119	残差历史波动率	计算 Beta 收益之时的残差收益率的波动率
	120	5 年盈利增长率	过去 5 个财年年均 EPS 增长/年均 EPS
	121	利润市值比	过去 1 年的净利润/当前股票市值，等于 PE 的倒数
	122	市场杠杆	[普通股市值+优先股账面价值(中国股票为 0)+长期负债账面价值]/普通股市值，长期负债账面价值＝长期借款＋应付债券
	123	对数总市值	总市值的对数
	124	季度平均月换手率	$Ln[sum(turn\_over\_ratio)/3]$，turn_over_ratio 为过去三个月(63 个交易日)的平均换手率
	125	收益离差	$\ln(1+Z\_max)-\ln(1+Z\_min)$，其中 $Z\_t=cumsum[\ln(1+r\_t)]$，$t=1,2,\cdots,12$，r_t 为向前推 t 个月的月收益
	126	市值立方因子	标准化市值因子的三次方
	127	市值因子	资产规模＝1.0×对数总资产＝总资产的对数
	128	账面杠杆	(普通股账面价值+优先股账面价值+长期负债账面价值)/普通股账面价值
	129	成长因子	0.18×预期长期盈利增长率+0.11×预期短期盈利增长率+0.24×5 年盈利增长率+0.47×5 年营业收入增长率
	130	盈利预期因子	0.68×预期市盈率+0.21×营业收益市值比+0.11×利润市值比
	131	年度平均月换手率	年度平均换手率/12
	132	日收益率波动	计算日收率标准差

续表五

因子分类	因子编号	因子名称	因子说明
风格类因子	133	资产负债率	总负债账面价值/总资产账面价值
	134	5日相对强弱	当期5日总收益－前一期5日总收益
	135	5年营业收入增长率	过去5个财年的每股营业收入增长/年均每股营业收入
	136	残差因子	股票收益与指数收益的回归残差
	137	预期市盈率	分析师对未来1年预期盈利加权平均值/当前股票市值
	138	预期短期盈利增长率	分析师预测未来1年盈利增长率
	139	预期长期盈利增长率	分析师预测未来3~5年盈利增长率
情绪类因子	140	20日成交量标准差	20日成交量去标准差
	141	心理线指标	N日内连续上涨的天数/$N \times 100$，本因子的计算窗口为12日
	142	成交量比率（Volume Ratio）	$VR = (AVS + 1/2CVS)/(BVS + 1/2CVS)$
	143	5日平均换手率	5日换手率的均值，单位为%
	144	意愿指标	$BR = N$日内（当日最高价－昨日收盘价）之和/N日内（昨日收盘价－当日最低价）之和$\times 100$，N设定为26
	145	12日成交量因子	12日成交量的移动平均值
	146	20日成交金额因子	20日成交金额的移动平均值
	147	5日平均换手率与120日平均换手率之比	5日平均换手率/120日平均换手率
	148	计算VMACD因子的中间变量	$EMA(VOLUME, SHORT) - EMA(VOLUME, LONG)$，SHORT设置为12，LONG设置为26，M设置为9
	149	威廉变异离散量	（收盘价－开盘价）/（最高价－最低价）$\times$成交量，再做加和，使用过去6个交易日的数据
	150	10日成交量波动	10日成交量的标准差
	151	14日均幅指标	真实振幅的14日移动平均
	152	10日平均换手率	10日换手率的均值，单位为%
	153	10日平均换手率与120日平均换手率之比	10日平均换手率/120日平均换手率
	154	计算VMACD因子的中间变量	$EMA(VDIFF, M)$ SHORT设置为12，LONG设置为26，M设置为9
	155	12日量变动速率指标	成交量减N日前的成交量，再除以N日前的成交量，放大100倍，得到VROC值，$N = 12$
	156	6日均幅指标	真实振幅的6日移动平均
	157	20日平均换手率	20日换手率的均值，单位为%
	158	20日平均换手率与120日平均换手率之比	20日平均换手率/120日平均换手率

续表六

因子分类	因子编号	因子名称	因 子 说 明
情绪类因子	159	成交量指数平滑异同移动平均线	快的指数移动平均线(EMA12)减去慢的指数移动平均线(EMA26)得到快线 DIFF，由 DIFF 的 M 日移动平均得到 DEA，由 DIFF－DEA 的值得到 MACD
	160	人气指标	AR＝N 日内(当日最高价－当日开市价)之和/N 日内(当日开市价－当日最低价)之和×100，N 设定为 26
	161	60 日平均换手率	60 日换手率的均值，单位为%
	162	换手率相对波动率	取 20 个交易日个股换手率的标准差
	163	120 日平均换手率	120 日换手率的均值，单位为%
	164	6 日量变动速率指标	成交量减 N 日前的成交量，再除以 N 日前的成交量，放大 100 倍，得到 VROC 值，$N＝6$
	165	20 日成交金额的波动	20 日成交额的标准差
	166	ARBR	因子 AR 与因子 BR 的差
	167	20 日资金流量	用收盘价、最高价及最低价的均值乘以当日成交量即可得到该交易日的资金流量
	168	成交量因子	成交量的 N 日均值
	169	240 日平均换手率	240 日换手率的均值，单位为%
	170	成交量震荡	'VEMA12'和'VEMA26'两者的差值，再计算差值与'VEMA12'的比，最后将比值放大 100 倍，得到 VOSC 值
	171	N 日成交额波动	N 日成交金额的标准差
成长类因子	172	营业收入增长率	营业收入增长率＝(今年营业收入/去年营业收入)－1
	173	总资产增长率	当期总资产/上一期总资产－1
	174	经营活动产生的现金流量净额增长率	(今年经营活动产生的现金流量净额/去年经营活动产生的现金流量净额)－1
	175	利润总额增长率	(今年利润总额/去年利润总额)－1
	176	归属母公司股东的净利润增长率	(今年归属于母公司所有者的净利润/去年归属于母公司所有者的净利润)－1
	177	筹资活动产生的现金流量净额增长率	过去 12 个月的筹资现金流量净额/4 季度前的 12 个月的筹资现金流量净额－1
	178	净利润增长率	(今年净利润/去年净利润)－1
	179	净资产增长率	(当季的股东权益/三季度前的股东权益)－1
	180	PEG	PE/(公司年净利润增长率×100)。如果 PE 或增长率为负，则为 nan
风险类因子	181	个股收益的 60 日偏度	取 61 个交易日的收盘价数据，计算日收益率，再计算其偏度
	182	120 日收益方差	取 121 个交易日的收盘价，计算日收益率，再取方差
	183	个股收益的 20 日峰度	取 21 个交易日的收盘价数据，计算日收益率，再计算其峰度值
	184	N 日夏普比率	(Rp－Rf)/σ。其中，Rp 是个股的年化收益率，Rf 是无风险利率，σ 是个股的收益波动率(标准差)
	185	个股收益的 120 日峰度	取 121 个交易日的收盘价数据，计算日收益率，再计算其峰度值

因子分类	因子编号	因子名称	因子说明
风险类因子	186	个股收益的20日偏度	取21个交易日的收盘价数据，计算日收益率，再计算其偏度
	187	个股收益的120日偏度	取121个交易日的收盘价数据，计算日收益率，再计算其偏度
	188	20日收益方差	取21个交易日的收盘价，算出日收益率，再取方差
	189	60日收益方差	取61个交易日的收盘价，算出日收益率，再取方差
	190	个股收益的60日峰度	取61个交易日的收盘价数据，计算日收益率，再计算其峰度值
技术指标因子	191	12日均价	前12日收盘价均价
	192	5日均价	前5日收盘价均价
	193	20日均价	前20日收盘价均价
	194	资金流量指标	① 求得典型价格(当日最高价、最低价和收盘价的均值)；② 根据典型价格高低判定正负向资金流(资金流＝典型价格×成交量)；③ 计算 MR＝正向/负向；④ MFI＝100－100/(1＋MR)
	195	120日均价	前120日收盘价均价
	196	60日均价	前60日收盘价均价
	197	下轨线(布林线)指标	$[MA(CLOSE, M)-2\times STD(CLOSE, M)]$/今日收盘价。其中，$M=20$
	198	上轨线(布林线)指标	$[MA(CLOSE, M)+2\times STD(CLOSE, M)]$/今日收盘价。其中，$M=20$
	199	平滑异同移动平均线	MACD(SHORT＝12, LONG＝26, MID＝9)/今日收盘价
动量类因子	200	20日乖离率	(收盘价－收盘价的 N 日简单平均)/收盘价的 N 日简单平均×100，在此 N 取20
	201	5日乖离率	(收盘价－收盘价的 N 日简单平均)/收盘价的 N 日简单平均×100，在此 N 取5
	202	当前股价/过去三个月股价均值再减1	当日收盘价/ MEAN[过去三个月(61天)的收盘价]－1
	203	当前股价/过去一个月股价均值再减1	当日收盘价/ MEAN[过去一个月(21天)的收盘价]－1
	204	12日收盘价格与日期线性回归系数	计算 12 日收盘价格，与日期序号(1－12)的线性回归系数，$[CLOSE / MEAN(CLOSE)] = Beta\times t + Alpha$
	205	BBI动量	BBI(3, 6, 12, 24)/收盘价(BBI 为常用技术指标类因子"多空均线")
	206	12日变动速率	① AX＝今天的收盘价－12 天前的收盘价；② BX＝12 天前的收盘价；③ ROC＝AX/BX×100
	207	120日变动速率	① AX＝今天的收盘价－120 天前的收盘价；② BX＝120 天前的收盘价；③ ROC＝AX/BX×100
	208	60日乖离率	(收盘价－收盘价的 N 日简单平均)/收盘价的 N 日简单平均×100，在此 N 取60

因子分类	因子编号	因子名称	因 子 说 明
动量类因子	209	20 日变动速率	① AX＝今天的收盘价－20 天前的收盘价； ② BX＝20 天前的收盘价；③ ROC＝AX/BX×100
	210	Aroon 指标下轨	Aroon(下降)＝[(计算期天数－最低价后的天数)/ 计算期天数]×100
	211	单日价量趋势 12 均值	MA(single_day_VPT,12)
	212	当前交易量相比 过去 1 个月日均 交易量与过去 20 日 日均收益率乘积	当日交易量/过去 20 日交易量 MEAN×过去 20 日收益率 MEAN
	213	20 日顺势指标	$CCI=[TYP-MA(TYP,N)]/[0.015 \times AVEDEV(TYP,N)]$； $TYP=(HIGH+LOW+CLOSE)/3$；$N=20$
	214	6 日收盘价格与 日期线性回归系数	计算 6 日收盘价格，与日期序号(1－6)的线性回归系数， $[CLOSE / MEAN(CLOSE)]=Beta*t+Alpha$
	215	CR 指标	① 中间价＝1 日前的最高价＋最低价/2；② 上升值＝今天的最高价－前一日的中间价(负值记 0)；③ 下跌值＝前一日的中间价－今天的最低价(负值记 0)；④ 多方强度＝20 天的上升值的和，空方强度＝20 天的下跌值的和；⑤ CR＝(多方强度÷空方强度)×100
	216	60 日变动速率	① AX＝今天的收盘价－20 天前的收盘价； ② BX＝60 天前的收盘价；③ ROC＝AX/BX×100
	217	当前股价/过去 1 年 股价均值再减 1	当日收盘价/ MEAN [过去 1 年(250 天)的收盘价]－1
	218	多头力道	[最高价－EMA(Close, 13)]/ CLOSE
	219	Aroon 指标上轨	Aroon(上升)＝[(计算期天数－最高价后的天数)/计算期天数]×100
	220	单日价量趋势 6 日均值	MA(single_day_VPT, 6)
	221	10 日终极指标	MTR＝收盘价的 10 日指数移动平均； TRIX＝(MTR－1 日前的 MTR)/1 日前的 MTR×100
	222	10 日顺势指标	$CCI=[TYP-MA(TYP,N)]/[0.015 \times AVEDEV(TYP,N)]$； $TYP=(HIGH+LOW+CLOSE)/3$；$N=10$
	223	88 日顺势指标	$CCI=[TYP-MA(TYP,N)]/[0.015 \times AVEDEV(TYP,N)]$； $TYP=(HIGH+LOW+CLOSE)/3$；$N=88$
	224	24 日收盘价格与 日期线性回归系数	计算 24 日收盘价格，与日期序号(1－24)的线性回归系数， $[CLOSE /MEAN(CLOSE)]= Beta \times t+Alpha$
	225	10 日乖离率	(收盘价－收盘价的 N 日简单平均)/收盘价的 N 日简单 平均×100，在此 N 取 10
	226	6 日变动速率	① AX＝今天的收盘价－6 天前的收盘价； ② BX＝6 天前的收盘价；③ ROC＝AX/BX×100
	227	当前价格处于过去 1 年股价的位置	取过去的 250 个交易日各股的收盘价时间序列，每只股票按照 从大到小排列，并找出当日所在的位置
	228	梅斯线	$MASS(N_1=9, N_2=25, M=6)$
	229	空头力道	[最低价－EMA(CLOSE, 13)]/CLOSE

因子 分类	因子编号	因子名称	因 子 说 明
动量类因子	230	单日价量趋势	(今日收盘价－昨日收盘价)/昨日收盘价×当日成交量； （复权方法为基于当日前复权）
	231	5 日终极指标 TRIX	MTR＝收盘价的 5 日指数移动平均； TRIX＝(MTR－1 日前的 MTR)/1 日前的 MTR×100
	232	1 减去过去一个月 收益率排名与股票 总数的比值	$1-[Rank(个股\ 20\ 日收益)/股票总数]$
	233	15 日顺势指标	$CCI=[TYP-MA(TYP,N)]/[0.015\times AVEDEV(TYP,N)]$； $TYP=(HIGH+LOW+CLOSE)/3$；$N=15$

附录二　行业轮动策略代码

```
1. # coding=utf-8
2. from __future__ import print_function, absolute_import, unicode_literals
3. import numpy as np
4. from gm.api import *
5. '''''
6. 本策略每隔 1 个月定时触发计算 SHSE.000910.SHSE.000909.SHSE.000911.SHSE.000912.SHSE.000913.
   SHSE.000914
7. (300 工业.300 材料.300 可选.300 消费.300 医药.300 金融)这几个行业指数过去
8. 20 个交易日的收益率并选取了收益率最高的指数的成分股并获取它们的市值数据
9. 随后把仓位调整至市值最大的 5 只股票上
10. 回测数据为：SHSE.000910.SHSE.000909.SHSE.000911.SHSE.000912.SHSE.000913.SHSE.000914 和它
   们的成分股
11. 回测时间为：2017-07-01　08:00:00 到 2017-10-01　16:00:00
12. '''
13. def init(context)：
14.     # 每月第一个交易日的 09:40 定时执行 algo 任务(仿真和实盘时不支持该频率)
15.     schedule(schedule_func=algo, date_rule='1m', time_rule='09:40:00')
16.     # 用于筛选的行业指数
17.     context.index = ['SHSE.000910', 'SHSE.000909', 'SHSE.000911', 'SHSE.000912', 'SHSE.000913',
   'SHSE.000914']
18.     # 用于统计数据的天数
19.     context.date=20
20.     # 最大下单资金比例
21.     context.ratio=0.8
22. def algo(context)：
23.     # 获取当天的日期
24.     today = context.now
25.     # 获取上一个交易日
26.     last_day=get_previous_trading_date(exchange='SHSE', date=today)
27.     return_index=[]
28.     # 获取并计算行业指数收益率
29.     for i in context.index：
30.         return_index_his=history_n(symbol=i, frequency='1d', count=context.date, fields='
   close,bob',
31.                                       fill_missing='Last', adjust=ADJUST_PREV, end_time=
   last_day, df=True)
```

```
32.              return_index_his＝return_index_his['close'].values
33.              return_index.append(return_index_his[-1] / return_index_his[0] - 1)
34.         ♯ 获取指定数内收益率表现最好的行业
35.         sector ＝context.index[np.argmax(return_index)]
36.         print('最佳行业指数是：', sector)
37.         ♯ 获取最佳行业指数成分股
38.         symbols＝get_history_constituents(index＝sector, start_date＝last_day, end_date＝last_
        day)[0]['constituents'].keys()
39.         ♯ 获取当天有交易的股票
40.         not_suspended_info＝get_history_instruments(symbols＝symbols, start_date＝today, end_date
        ＝today)
41.         not_suspended_symbols＝[item['symbol'] for item in not_suspended_info if not item['is_sus-
        pended']]
42.         ♯ 获取最佳行业指数成分股的市值，从大到小排序并选取市值最大的 5 只股票
43.         fin＝get_fundamentals(table＝'trading_derivative_indicator', symbols＝not_suspended_sym-
        bols, start_date＝last_day,
44.                             end_date＝last_day, limit＝5, fields＝'NEGOTIABLEMV', order_by＝'-NE-
        GOTIABLEMV', df＝True)
45.         fin.index＝fin['symbol']
46.         ♯ 计算权重
47.         percent＝1.0 /len(fin.index) * context.ratio
48.         ♯ 获取当前所有仓位
49.         positions ＝context.account().positions()
50.         ♯ 如标的池有仓位,平不在标的池的仓位
51.         for position in positions：
52.             symbol＝position['symbol']
53.             if symbol not in fin.index：
54.                 order_target_percent(symbol＝symbol, percent＝0, order_type＝OrderType_Market,
55.                                     position_side＝PositionSide_Long)
56.                 print('市价单平不在标的池的', symbol)
57.         ♯ 对标的池进行操作
58.         for symbol in fin.index：
59.             order_target_percent(symbol＝symbol, percent＝percent, order_type＝OrderType_Market,
60.                                 position_side＝PositionSide_Long)
61.             print(symbol, '以市价单调整至仓位', percent)
62. if _name_＝＝'_main_'：
63.     '''''
64.     strategy_id 策略 ID，由系统生成
65.     filename 文件名，请与本文件名保持一致
66.     mode 实时模式：MODE_LIVE 回测模式：MODE_BACKTEST
67.     token 绑定计算机的 ID，可在系统设置-密钥管理中生成
68.     backtest_start_time 回测开始时间
69.     backtest_end_time 回测结束时间
```

```
70.    backtest_adjust 股票复权方式不复权：ADJUST_NONE 前复权：ADJUST_PREV 后复权：ADJUST_POST
71.    backtest_initial_cash 回测初始资金
72.    backtest_commission_ratio 回测佣金比例
73.    backtest_slippage_ratio 回测滑点比例
74.    '''
75.    run(strategy_id='strategy_id',
76.        filename='main.py',
77.        mode=MODE_BACKTEST,
78.        token='token_id',
79.        backtest_start_time='2017-07-01 08:00:00',
80.        backtest_end_time='2017-10-01 16:00:00',
81.        backtest_adjust=ADJUST_PREV,
82.        backtest_initial_cash=10000000,
83.        backtest_commission_ratio=0.0001,
84.        backtest_slippage_ratio=0.0001)
```

附录三　跨品种套利策略代码

```python
1. # coding＝utf－8
2. from_future_import print_function, absolute_import, unicode_literals
3. from gm.api import *
4. import numpy as np
5. def init(context)：
6.     # 选择的两个合约
7.     context.symbol＝['DCE.j1901', 'DCE.jm1901']
8.     # 订阅历史数据
9.     subscribe(symbols＝context.symbol, frequency＝'1d',count＝11, wait_group＝True)
10. def on_bar(context, bars)：
11.     # 数据提取
12.     j_close ＝ context.data(symbol＝context.symbol[0], frequency＝'1d', fields＝'close', count＝
    31).values
13.     jm_close＝context.data(symbol＝context.symbol[1],frequency＝'1d',fields＝'close',count＝
    31).values
14.     # 提取最新价差
15.     new_price＝j_close[－1] － jm_close[－1]
16.     # 计算历史价差，上下限，止损点
17.     spread_history＝j_close[:－2] － jm_close[:－2]
18.     context.spread_history_mean＝np.mean(spread_history)
19.     context.spread_history_std＝np.std(spread_history)
20.     context.up＝context.spread_history_mean＋0.75 * context.spread_history_std
21.     context.down＝context.spread_history_mean－0.75 * context.spread_history_std
22.     context.up_stoppoint＝context.spread_history_mean＋2 * context.spread_history_std
23.     context.down_stoppoint＝context.spread_history_mean－2 * context.spread_history_std
24.     # 查持仓
25.     position_jm_long＝context.account().position(symbol＝context.symbol[0],side＝1)
26.     position_jm_short＝context.account().position(symbol＝context.symbol[0],side＝2)
27.     # 设计买卖信号
28.     # 设计开仓信号
29.     if not position_jm_short and not position_jm_long：
30.         if new_price＞context.up：
31.             print('做空价差组合')
32.             order_volume(symbol＝context.symbol[0],side＝OrderSide_Sell,volume＝1,order_type
    ＝OrderType_Market,position_effect＝1)
33.             order_volume(symbol＝context.symbol[1], side＝OrderSide_Buy, volume＝1, order_type
```

```
      =OrderType_Market，position_effect=PositionEffect_Open)
34.      if new_price < context.down：
35.          print('做多价差组合')
36.          order_volume(symbol=context.symbol[0]，side=OrderSide_Buy，volume=1，order_type
      =OrderType_Market，position_effect=PositionEffect_Open)
37.          order_volume(symbol=context.symbol[1]，side=OrderSide_Sell，volume=1，order_
      type=OrderType_Market，position_effect=PositionEffect_Open)
38.   # 设计平仓信号
39.   # 持 jm 多仓时
40.   if position_jm_long：
41.      if new_price>=context.spread_history_mean：
42.          # 价差回归到均值水平时，平仓
43.          print('价差回归到均衡水平，平仓')
44.          order_volume(symbol=context.symbol[0]，side=OrderSide_Sell，volume=1，order_
      type=OrderType_Market，position_effect=PositionEffect_Close)
45.          order_volume(symbol=context.symbol[1]，side=OrderSide_Buy，volume=1，order_type
      =OrderType_Market，position_effect=PositionEffect_Close)
46.      if new_price < context.down_stoppoint：
47.          # 价差达到止损位，平仓止损
48.          print('价差超过止损点，平仓止损')
49.          order_volume(symbol=context.symbol[0]，side=OrderSide_Sell，volume=1，order_
      type=OrderType_Market，position_effect=PositionEffect_Close)
50.          order_volume(symbol=context.symbol[1]，side=OrderSide_Buy，volume=1，order_type
      =OrderType_Market，position_effect=PositionEffect_Close)
51.   # 持 jm 空仓时
52.   if position_jm_short：
53.      if new_price <= context.spread_history_mean：
54.          # 价差回归到均值水平时，平仓
55.          print('价差回归到均衡水平，平仓')
56.          order_volume(symbol=context.symbol[0]，side=OrderSide_Buy，volume=1，order_type
      =OrderType_Market，position_effect=PositionEffect_Close)
57.          order_volume(symbol=context.symbol[1]，side=OrderSide_Sell，volume=1，order_
      type=OrderType_Market，position_effect=PositionEffect_Close)
58.      if new_price > context.up_stoppoint：
59.          # 价差达到止损位，平仓止损
60.          print('价差超过止损点，平仓止损')
61.          order_volume(symbol=context.symbol[0]，side=OrderSide_Buy，volume=1，order_type
      =OrderType_Market，position_effect=PositionEffect_Close)
62.          order_volume(symbol=context.symbol[1]，side=OrderSide_Sell，volume=1，order_
      type=OrderType_Market，position_effect=PositionEffect_Close)
63. if _name_=='_main_'：
64.      ''''''
65.   strategy_id 策略 ID，由系统生成
```

66.　　filename 文件名，请与本文件名保持一致

67.　　mode 实时模式：MODE_LIVE 回测模式：MODE_BACKTEST

68.　　token 绑定计算机的 ID，可在系统设置—密钥管理中生成

69.　　backtest_start_time 回测开始时间

70.　　backtest_end_time 回测结束时间

71.　　backtest_adjust 股票复权方式不复权：ADJUST_NONE 前复权：ADJUST_PREV 后复权：ADJUST_POST

72.　　backtest_initial_cash 回测初始资金

73.　　backtest_commission_ratio 回测佣金比例

74.　　backtest_slippage_ratio 回测滑点比例

75.　　′′′

76.　　run(strategy_id=′strategy_id′,

77.　　　　filename=′main. py′,

78.　　　　mode=MODE_BACKTEST,

79.　　　　token=′token′,

80.　　　　backtest_start_time=′2018-02-01 08:00:00′,

81.　　　　backtest_end_time=′2018-12-31 16:00:00′,

82.　　　　backtest_adjust=ADJUST_PREV,

83.　　　　backtest_initial_cash=2000000,

84.　　　　backtest_commission_ratio=0. 0001,

85.　　　　backtest_slippage_ratio=0. 0001)

附录四　Alpha 对冲策略代码

```
1. # coding=utf-8
2. from __future__ import print_function, absolute_import, unicode_literals
3. from gm.api import *
4. '''''
5. 本策略每隔 1 个月定时触发计算 SHSE.000300 成分股的过去一天 EV/EBITDA 值并选取 30 只 EV/EBITDA 值
   最小且大于零的股票
6. 对不在股票池的股票平仓并等权配置股票池的标的
7. 并用相应的 CFFEX.IF 对应的真实合约等额对冲
8. 回测数据为:SHSE.000300 和他们的成分股和 CFFEX.IF 对应的真实合约
9. 回测时间为:2017-07-01 08:00:00 到 2017-10-01 16:00:00
10. 注意:本策略仅供参考,实际使用中要考虑到期货和股票处于两个不同的账户,需要人为地保证两个
    账户的资金相同。
11. '''
12. def init(context):
13.     # 每月第一个交易日 09:40:00 定时执行 algo 任务(仿真和实盘时不支持该频率)
14.     schedule(schedule_func=algo, date_rule='1m', time_rule='09:40:00')
15.     # 设置开仓在股票和期货的资金百分比(期货在后面自动进行杠杆相关的调整)
16.     context.percentage_stock=0.4
17.     context.percentage_futures=0.4
18. def algo(context):
19.     # 获取当前时刻
20.     now =context.now
21.     # 获取上一个交易日
22.     last_day=get_previous_trading_date(exchange='SHSE', date=now)
23.     # 获取沪深 300 成分股的股票代码
24.     stock300=get_history_constituents(index='SHSE.000300', start_date=last_day,
25.                                        end_date=last_day)[0]['constituents'].keys
    ()
26.     # 获取上一个工作日的 CFFEX.IF 对应的合约
27.     index_futures=get_continuous_contracts(csymbol='CFFEX.IF', start_date=last_day, end_
    date=last_day)[-1]['symbol']
28.     # 获取当天有交易的股票
29.     not_suspended_info=get_history_instruments(symbols=stock300, start_date=now, end_date
    =now)
30.     not_suspended_symbols=[item['symbol'] for item in not_suspended_info if not item['is_sus-
    pended']]
```

```
31.    # 获取成分股 EV/EBITDA 大于 0 并为最小的 30 个
32.    fin=get_fundamentals(table='trading_derivative_indicator', symbols=not_suspended_sym-
       bols,
33.                         start_date=now, end_date=now, fields='EVEBITDA',
34.                         filter='EVEBITDA>0', order_by='EVEBITDA', limit=30, df=True)
35.    fin.index=fin.symbol
36.    # 获取当前仓位
37.    positions =context.account().positions()
38.    # 平不在标的池或不为当前股指期货主力合约对应真实合约的标的
39.    for position in positions:
40.        symbol=position['symbol']
41.        sec_type=get_instrumentinfos(symbols=symbol)[0]['sec_type']
42.        # 若类型为期货且不在标的池则平仓
43.        if sec_type == SEC_TYPE_FUTURE and symbol != index_futures:
44.           order_target_percent(symbol=symbol, percent=0, order_type=OrderType_Market,
45.                                position_side=PositionSide_Short)
46.           print('市价单平不在标的池的', symbol)
47.        elif symbol not in fin.index:
48.           order_target_percent(symbol=symbol, percent=0, order_type=OrderType_Market,
49.                                position_side=PositionSide_Long)
50.           print('市价单平不在标的池的', symbol)
51.    # 获取股票的权重
52.    percent=context.percentage_stock / len(fin.index)
53.    # 买在标的池中的股票
54.    for symbol in fin.index:
55.        order_target_percent(symbol=symbol, percent=percent, order_type=OrderType_Market,
56.                             position_side=PositionSide_Long)
57.        print(symbol,'以市价单调多仓到仓位', percent)
58.    # 获取股指期货的保证金比率
59.    ratio=get_history_instruments(symbols=index_futures, start_date=last_day, end_date=
       last_day)[0]['margin_ratio']
60.    # 更新股指期货的权重
61.    percent =context.percentage_futures * ratio
62.    # 买入股指期货对冲
63.    # 注意:股指期货的 percent 参数是按照期货的保证金来算比例,不是按照合约价值,比如说 0.1
       就是用 0.1 的仓位的资金全部买入期货。
64.    order_target_percent(symbol=index_futures, percent=percent, order_type=OrderType_Mar-
       ket,
65.                         position_side=PositionSide_Short)
66.    print(index_futures,'以市价单调空仓到仓位', percent)
67. if __name__=='__main__':
68.     '''''
69.     strategy_id 策略 ID,由系统生成
```

70.　　　filename 文件名,请与本文件名保持一致

71.　　　mode 实时模式:MODE_LIVE 回测模式:MODE_BACKTEST

72.　　　token 绑定计算机的 ID,可在系统设置—密钥管理中生成

73.　　　backtest_start_time 回测开始时间

74.　　　backtest_end_time 回测结束时间

75.　　　backtest_adjust 股票复权方式不复权:ADJUST_NONE 前复权:ADJUST_PREV 后复权:ADJUST_POST

76.　　　backtest_initial_cash 回测初始资金

77.　　　backtest_commission_ratio 回测佣金比例

78.　　　backtest_slippage_ratio 回测滑点比例

79.　　　′′′

80.　　　run(strategy_id=′strategy_id′,

81.　　　　　filename=′main.py′,

82.　　　　　mode=MODE_BACKTEST,

83.　　　　　token=′token_id′,

84.　　　　　backtest_start_time=′2017-07-01 08:00:00′,

85.　　　　　backtest_end_time=′2017-10-01 16:00:00′,

86.　　　　　backtest_adjust=ADJUST_PREV,

87.　　　　　backtest_initial_cash=10000000,

88.　　　　　backtest_commission_ratio=0.0001,

89.　　　　　backtest_slippage_ratio=0.0001)

附录五　支持向量机代码

```
1. # coding=utf-8
2. from __future__ import print_function, absolute_import, unicode_literals
3. from datetime import datetime
4. import numpy as np
5. from gm.api import *
6. import sys
7. try:
8.     from sklearn import svm
9. except:
10.     print('请安装 scikit-learn 库和带 mkl 的 numpy')
11.     sys.exit(-1)
12. '''''
13. 本策略选取了七个特征变量组成了滑动窗口长度为 15 天的训练集,随后训练了一个二分类(上涨/下
    跌)的支持向量机模型。
14. 若没有仓位则在每个星期一的时候输入标的股票近 15 个交易日的特征变量进行预测,并在预测结果
    为上涨的时候购买标的。
15. 若已经持有仓位则在盈利大于 10% 的时候止盈,在星期五损失大于 2% 的时候止损。
16. 特征变量为:1. 收盘价/均值 2. 现量/均量 3. 最高价/均价 4. 最低价/均价 5. 现量 6. 区间收益率 7. 区间
    标准差
17. 训练数据为:SHSE.600000 浦发银行,时间从 2016-04-01 到 2017-07-30
18. 回测时间为:2017-07-01 09:00:00 到 2017-10-01 09:00:00
19. '''
20. def init(context):
21.     # 订阅浦发银行的分钟 bar 行情
22.     context.symbol='SHSE.600000'
23.     subscribe(symbols=context.symbol, frequency='60s')
24.     start_date='2016-04-01' # SVM 训练起始时间
25.     end_date='2017-07-30' # SVM 训练终止时间
26.     # 用于记录工作日
27.     # 获取目标股票的 daily 历史行情
28.     recent_data=history(context.symbol, frequency='1d', start_time=start_date, end_time=
    end_date, fill_missing='last',
29.                             df=True)
30.     days_value=recent_data['bob'].values
31.     days_close=recent_data['close'].values
32.     days=[]
```

```
33.     # 获取行情日期列表
34.     print('准备数据训练 SVM')
35.     for i in range(len(days_value)):
36.         days. append(str(days_value[i])[0:10])
37.     x_all=[]
38.     y_all=[]
39.     for index in range(15, (len(days) - 5)):
40.         # 计算三星期共 15 个交易日相关数据
41.         start_day=days[index - 15]
42.         end_day=days[index]
43.         data=history(context. symbol, frequency='1d', start_time = start_day, end_time = end_
    day, fill_missing='last',
44.                             df=True)
45.         close=data['close']. values
46.         max_x=data['high']. values
47.         min_n=data['low']. values
48.         amount=data['amount']. values
49.         volume=[]
50.         for i in range(len(close)):
51.             volume_temp=amount[i] / close[i]
52.             volume. append(volume_temp)
53.         close_mean=close[-1] / np. mean(close) # 收盘价/均值
54.         volume_mean=volume[-1] / np. mean(volume) # 现量/均量
55.         max_mean=max_x[-1] / np. mean(max_x) # 最高价/均价
56.         min_mean=min_n[-1] / np. mean(min_n) # 最低价/均价
57.         vol=volume[-1] # 现量
58.         return_now=close[-1] / close[0] # 区间收益率
59.         std=np. std(np. array(close), axis=0) # 区间标准差
60.         # 将计算出的指标添加到训练集 X
61.         # features 用于存放因子
62.         features=[close_mean, volume_mean, max_mean, min_mean, vol, return_now, std]
63.         x_all. append(features)
64.     # 准备算法需要用到的数据
65.     for i in range(len(days_close) - 20):
66.         if days_close[i + 20] > days_close[i + 15]:
67.             label=1
68.         else:
69.             label=0
70.         y_all. append(label)
71.     x_train=x_all[: -1]
72.     y_train=y_all[: -1]
73.     # 训练 SVM
74.     context. clf=svm. SVC(C=0. 6, kernel='rbf', gamma=0. 001)
```

```
75.     context.clf.fit(x_train, y_train)
76.     print('训练完成!')
77. def on_bar(context, bars):
78.     bar=bars[0]
79.     # 获取当前年月日
80.     today = bar.bob.strftime('%Y-%m-%d')
81.     # 获取数据并计算相应的因子
82.     # 于星期一的 09:31:00 进行操作
83.     # 当前 bar 的工作日
84.     weekday=datetime.strptime(today,'%Y-%m-%d').isoweekday()
85.     # 获取模型相关的数据
86.     # 获取持仓
87.     position=context.account().position(symbol=context.symbol, side=PositionSide_Long)
88.     # 如果 bar 是新的星期一且没有仓位则开始预测
89.     if not position and weekday == 1:
90.         # 获取预测用的历史数据
91.         data=history_n(symbol=context.symbol, frequency='1d', end_time=today, count=15,
92.                        fill_missing='last', df=True)
93.         close=data['close'].values
94.         train_max_x=data['high'].values
95.         train_min_n=data['low'].values
96.         train_amount=data['amount'].values
97.         volume=[]
98.         for i in range(len(close)):
99.             volume_temp=train_amount[i] / close[i]
100.            volume.append(volume_temp)
101.        close_mean=close[-1] / np.mean(close)
102.        volume_mean=volume[-1] / np.mean(volume)
103.        max_mean=train_max_x[-1] / np.mean(train_max_x)
104.        min_mean=train_min_n[-1] / np.mean(train_min_n)
105.        vol=volume[-1]
106.        return_now=close[-1] / close[0]
107.        std=np.std(np.array(close), axis=0)
108.        # 得到本次输入模型的因子
109.        features=[close_mean, volume_mean, max_mean, min_mean, vol, return_now, std]
110.        features=np.array(features).reshape(1, -1)
111.        prediction=context.clf.predict(features)[0]
112.        # 若预测值为上涨则开仓
113.        if prediction == 1:
114.            # 获取昨收盘价
115.            context.price=close[-1]
116.            # 把浦发银行的仓位调至 95%
117.            order_target_percent(symbol=context.symbol, percent=0.95, order_type=Order-
```

```
         Type_Market,
118.                              position_side＝PositionSide_Long)
119.          print('SHSE. 600000 以市价单开多仓到仓位 0.95')
120.    ♯ 当涨幅大于 10％,平掉所有仓位止盈
121.    elif position and bar. close / context. price ＞＝ 1.10:
122.        order_close_all()
123.        print('SHSE. 600000 以市价单全平多仓止盈')
124.    ♯ 当时间为周五并且跌幅大于 2％时,平掉所有仓位止损
125.    elif position and bar. close / context. price ＜ 1.02 and weekday ＝＝ 5:
126.        order_close_all()
127.        print('SHSE. 600000 以市价单全平多仓止损')
128. if __name__ ＝＝ '__main__':
129.    ' ' ' ' '
130.    strategy_id 策略 ID,由系统生成
131.    filename 文件名,请与本文件名保持一致
132.    mode 实时模式:MODE_LIVE 回测模式:MODE_BACKTEST
133.    token 绑定计算机的 ID,可在系统设置－密钥管理中生成
134.    backtest_start_time 回测开始时间
135.    backtest_end_time 回测结束时间
136.    backtest_adjust 股票复权方式不复权:ADJUST_NONE 前复权:ADJUST_PREV 后复权:ADJUST_POST
137.    backtest_initial_cash 回测初始资金
138.    backtest_commission_ratio 回测佣金比例
139.    backtest_slippage_ratio 回测滑点比例
140.    ' ' '
141.    run(strategy_id＝'strategy_id',
142.        filename＝'main. py',
143.        mode＝MODE_BACKTEST,
144.        token＝'token_id',
145.        backtest_start_time＝'2017－07－01 09:00:00',
146.        backtest_end_time＝'2017－10－01 09:00:00',
147.        backtest_adjust＝ADJUST_PREV,
148.        backtest_initial_cash＝10000000,
149.        backtest_commission_ratio＝0.0001,
150.        backtest_slippage_ratio＝0.0001)
```

附录六　海龟交易法代码

```python
1. # coding=utf-8
2. from __future__ import print_function, absolute_import, unicode_literals
3. import numpy as np
4. import pandas as pd
5. from gm.api import *
6. '''''
7. 以短期为例:20日线
8. 第一步:获取历史数据,计算唐奇安通道和ATR
9. 第二步:当突破唐奇安通道时,开仓
10. 第三步:计算加仓和止损信号
11. '''
12. def init(context):
13.     # 设置计算唐奇安通道的参数
14.     context.n=20
15.     # 设置合约标的
16.     context.symbol='DCE.i2012'
17.     # 设置交易最大资金比率
18.     context.ratio=0.8
19.     # 订阅数据
20.     subscribe(symbols=context.symbol, frequency='60s', count=2)
21.     # 获取当前时间
22.     time=context.now.strftime('%H:%M:%S')
23.     # 如果策略执行时间点是交易时间段,则直接执行algo定义atr等参数,以防直接进入on_bar()
        导致atr等未定义
24.     if '09:00:00' < time < '15:00:00' or '21:00:00' < time < '23:00:00':
25.         algo(context)
26.     # 如果是交易时间段,等到开盘时间确保进入algo()
27.     schedule(schedule_func=algo, date_rule='1d', time_rule='09:00:00')
28.     schedule(schedule_func=algo, date_rule='1d', time_rule='21:00:00')
29.     def algo(context):
30.     # 计算通道的数据:当日最低、最高、上一交易日收盘
31.     # 注:由于talib库计算ATR的结果与公式求得的结果不符,所以这里利用公式计算ATR
32.     # 如果是回测模式,当天的数据直接用history取到
33.     if context.mode==2:
34.         data=history_n(symbol=contextL.symbol, frequency='1d', count=context.n+1, end_time
    =context.now, fields='close, high,low,bob', df=True) # 计算ATR
```

```
35.        tr_list＝[]
36.        for i in range(0, len(data)－1)：
37.            tr＝max((data['high'].iloc[i]－data['low'].iloc[i]), data['close'].shift(－1).iloc
    [i]－data['high'].iloc[i],
38.                    data['close'].shift(－1).iloc[i]－data['low'].iloc[i])
39.            tr_list.append(tr)
40.        context.atr＝int(np.floor(np.mean(tr_list)))
41.        context.atr_half＝int(np.floor(0.5 * context.atr))
42.        # 计算唐奇安通道
43.        context.don_open＝np.max(data['high'].values[－context.n:])
44.        context.don_close＝np.min(data['low'].values[－context.n:])
45.        # 如果是实时模式,当天的数据需要用 current 取到
46.        if context.mode == 1：
47.            data＝history_n(symbol＝context.symbol, frequency＝'1d', count＝context.n, end_time
    ＝context.now, fields＝'close, high, low',
48.                                        df＝True) # 计算 ATR
49.            current_data＝current(symbols＝context.symbol) # 最新一个交易日的最高、最低
50.            tr_list＝[]
51.            for i in range(1, len(data))：
52.                tr＝max((data['high'].iloc[i] － data['low'].iloc[i]),
53.                        data['close'].shift(－1).iloc[i] － data['high'].iloc[i],
54.                        data['close'].shift(－1).iloc[i] － data['low'].iloc[i])
55.                tr_list.append(tr)
56.            # 把最新一期 tr 加入列表中
57.            tr_new＝max((current_data[0]['high'] － current_data[0]['low']),
58.                        data['close'].iloc[－1] － current_data[0]['high'],
59.                        data['close'].iloc[－1] － current_data[0]['low'])
60.            tr_list.append(tr_new)
61.            context.atr＝int(np.floor(np.mean(tr_list)))
62.            context.atr_half＝int(np.floor(0.5 * context.atr))
63.            # 计算唐奇安通道
64.            context.don_open＝np.max(data['high'].values[－context.n:])
65.            context.don_close＝np.min(data['low'].values[－context.n:])
66.    # 计算加仓点和止损点
67.    context.long_add_point＝context.don_open ＋ context.atr_half
68.    context.long_stop_loss＝context.don_open － context.atr_half
69.    context.short_add_point＝context.don_close － context.atr_half
70.    context.short_stop_loss＝context.don_close ＋ context.atr_half
71. def on_bar(context, bars)：
72.    # 提取数据
73.    symbol＝bars[0]['symbol']
74.    recent_data＝context.data(symbol＝context.symbol, frequency＝'60s', count＝2, fields＝'
    close,high,low')
```

```
75.    close = recent_data['close'].values[-1]
76.    # 账户仓位情况
77.    position_long = context.account().position(symbol=symbol, side=PositionSide_Long)
78.    position_short = context.account().position(symbol=symbol, side=PositionSide_Short)
79.    # 当无持仓时
80.    if not position_long and not position_short:
81.        # 如果向上突破唐奇安通道,则开多
82.        if close > context.don_open:
83.            order_volume(symbol=symbol, side=OrderSide_Buy, volume=context.atr, order_type=
    OrderType_Market, position_effect=PositionEffect_Open)
84.            print('开多仓 atr')
85.        # 如果向下突破唐奇安通道,则开空
86.        if close < context.don_close:
87.            order_volume(symbol=symbol, side=OrderSide_Sell, volume=context.atr, order_type
    =OrderType_Market, position_effect=PositionEffect_Open)
88.            print('开空仓 atr')
89.    # 有持仓时
90.    # 持多仓,继续突破(加仓)
91.    if position_long:
92.        # 当突破 1/2atr 时加仓
93.        if close > context.long_add_point:
94.            order_volume(symbol=symbol, volume=context.atr_half, side=OrderSide_Buy, order_
    type=OrderType_Market, position_effect=PositionEffect_Open)
95.            print('继续加仓 0.5atr')
96.            context.long_add_point += context.atr_half
97.            context.long_stop_loss += context.atr_half
98.        # 持多仓,止损位计算
99.        if close < context.long_stop_loss:
100.           volume_hold = position_long['volume']
101.           if volume_hold >= context.atr_half:
102.               order_volume(symbol=symbol, volume=context.atr_half, side=OrderSide_Sell, or-
    der_type=OrderType_Market, position_effect=PositionEffect_Close)
103.           else:
104.               order_volume(symbol=symbol, volume=volume_hold, side=OrderSide_Sell, order_
    type=OrderType_Market, position_effect=PositionEffect_Close)
105.           print('平多仓 0.5atr')
106.           context.long_add_point -= context.atr_half
107.           context.long_stop_loss -= context.atr_half
108.    # 持空仓,继续突破(加仓)
109.    if position_short:
110.        # 当跌破加仓点时加仓
111.        if close < context.short_add_point:
112.            order_volume(symbol=symbol, volume=context.atr_half, side=OrderSide_Sell, order_
```

```
        type＝OrderType_Market，position_effect＝PositionEffect_Open)
113.            print('继续加仓 0.5atr')
114.            context. short_add_point － ＝ context. atr_half
115.            context. short_stop_loss － ＝ context. atr_half
116.        ♯ 持多仓,止损位计算
117.        if close ＞ context. short_stop_loss:
118.        volume_hold＝position_short['volume']
119.        if volume_hold ＞＝ context. atr_half:
120.            order_volume(symbol＝symbol, volume＝context. atr_half, side＝OrderSide_Buy, order_
        type＝OrderType_Market, position_effect＝PositionEffect_Close)
121.    else:
122.            order_volume(symbol＝symbol, volume＝volume_hold, side＝OrderSide_Buy, order_type＝
        OrderType_Market,position_effect＝PositionEffect_Close)
123.            print('平空仓 0.5atr')
124.            context. short_add_point ＋ ＝ context. atr_half
125.            context. short_stop_loss ＋ ＝ context. atr_half
126. if __name__ ＝ ＝ '__main__':
127.    '''''
128.    strategy_id 策略 ID,由系统生成
129.    filename 文件名,请与本文件名保持一致
130.    mode 实时模式:MODE_LIVE 回测模式:MODE_BACKTEST
131.    token 绑定计算机的 ID,可在系统设置－密钥管理中生成
132.    backtest_start_time 回测开始时间
133.    backtest_end_time 回测结束时间
134.    backtest_adjust 股票复权方式不复权:ADJUST_NONE 前复权:ADJUST_PREV 后复权:ADJUST_POST
135.    backtest_initial_cash 回测初始资金
136.    backtest_commission_ratio 回测佣金比例
137.    backtest_slippage_ratio 回测滑点比例
138.    '''
139.    run(strategy_id＝'strategy_id',
140.        filename＝'main. py',
141.        mode＝MODE_BACKTEST,
142.        token＝'token',
143.        backtest_start_time＝'2020 － 02 － 15 09:15:00',
144.        backtest_end_time＝'2020 － 09 － 01 15:00:00',
145.        backtest_adjust＝ADJUST_PREV,
146.        backtest_initial_cash＝1000000,
147.        backtest_commission_ratio＝0. 0001,
148.        backtest_slippage_ratio＝0. 0001)
```

附录七　R-Breaker 策略代码

```
1. # coding=utf-8
2. from __future__ import print_function, absolute_import
3. import pandas as pd
4. from gm.api import *
5. from datetime import datetime, timedelta
6. """
7. R-Breaker 是一种短线日内交易策略
8. 根据前一个交易日的收盘价、最高价和最低价数据通过一定方式计算出六个价位,从大到小依次为:
9. 突破买入价、观察卖出价、反转卖出价、反转买入价、观察买入价、突破卖出价。
10. 以此来形成当前交易日盘中交易的触发条件。
11. 追踪盘中价格走势,实时判断触发条件。具体条件如下:
12. 突破
13. 在空仓条件下,如果盘中价格超过突破买入价,则采取趋势策略,即在该点位开仓做多。
14. 在空仓条件下,如果盘中价格跌破突破卖出价,则采取趋势策略,即在该点位开仓做空。
15. 反转
16. 持多单,当日内最高价超过观察卖出价后,盘中价格出现回落,且进一步跌破反转卖出价构成的支撑
    线时,采取反转策略,即在该点位反手做空。
17. 持空单,当日内最低价低于观察买入价后,盘中价格出现反弹,且进一步超过反转买入价构成的阻力
    线时,采取反转策略,即在该点位反手做多。
18. 设定止损条件。当亏损达到设定值后,平仓。
19. 注意:
20. 1:为回测方便,本策略使用了 on_bar 的一分钟来计算,实盘中可能需要使用 on_tick。
21. 2:实盘中,如果在收盘的那一根 bar 或 tick 触发交易信号,需要自行处理,实盘可能不会成交。
22. 3:本策略使用在 15 点收盘时全平的方式来处理不持有隔夜单的情况,实际使用中 15 点是无法平
    仓的。
23. """
24. def init(context):
25.     # 设置交易品种
26.     context.symbol='SHFE.ag'
27.     # 设置止损点数
28.     context.stopLossPrice=50
29.     # 获取前一交易日的主力合约
30.     startDate=get_previous_trading_date(exchange='SHFE', date=context.now.date())
31.     continuous_contract=get_continuous_contracts(context.symbol, startDate, startDate)
32.     context.mainContract=continuous_contract[0]['symbol']
33.     # 获取当前时间
```

```
34.     time=context.now.strftime('%H:%M:%S')
35.     # 如果当前时间是非交易时间段,则直接执行 algo,以防直接进入 on_bar()导致 context.bBreak
等未定义
36.     if '09:00:00' < time < '15:00:00' or '21:00:00' < time < '23:00:00':
37.         algo(context)
38.     # 如果是交易时间段,等到开盘时间确保进入 algo()
39.     schedule(schedule_func=algo, date_rule='1d', time_rule='09:00:00')
40.     schedule(schedule_func=algo, date_rule='1d', time_rule='21:00:00')
41.     # 订阅行情
42.     subscribe(continuous_contract[0]['symbol'], frequency='60s', count=1)
43.  def algo(context):
44.     # 检查主力和约,发生变化则更换订阅
45.     # 由于主力合约在盘后才公布,为了防止未来函数,选择上一交易日的主力合约。
46.     startDate=get_previous_trading_date(exchange='SHFE', date=context.now.date())
47.     contractInfo=get_continuous_contracts(context.symbol, startDate, startDate)
48.     if context.mainContract ! = contractInfo[0]['symbol']:
49.         context.mainContract=contractInfo[0]['symbol']
50.         subscribe(context.mainContract, frequency='60s', count=1, unsubscribe_previous=
    True)
51.     # 获取历史数据
52.     data=history_n(symbol=context.mainContract, frequency='1d',
53.                     end_time=context.now, fields='high,low,open,symbol,close', count=2, df
    =True)
54.     high=data['high'].iloc[0]    # 前一日的最高价
55.     low=data['low'].iloc[0]    # 前一日的最低价
56.     close=data['close'].iloc[0]    # 前一日的收盘价
57.     pivot=(high + low + close) / 3# 枢轴点
58.     context.bBreak=high + 2 * (pivot - low)    # 突破买入价
59.     context.sSetup=pivot + (high - low)    # 观察卖出价
60.     context.sEnter=2 * pivot - low    # 反转卖出价
61.     context.bEnter=2 * pivot - high    # 反转买入价
62.     context.bSetup=pivot - (high - low)    # 观察买入价
63.     context.sBreak=low - 2 * (high - pivot)    # 突破卖出价
64.     context.data=data
65. def on_bar(context, bars):
66.     # 获取止损价
67.     STOP_LOSS_PRICE =context.stopLossPrice
68.     # 设置参数
69.     bBreak=context.bBreak
70.     sSetup=context.sSetup
71.     sEnter=context.sEnter
72.     bEnter=context.bEnter
73.     bSetup=context.bSetup
```

```
74.    sBreak＝context. sBreak
75.    data ＝context. data
76.    ♯ 获取现有持仓
77.    position_long＝context. account(). position(symbol＝context. mainContract, side＝Position-
       Side_Long)
78.    position_short＝context. account(). position(symbol＝context. mainContract, side＝Position-
       Side_Short)
79.    ♯ 突破策略:
80.    if not position_long and not position_short：　♯ 空仓条件下
81.      if bars[0]. close ＞ bBreak:
82.        ♯ 在空仓的情况下,如果盘中价格超过突破买入价,则采取趋势策略,即在该点位开仓做多
83.        order_volume(symbol＝context. mainContract, volume＝10, side＝OrderSide_Buy,
84.                       order_type＝OrderType_Market, position_effect＝PositionEffect_Open)♯ 做多
85.        print("空仓,盘中价格超过突破买入价:开仓做多")
86.        context. open_position_price＝bars[0]. close
87.      elif bars[0]. close ＜ sBreak：
88.        ♯ 在空仓的情况下,如果盘中价格跌破突破卖出价,则采取趋势策略,即在该点位开仓做空
89.        order_volume(symbol＝context. mainContract, volume＝10, side＝OrderSide_Sell,


90.                       order_type＝OrderType_Market, position_effect＝PositionEffect_Open)♯
       做空
91.        print("空仓,盘中价格跌破突破卖出价:开仓做空")
92.        context. open_position_price＝bars[0]. close
93.    ♯ 设置止损条件
94.    else：　♯ 有持仓时
95.      ♯ 开仓价与当前行情价之差大于止损点则止损
96.      if (position_long and context. open_position_price － bars[0]. close ＞＝ STOP_LOSS_PRICE)
       or \
97.          (position_shortand bars[0]. close － context. open_position_price ＞＝ STOP_LOSS_
       PRICE)：
98.        print('达到止损点,全部平仓')
99.        order_close_all()　♯ 平仓
100.    ♯ 反转策略:
101.    if position_long：♯ 多仓条件下
102.      if data. high. iloc[1] ＞ sSetup and bars[0]. close ＜ sEnter：
103.        ♯ 多头持仓,当日内最高价超过观察卖出价后,
104.        ♯ 盘中价格出现回落,且进一步跌破反转卖出价构成的支撑线时,
105.        ♯ 采取反转策略,即在该点位反手做空
106.        order_close_all()　♯ 平仓
107.        order_volume(symbol＝context. mainContract, volume＝10, side＝OrderSide_Sell,
108.                       order_type＝OrderType_Market, position_effect＝PositionEffect_Open)
       ♯ 做空
```

```
109.          print("多头持仓,当日内最高价超过观察卖出价后跌破反转卖出价:反手做空")
110.          context.open_position_price=bars[0].close
111.    elif position_short:   # 空头持仓
112.      if data.low.iloc[1] < bSetup and bars[0].close > bEnter:
113.          # 空头持仓,当日内最低价低于观察买入价后,
114.          # 盘中价格出现反弹,且进一步超过反转买入价构成的阻力线时,
115.          # 采取反转策略,即在该点位反手做多
116.        order_close_all()   # 平仓
117.         order_volume(symbol=context.mainContract, volume=10, side=OrderSide_Buy,
118.                  order_type=OrderType_Market, position_effect=PositionEffect_Open)
      # 做多
119.          print("空头持仓,当日最低价低于观察买入价后超过反转买入价:反手做多")
120.          context.open_position_price=bars[0].close
121.    if context.now.hour == 14 and context.now.minute == 59:
122.      order_close_all()
123.      print('全部平仓')
124. if __name__=='__main__':
125.    run(strategy_id='strategy_id',
126.        filename='main.py',
127.        mode=MODE_BACKTEST,
128.        token='token_id',
129.        backtest_start_time='2019-10-1 15:00:00',
130.        backtest_end_time='2020-04-16 15:00:00',
131.        backtest_initial_cash=1000000,
132.        backtest_commission_ratio=0.0001,
133.        backtest_slippage_ratio=0.0001
```